HANS-DIETER RATH

Positivismus und Demokratie - Richard Thoma 1874-1957

Schriften zur Rechtsgeschichte

Heft 22

Positivismus und Demokratie

Richard Thoma 1874-1957

Von

Dr. Hans-Dieter Rath

DUNCKER & HUMBLOT / BERLIN

Gedruckt mit Unterstützung
des Ministeriums für Wissenschaft und Kunst Baden-Württemberg

Gedruckt 1981 bei Berliner Buchdruckerei Union GmbH., Berlin 61
Printed in Germany
ISBN 3 428 04815 6

Vorwort

Die vorliegende Arbeit wurde im Sommer 1979 von der rechtswissenschaftlichen Fakultät der Universität Freiburg als Dissertation angenommen.

Das Manuskript habe ich im Oktober 1977 abgeschlossen; später erschienene Literatur konnte nicht mehr berücksichtigt werden.

Besonders danken möchte ich an dieser Stelle Herrn Prof. Dr. Alexander Hollerbach, der die Arbeit angeregt und betreut hat. Vielfältige Hinweise für den biographischen Teil verdanke ich Herrn Prof. Dr. E. Friesenhahn, Herrn Prof. Dr. H. Mosler und Herrn Landgerichtspräsident a. D. Dr. H. Anschütz, der inzwischen verstorben ist.

Schließlich danke ich dem Ministerium für Wissenschaft und Kunst Baden-Württemberg für den großzügigen Zuschuß zur Drucklegung und Herrn Ministerialrat a. D. Prof. Dr. J. Broermann für die Aufnahme der Arbeit in sein Verlagsprogramm.

Stuttgart, im Juli 1980

Hans-Dieter Rath

Inhaltsverzeichnis

Abkürzungsverzeichnis

ASWS	Archiv für Sozialwissenschaft und Sozialpolitik
AöR	Archiv des öffentlichen Rechts
BVG	Bundesverfassungsgericht
BVerfGE	Bundesverfassungsgericht — amtliche Entscheidungssammlung
DJZ	Deutsche Juristenzeitung
DöV	Die öffentliche Verwaltung
DVBl	Deutsches Verwaltungsblatt
GG	Grundgesetz
HdbDStR	Handbuch des deutschen Staatsrechts
HWBStW	Handwörterbuch der Staatswissenschaften
HZ	Historische Zeitung
JöR	Jahrbuch des öffentlichen Rechts
JuS	Juristische Schulung
JZ	Juristenzeitung
NJW	Neue Juristische Wochenschrift
NL	Nachlaß
PVS	Politische Vierteljahresschrift
SJZ	Süddeutsche Juristenzeitung
VVDStRL	Veröffentlichung der Vereinigung Deutscher Staatsrechtslehrer
WBStVwR	Wörterbuch des deutschen Staats- und Verwaltungsrechts
WRV	Weimarer Reichsverfassung

Einleitung

Die Geschichte der deutschen Staats- und Staatsrechtslehre ist seit der zweiten Hälfte des 19. Jahrhunderts wesentlich auch die Geschichte des Rechtspositivismus.

Die aus seinem Selbstverständnis resultierende Auffassung von Gegenstand, Aufgabenbereich und Methodik der Rechtswissenschaft steckte für Jahrzehnte nicht nur den Problemhorizont staats- und rechtswissenschaftlicher Kontroversen ab, sondern bestimmt teilweise bis heute die Begriffsbildungen im öffentlichen Recht.

Jener wissenschaftliche Positivierungsprozeß brachte bekanntlich nicht nur die ‚Emanzipation' der Staats- und Staatsrechtslehre von der politischen Philosophie, sondern führte gleichermaßen auch zu einer Entpolitisierung der Staatswissenschaften selber[1].

Wie allgemein geistesgeschichtlicher und gesellschaftlicher Wandel keine heterogenen Entwicklungsprozesse darstellen, zeigt im besonderen die wissenschaftsgeschichtliche Entwicklung der Staats- und Staatsrechtslehre jene Interdependenz von staatstheoretischer Begriffsbildung und sozialgeschichtlichem Prozeß[2].

Die mit der Herausbildung des staatsrechtlichen Positivismus einhergehende Entpolitisierung der Staatswissenschaft war Ausdruck der politisch-sozialen Situation des Kaiserreichs. Nach dem Scheitern der bürgerlichen Revolution und der Gründung des deutschen Einheitsstaates Bismarckscher Prägung war Politik beschränkt auf das „staatliche Handeln"[3]. Öffentliche Meinung, Parteiwesen und Interessengruppen, oder

[1] Auf den allgemeinen Zusammenhang von Spezialisierung der Wissenschaften und ihrer Entpolitisierung gehen insbesondere ein: Hans Maier, Politische Wissenschaft in Deutschland — Aufsätze zur Lehrtradition und Bildungspraxis, 1968, S. 50 f.; Wilhelm Hennis, Bemerkungen zur wissenschaftsgeschichtlichen Situation der politischen Wissenschaften, in: Gesellschaft — Staat — Erziehung, 1960, S. 203 ff.

[2] Vgl. dazu insbes. die verdienstvolle und grundlegende Untersuchung von Peter v. Oertzen: Die soziale Funktion des staatsrechtlichen Positivismus, 1974; zur Verknüpfung der staatsrechtlichen Begriffswelt mit bestimmten Verfassungsformen; vgl. auch E. W. Böckenförde: Die deutsche verfassungsrechtliche Forschung im 19. Jahrhundert, 1961; für die Weimarer Zeit vgl. insbes. jetzt Manfred Friedrich, Der Methoden- und Richtungsstreit, AöR 102 (1977), S. 161 ff. — die Abhandlung, die erst nach Abschluß des Manuskripts erschien, konnte ich leider nicht mehr berücksichtigen —.

[3] So z. B. H. Ehmke: Die Grenzen der Verfassungsänderung, 1953, S. 14; vgl. auch Th. Ellwein: Das Erbe der Monarchie in der deutschen Staatskrise, 1954, S. 27 f., 108; sowie Fraenkel / Bracher, Hrsg.: Staat und Politik, 1957, neubearb. 1964, S. 10.

gar politische Willensbildungsprozesse stellten keine Probleme dar, die sich staatswissenschaftlicher Betrachtung aufgedrängt hatten.

Vermochte zu jener Zeit eine positivistisch restringierte und mit der gegebenen Staatsordnung grundsätzlich einverstandene Staatsrechtswissenschaft die politischen Auseinandersetzungen zwischen monarchischem Obrigkeitsstaat und liberalem Bürgertum durch deren Verrechtlichung weitgehend zu neutralisieren[4] (und gleichzeitig die Trennung von Staat und Gesellschaft theoretisch rein herauszuarbeiten), wurde mit der Weimarer Republik und ihrem „Verfassungskompromiß“[5] gerade die Verbindung von politischer und sozialer Ordnung zum praktischen Problem und zur zentralen Aufgabe.

Vor dem Hintergrund sich dergestalt verändernder realer Problemkonstellationen mußte auch die überkommene, herrschende positivistische Staatsrechtslehre des gesellschaftlich-politischen Zusammenhangs ihres Gegenstandes bewußt und die tradierte Unterscheidung von Recht und Politik grundlegend fragwürdig werden. So betrachtet, war jene „Krise der Staatsrechtslehre“ in der Weimarer Zeit nichts anderes als der Zerfall eines wissenschaftstheoretischen und -politischen Grundkonsenses, der unter den historisch spezifischen Bedingungen des Kaiserreiches entstanden war und der seine Selbstverständlichkeit in dem Maße verlieren mußte, in dem sich diese Bedingungen selbst veränderten.

Die Weimarer Verfassung, der „nicht auf Kündigung geschlossene Tarifvertrag“ (Bauer) der neuen Republik stellte verfassungsrechtliche Probleme neu und zwang die Staatsrechtswissenschaft verfassungstheoretisches und -rechtliches Neuland zu betreten.

Das überkommene, an der Verfassungslage des Kaiserreiches ausgebildete Begriffs- und Kategoriensystem erwies sich hierbei oft als unzureichend für eine befriedigende Lösung der neuen, mit der veränderten politisch-sozialen Problemlage aufs engste verbundenen Fragestellungen[6].

Die neue verfassungsrechtiche und verfassungspolitische Lage brachte aber nicht nur neue Problemstellungen, sondern unterzog auch die Aufgabe und den Charakter der Staatsrechtswissenschaft selber einem

---

[4] Vgl. z. B. A. Arndt: Das Bild des Richters, 1956, S. 9, und W. Rosenbaum: Naturrecht und positives Recht, 1972, insbes. S. 56 ff.

[5] Vgl. W. Bauer: Wertrelativismus und Wertbestimmtheit im Kampf um die Weimarer Demokratie, 1968, S. 58: „der arbeitsrechtliche Tarifvertrag war Vorbild dieser politischen und sozialen Paritätsidee“; sowe Fr. Neumann: Demokratischer und autoritärer Staat, 1967, S. 55 f.

[6] Hierauf weist insbes. M. Friedrich hin in seiner Rezensionsabhandlung: Die Grundlagendiskussion in der Weimarer Staatslehre in: PVS 13 (1972), S. 582 ff. (583, 591) (zit. die Grundlagendiskussion); wie auch: ders., Zwischen Positivismus und materiellem Verfassungsdenken, 1971, S. 11 ff. (18).

Bedeutungswandel: der Forderung nach praxisbezogener Verfassungsauslegung[7].

Die damit infragestehende Um- und Neuorientierung des überkommenen Staats- und Verfassungsdenkens führte denn auch zu jenen oft an Einzelproblemen ‚durchgespielten' Grundlagen- und Selbstverständnisdiskussionen über Aufgabenbereich und Methodik der Staatrechtswissenschaft, die als der „Weimarer Methoden- und Richtungsstreit" in die Wissenschaftsgeschichte eingegangen sind[8]. Es ist in diesem Zusammenhang signifikant und entbehrt nicht der gesellschaftstheoretischen Logik, daß die seit Ende des 19. Jahrhundert herrschende positivistische Isolierung des Rechts aus dem gesamtgesellschaftlichen Zusammenhang zu einem Zeitpunkt virulent wurde, wo der deutsche Staat erstmals eine demokratische Legitimitätsgrundlage erhalten hatte.

Nunmehr wurde das Verhältnis von Staatsrechtslehre und Politik zum zentralen, wenn auch nicht immer formulierten Thema der wissenschaftlichen Auseinandersetzungen[9]. Bei diesen Kontroversen ging es daher nicht nur um divergente methodologische Ansätze und Theoriekonzeptionen, sondern gleichzeitig um wissenschafts- und verfassungspolitische Positionen.

Nicht selten war die Wahl der Methode zugleich die des politischen Standorts ihrer Vertreter gegenüber dem „neugeordneten Deutschland"[10].

Kelsen war daher durchaus im Recht, wenn er der in der antipositivistischen[11] Gegenbewegung verbreiteten geistesgeschichtlichen Rückwendung zum Naturrecht und zur Metaphysik politische Bedeutung zumaß[12]. Denn in der Tat stand hinter der Weimarer Methodenkontro-

---

7 Nunmehr stand nicht mehr die logische Einheit des Systems, sondern die politische Einheit des Staates im Vordergrund.

8 Vgl. dazu U. Scheuner: Die Vereinigung der Deutschen Staatsrechtslehrer in der Zeit der Weimarer Republik, in: AöR 97, (1972), S. 349 ff.; R. Smend: Die Vereinigung der Deutschen Staatsrechtslehrer und der Richtungsstreit, in: Festschrift für Ulrich Scheuner, 1973, S. 575 ff. Eine umfassende Darstellung und kritische Würdigung steht meines Wissens noch immer aus. Im Rahmen dieser Arbeit muß es mit wenigen Andeutungen sein Bewenden haben. Vgl. dazu jetzt Friedrich, FN. 2. Aus politologischer Sicht ist immer noch wegweisend K. Sontheimer: Antidemokratisches Denken in der Weimarer Republik, 2. Aufl. 1968, S. 63 ff.

9 Darauf weist Smend hin, S. 578 f.; vgl. die berühmte Rektoratsrede H. Triepels über „Staatsrecht und Politik", 1927. Dazu Hollerbach: Zu Leben und Werk Heinrich Triepels, in: AöR 91 (1966), S. 417 ff. (429 f.).

10 Oertzen, in: Hesse u. a., Hrsg., Staatsverfassung und Kirchenordnung, Festgabe für R. Smend, 1962, S. 187; vgl. auch Bauer, S. 20; Kriele: Theorie der Rechtsgewinnung, 1967, S. 27; K.-D. Bracher: Staatsbegriff und Demokratie in Deutschland, S. 17; Rosenbaum, S. 64 f. m. w. Nachweisen.

11 Antipositivistisch soll hier nicht in analytischer Weise gebraucht werden, sondern bezeichnet unterschiedslos die nicht-positivistischen Theorieansätze.

12 Kelsen in einem Diskussionsbeitrag auf der Staatsrechtslehrertagung 1927: „Damit gewinnt aber die Wendung zum Naturrecht und zur Metaphysik,

verse letztlich die Frage nach der Legitimität der Weimarer Republik und dem politischen Formprinzip „parlamentarische Demokratie".

Gegenüber der zeitgenössischen positivistischen Selbsteinschätzung, wonach eine positivistisch orientierte Staats- und Verfassungslehre unerläßliche Prämisse für eine demokratische darstelle, ist indes Vorsicht geboten. Denn die theoretischen Ansätze für eine Überwindung des staatsrechtlichen Positivismus in Richtung auf eine materiale Verfassungstheorie erscheinen mir zu differenziert und unterschiedlich motiviert, als daß die vereinfachende Gleichsetzung von antipositivistisch und antidemokratisch diesen Sachverhalt hinlänglich erfassen könnte[13].

Andererseits darf nicht verkannt werden, daß in der historisch spezifischen Weimarer Situation jene Entwürfe einer materialen Verfassungslehre im Hinblick auf ihre verfassungspolitische Auswirkung und gesellschaftspolitische Funktion den antidemokratischen und antipluralistischen Tendenzen weniger Einhalt geboten als sie sie teils unterstützt, teils sogar theoretisch fundiert haben[14].

Im Gegensatz dazu hat der staatsrechtliche Positivismus — entsprechend seinem theoretischen Ausgangspunkt, daß von der je wirksamen Rechts- und Verfassungsordnung auszugehen ist — die Ergebnisse der Novemberereignisse von 1918 nie zu revidieren versucht und den Parlamentarismus begriffen als „die einzig reale Form, in der die Idee der Demokratie innerhalb der sozialen Wirklichkeit von heute erfüllt werden kann"[15].

Hat der klassische Positivismus der Gerber-Labandschen Schule ohne Zweifel politisch eine konservierende Tendenz beinhaltet, manifestiert sich in der Weimarer Zeit dessen Funktionswandel. Es dürfte mehr als ein bloß zufälliger Zusammenhang sein, daß gerade seine bedeutendsten Vertreter wie Anschütz, Kelsen, Radbruch und nicht zuletzt Thoma vorbehaltlose Verteidiger der Weimarer Demokratie waren und bezeichnenderweise die zeitgenössische Kritik am Positivismus mit der politisch-ideologischen am Liberalismus einherging[16].

Unter diesem Gesichtspunkt erscheint das (geläufige) negative Urteil, zu dem die staatsrechtlichen und politologischen Auseinandersetzungen mit dem Positivismus in der Nachkriegsdiskussion gelangten[17], nicht so bündig, wie es sich liest.

---

die wir neuestens innerhalb der juristischen Theorie beobachten können, eine politische Bedeutung." VVDStRL 3 (1927), S. 54.

[13] So mit Recht Friedrich in seiner Kritik an Bauer: Die Grundlagendiskussion, S. 582 ff.

[14] Dazu Rosenbaum, S. 99; Sontheimer, S. 73; Bauer, S. 133 ff.

[15] Kelsen, Vom Wesen und Wert der Demokratie, zit. nach Bauer, S. 124.

[16] Vgl. dazu etwa Bauer, S. 132 ff., und Franssen, Positivismus als juristische Strategie, in: JZ 1969, S. 766 ff.

[17] Vgl. etwa die Beiträge in Werner Maihofer (Hrsg.), Naturrecht oder

Auf diesen Sachverhalt hat wohl als einer der ersten Ernst Topitsch in seiner Einleitung zu Kelsens „Aufsätze zur Ideologiekritik" aufmerksam gemacht, wo es heißt: „Wenn man die zahlreichen Schriften liest, die heute die Metaphysik als wahre Garantie der Freiheit und Demokratie, den Positivismus aber als Schrittmacher der totalitären Tyrannei darstellen, so könnte man meinen, daß sich die Heraufkunft der autoritären und diktatorischen Systeme der Zwischenkriegszeit im Namen der Theorien Kelsens und verwandter Theoretiker vollzogen hat, während sich die demokratischen Kräfte auf die in der philosophia perennis und zumal in der idealistischen Metaphysik verankerten ewigen Werte der Freiheit und Menschenwürde stützten[18]."

Die Problematik jener historischen Einschätzung des Positivismus hat im Anschluß an Topitsch Franssen aufgegriffen und vertieft. In seinem Aufsatz „Positivismus als juristische Strategie" stellt er fest, daß in der These vom Positivismus als dem „eigentlichen Urheber allen Unheils" mehr eine Beschwörungsformel mit „apologetischer Tendenz" als das Ergebnis einer Analyse der Ursachen der Willfährigkeit des „Rechtsstandes" gegenüber dem Nationalsozialismus und seiner Rechtsdoktrin zu sehen ist. Nicht zu Unrecht hebt er hervor, daß eine strukturelle Affinität zum nationalsozialistischen „völkischen Rechtsdenken" eher auf Seiten des politischen Dezisionismus und des metaphysischen Wertedenkens zu verzeichnen ist als auf Seiten des Rechtspositivismus, der seinen eigenen Prämissen nach absoluten Werten und Maßstäben relativistisch und skeptisch gegenüberstand[19].

Nicht von ungefähr stellte die „radikal antiideologische"[20] und „radikal-relativistische Haltung"[21] des Rechtspositivismus als Ausdruck der „artfremden liberalen Demokratie"[22] ein beliebtes Angriffsziel des Nationalsozialismus' dar[23].

Diese Tatsache geriet nach 1945 unter dem Einfluß der naturrechtlichen und metaphysischen Renaissance weitgehend aus dem Blickfeld

---

Rechtspositivismus, 1962; Franz Wieacker, Privatrechtsgeschichte der Neuzeit, 1952, S. 260 f.; Kaegi, Werner, Die Verfassung als rechtliche Grundordnung des Staates, 1945, (Neudruck 1971), S. 169 ff. Für die Justiz: Weinkauff, Die deutsche Justiz und der Nationalsozialismus, zit. nach Franssen, S. 766.

18 H. Kelsen: Aufsätze zur Ideologiekritik, hrsg. v. E. Topitsch, 1964, S. 22 ff.

19 E. Franssen, S. 766/767.

20 Kelsen: Allgemeine Rechtslehre im Lichte materialistischer Geschichtsauffassung, ASWS 66 (1931), 449 ff. (498).

21 Ebd., S. 451.

22 Otto Koelreutter, Vom Sinn und Wesen der nationalen Revolution, 1953, S. 15, zit. nach Bauer, S. 130.

23 Vgl. die Literaturnachweise bei Franssen, S. 768 und bei J. Maus, Bürgerliche Rechtstheorie und Faschismus, 1976, S. 76. Vgl. auch Bauer, S. 47 ff.; 129 ff.

und das Bewußtsein davon verfiel der Verdrängung[24]. Dazu dürfte nicht zuletzt auch der Umstand beigetragen haben, daß das Bonner Grundgesetz in bewußter Wendung gegen die Weimarer Verfassung den Grundsatz der ‚wertgebundenen Demokratie‘ zum Verfassungsprinzip erhoben hat[25]. Aus dieser Perspektive konnte dann rückblickend die positivistische Konzeption der ‚wertneutralen Demokratie‘ und das positivistische Dogma vom nicht hinterfragbaren Gesetzesbefehl zum Wegbereiter des Nationalsozialismus hochstilisiert werden.

Erst in jüngster Zeit sind vereinzelt Stimmen laut geworden, die eine Revidierung dieser Beurteilung intendieren und die demokratische Dimension der positivistischen Lehre der Weimarer Republik wieder stärker in den Vordergrund stellen[26].

In diesem Zusammenhang muß nun aber doch betont werden, daß die Kritik am Positivismus durchaus insoweit im Recht ist, als sie auf seine theoretische Wehrlosigkeit und praktische Hilflosigkeit gegenüber dem Druck antidemokratischer Kräfte und schließlich der nationalsozialistischen Machtübernahme hinweist[27].

Diese auf den ersten Blick widersprüchlichen Einschätzungen bezeichnen indes lediglich wie in einem Brennspiegel die Ambivalenz des Phänomens Positivismus und seiner theoretischen Prämissen. Sie machen gleichzeitig auch deutlich, daß die Funktion einer Theorieform nicht unabhängig von dem konkreten geschichtlich-gesellschaftlichen Wirkungszusammenhang, in den sie eingebunden ist, bestimmt werden kann.

Aus dem hier skizzierten Problemkontext gewinnt die vorliegende Untersuchung ihr Erkenntnisinteresse sowie die Perspektive für die staatsrechtliche Ortung und geisteswissenschaftliche Einordnung des wissenschaftlichen Denkens Thomas.

Ausgangspunkt ist die Überzeugung, daß das wissenschaftliche Werk Thomas nicht nur eine entscheidende Entwicklungsphase der deut-

---

24 Im Rahmen dieser Untersuchung kann selbstverständlich nicht in eine Analyse der „juristischen Vergangenheitsbewältigung“ eingetreten werden. Zur Frage, inwieweit die Justiz in der praktischen Rechtsanwendung auf den theoretischen Prämissen des Weimarer Rechtspositivismus basierte, vgl. die differenzierten Ausführungen bei Franssen, S. 771 f. Franssen (S. 769) deutet auch die prinzipielle Problematik eines Ansatzes an, der die „Fügsamkeit der deutschen Juristen“ gegenüber dem Faschismus unter Ausklammerung des gesellschaftlichen Ursachenzusammenhangs in erster Linie auf eine falsche Rechtstheorie zurückführt.

25 Auf dieser Linie liegt etwa die Untersuchung H. Ehmkes, Grenzen der Verfassungsänderung, 1953.

26 Vgl. insbes. J. Maus, S. 27 ff. Dort wird die Funktion des Rechtspositivismus in erster Linie aus seinem Gegensatz zum Dezisionismus C. Schmitts bestimmt.

27 Vgl. z. B. Rinken, Das Öffentliche als verfassungsrechtliches Problem, 1971, S. 244 m. w. Nachw.

schen Staatsrechtslehre reflektiert, sondern gleichzeitig auch die Verbindung von positivistischer Rechtstheorie und liberaldemokratischer Grundhaltung beispielhaft thematisiert.

Bei der Analyse der Grundaxiome und Leitgedanken seines Werkes wird deutlich werden, daß die positivistische Anschauung und demokratische Haltung bei Thoma nicht zufällig zusammenfallen, sondern in einem notwendigen gegenseitigen Bedingungsverhältnis stehen. Der philosophische Ausgangspunkt, der ihn in seiner Rechtsauffassung zum Positivismus führt, ist gedankliche Prämisse seines Staats-, Verfassungs- und Demokratieverständnisses. Sein Denken folgt dabei sowohl in der Behandlung staatsrechtlicher Grundfragen wie in der Auseinandersetzung um Einzelfragen der Verfassungsauslegung der Logik einer liberalen Grundposition.

Insofern ist Thomas wissenschaftliches œuvre nicht nur Ausdruck seiner Zeit und Resultat seiner individuellen Lebensgeschichte, sondern repräsentiert zugleich exemplarisch Grundstrukturen liberalen Denkens.

Daraus erwächst auch die Intention der Arbeit, neben der Frage nach „Fruchtbarkeit und Beständigkeit" (Mosler) von Thomas wissenschaftlicher Leistung und ihres Stellenwertes in der Entwicklungsgeschichte der Staatsrechtslehre die wissenschaftstheoretischen Voraussetzungen und gesellschaftstheoretischen Implikate einer liberalen Denkposition aufzudecken und zu verdeutlichen.

Aus dieser Aufgabenstellung ergab sich auch die Notwendigkeit, den geistigen Entwicklungs- und Einflußlinien, die vor allem für Thomas Wissenschafts- und Staatsdenken bestimmend gewesen sind, breiteren Raum zu geben.

Denn obwohl Thomas Denken, wie Mosler zu Recht hervorgehoben hat[28], stets um die Grundfragen von Rechtsstaat und Demokratie kreist und sein Werk daher trotz seiner literarisch reichen Entfaltung eine unerwartete thematische Geschlossenheit aufweist, fehlt ihm doch der systematische Charakter. Dies dürfte darauf beruhen, daß Thomas wissenschaftliches Denken nicht in erster Linie von abstrakt theoretischen Fragestellungen motiviert war, sondern von den praktischen Aufgabenstellungen bestimmt wurde, die das positive Staats- und Verfassungsrecht während der vier aufeinanderfolgenden politischen Systeme, die Thomas Schaffen umfaßt, der Staatsrechtswissenschaft vorgab.

Thomas theoretische Begriffsanalysen und Einsichten stehen nie ‚im leeren Raum', sondern sind immer bezogen auf die konkreten Gestaltungsaufgaben des politischen Gemeinwesens. Dieser pragmatische Zug seines Denkens ließ ihn daher die Frage nach der praktischen Ver-

---

28 Vgl. Moslers würdigender Nachruf in DÖV 1957, S. 826 ff.

wertbarkeit theoretischer Erkenntnisse stets in den Vordergrund stellen. Diesem ‚Arbeitsstil' dürfte aber auch zuzuschreiben sein, daß Thoma theoretische Neuansätze nur im Entwurf anreißt, aber nicht stringent entwickelt und auf ihre Konsequenz für das Gesamtsystem des Werkes hin durchreflektiert.

Dieser Sachverhalt ließ es angebracht erscheinen, Thomas Denken gewissermaßen ‚einzukreisen', seinen ‚wissenschaftlichen Nährboden' freizulegen und, soweit erforderlich, auch an konträren Positionen widerzuspiegeln. Hierbei wurde die zentrale Bedeutung der Wissenschafts- und Staatskonzeption Max Webers für den erkenntnistheoretischen Standort und das methodische Vorgehen Thomas evident. Thoma hat nicht nur unter ausdrücklicher Berufung auf Max Webers ‚verstehende Soziologie' die Grundzüge seiner Allgemeinen Staatslehre entworfen, sondern auch seine wissenschaftstheoretische Ausgangsbasis rekurriert auf Max Webers Wissenschaftsmodell und dessen methodologischen Kern, das Prinzip der Wertfreiheit.

Aus diesem Grunde schien mir der Umweg über Max Weber der angemessene Weg, um den Zugang zum Verständnis von Thomas Denken zu eröffnen. Denn hier werden die Prämissen deutlich, die seiner Auffassung über Aufgabe und Grenze seines Faches, seinem Staats- und Demokratiebegriff letztlich zugrundeliegen bzw. vorausliegen.

Aus der dargelegten Intention ergeben sich Aufbau und Gewichtung der vorliegenden Arbeit. Das Schwergewicht der Untersuchung liegt auf der Betrachtung und systematischen Analyse der staatswissenschaftlichen und verfassungsrechtlichen Grundthemen seines Werkes[29]. Methodisch wird dabei versucht, die Leitgedanken der Schriften Thomas problemkreisorientiert nach-zu-denken und aus sich selbst heraus zu verstehen und zu vermitteln.

Im ersten Teil hingegen soll in einem biographischen Abriß Leben und Wirken Thomas gewürdigt werden, wobei das Interesse nicht so sehr auf die biographischen Details der zeitgenössischen Persönlichkeit gerichtet ist, als vielmehr auf die wesentlichen, Thomas Denken und Handeln prägenden Erfahrungsanlässe.

---

[29] Thomas völkerrechtliche Beiträge sind nicht Gegenstand dieser Arbeit. Zu den Veröffentlichungen vgl. die Bibliographie.

Erster Teil

Die Person

I. Lebensgeschichte und wissenschaftlicher Werdegang

Als Richard Thoma am 29. 6. 1957 auf dem Südfriedhof in Bonn beerdigt wurde, erklang auf ausdrücklichen Wunsch des Verstorbenen die Nationalhymne, das Deutschlandlied[1].

Mag jenes letzte Bekenntnis einer leidenschaftlichen Vaterlandsliebe heute auch als unzeitgemäß, mehr als hohles Pathos oder gar peinliche Sentimentalität empfunden werden, bezeichnet es gleichwohl zutreffend Leitmotiv und Leitlinie von Leben und Wirken Thomas als Lehrer und Wissenschaftler.

Sein tiefempfundenes Streben nach nationaler Einigkeit auf der Grundlage von Recht und Freiheit ist das Fundament der erstaunlichen Konsistenz seines Denkens und Wirkens, welches vier Kapitel deutscher Vergangenheit umspannte und trotz der jeweils veränderten politischen Konstellationen sich selber im wesentlichen treu blieb.

Am allerwenigsten darf Thomas Wunsch nach der Nationalhymne als Reminiszenz an einen chauvinistischen Nationalismus gewertet werden, vielmehr steht er ersichtlich im Traditionsbezug zur Entstehungszeit des Deutschlandliedes, das einmal auf die Fahne der bürgerlichen Freiheitsbewegung geschrieben war.

Einheit und Freiheit bedeutete Thoma aber nicht nur rückwärtsgewandte Erinnerung an die nationale Einigung und den liberalen Verfassungsstaat, sondern die durch alle wechselnden Zeitumstände hindurch gleichbleibende Substanz von Liberalität. Die Verknüpfung des liberalen Freiheitsmotivs mit der nationalen Komponente war daher in seiner politischen Vorstellungswelt selbstverständlich. Demzufolge hatte in Thomas Denken, wie auch für die Mehrzahl der politisch Gleichgesinnten, die Entgegensetzung von Nation und Demokratie keinen Raum.

Für ihn war daher auch das Ergebnis der Novemberrevolution 1918 kein ‚wesentlicher Fremdkörper', der deutschem Geist widersprach, wie von vielen seiner Zeitgenossen lautstark verkündet, sondern ein Ereignis, das die auf ‚preußischem Weg' erlangte nationale Einheit schließ-

[1] Diese Information verdanke ich Prof. Mosler.

lich mit der demokratischen Freiheit wieder versöhnte. Der demokratische Nationalstaatsgedanke schloß somit im Gegensatz zur nationalen Opposition der Weimarer Republik die Bejahung des Weimarer Staates ein.

In der neuen Republik sah Thoma die Wiedergeburt der Nation durch die demokratische Neugestaltung des militärisch zusammengebrochenen und politisch darniederliegenden Deutschlands, denn er war der Überzeugung, daß allein die durch die Demokratie verbürgte Gleichheit der Rechte und Chancen aller Schichten und Klassen die innere Einheit der Volksgemeinschaft gewährleiste.

Mußte Demokratie ‚begrifflich gesehen' auch nicht notwendig liberale Züge tragen, mußte sie doch nach seiner Vorstellung vom Standpunkt der Freiheit her nach liberalen Prinzipien geformt sein. Denn für Thoma stellte Demokratie die einzige realisierbare Form erträglicher Herrschaft dar, weil sie auf dem Willen der Mehrheit beruht, die aber stets dann für die beherrschte Minderheit wieder unerträglich würde, wenn die Herrschaft der Mehrheit rücksichtslos die Freiheitssphäre des Einzelnen und die Rechte der politischen Minderheit verletzte.

Demokratie und Liberalismus gehörten daher für Thoma als einander ergänzende Gegensätze stets zusammen. Nur in der Verbindung beider schien ihm das liberale Freiheitsmotiv bewahrt, welches die Freiheit des Individuums und den Schutz der Minderheiten gleichermaßen umfaßt.

Man mag für diese Grundeinstellung Thomas die liberale Tradition seiner badischen Heimat anführen, die den Menschen Thoma nach dem Zeugnis seiner Kollegen und Zeitgenossen so sehr charakterisierte. Seit die Forderungen der Pariser Februarrevolution 1848 ihren ersten Widerhall in der Bevölkerung Südwestdeutschlands fanden, weist bekanntlich die politische Geographie Baden als Hort der deutschen Freiheitsbewegung aus.

Die Bindung an diese Gedankenwelt des süddeutschen Liberalismus war zudem familiär tradiert, mußte doch ein Großonkel Thomas nach 1848 aus Baden fliehen[2].

Die Erbschaft jener Zeit blieb in Thoma ungeachtet der wirtschaftlichen und sozialen Veränderungen und dem damit verbundenen politischen Wandel stets lebendig; sie bestimmte sein Lebensgefühl und prägte sein Denken über Recht, Staat und Gesellschaft.

Wenn wir nun die Lebensgeschichte Thomas näher betrachten, wird sich zeigen, wie eng sein wissenschaftlicher Werdegang mit der politischen Geschichte Deutschlands zusammenhängt.

Richard Thoma wurde am 19. 12. 1874 in Todtnau im Schwarzwald als Sohn eines Fabrikanten geboren[3]. Nach dem Abitur am Gymnasium

[2] Diese Information verdanke ich Herrn Dr. Anschütz.

in Freiburg nahm er das juristische Studium auf, das er in Berlin begann und in Freiburg beendete.

1900 promovierte Thoma bei Ulrich Stutz mit einer Dissertation über „Die Bedeutung des Besitzwillens im Besitzrecht des BGB"[4].

Nach seiner Assessorenzeit, die ihn 1903/04 an den Verwaltungsgerichtshof nach Karlsruhe und anschließend in das Badische Ministerium des Innern führte, habilitierte sich Thoma 1906[5] bei Heinrich Rosin mit der rechtsvergleichenden Monographie „Der Polizeibefehl im Badischen Recht".

In diesem Erstlingswerk, das seine akademische Laufbahn eröffnete, zeichneten sich bereits die Konturen jenes Grundthemas ab, um welches Thomas Denken in der konstitutionellen Epoche kreiste: die Verwirklichung des Rechtsstaats und seiner freiheitsverbürgenden Funktion durch verwaltungsrechtliche Institutionen.

Die Studie ließ, wie Giese in seinem Nachruf feststellt, einen „Wissenschaftler großen Formats" erkennen[7] und führte Thoma bereits nach zwei Jahren als Professor an die damalige Kolonialhochschule in Hamburg.

1909 folgte er einem Ruf nach Tübingen[8], das er aber bald verließ, um 1911 den Lehrstuhl für öffentliches Recht von Georg Jellinek in Heidelberg zu übernehmen.

In Heidelberg lehrte Thoma bis 1928 zunächst an der Seite Fleiners, dann ab 1916 an der Seite von Anschütz Allgemeine Staatslehre, Staats- und Verwaltungsrecht sowie Völkerrecht. Zweimal (1916/17 und 1922/23)

---

[3] Das biographische Material über Thoma ist sehr spärlich. Weder der Nachlaß Thomas, der neben privater und fachlicher Korrespondenz überwiegend Manuskripte seiner Vorlesungen und Veröffentlichungen enthält, noch die eingesehenen Akten der Universitäten Freiburg, Heidelberg und Bonn waren sehr ergiebig. Hilfreiche Hinweise verdanke ich vor allem den Gesprächen mit den Professoren Friesenhahn und Mosler sowie Herrn Landgerichtspräsident a. D. Dr. Hans Anschütz. Im übrigen stützt sich die Darstellung auf die veröffentlichten Nachrufe: F. Giese, R. T. in JZ, 12 (1957), S. 589 f.; H. Mosler: R. T. zum Gedächtnis, in: DÖV 1957, S. 826 ff.; U. Scheuner: Zum Gedächtnis von R. T. (1874 - 1957), in: NJW 1957, S. 1309; A. Schüle, R. T. zum Gedächtnis, in: AöR 82 (1957), S. 153 ff.; sowie die Lebenserinnerungen v. Gerhard Anschütz, Teilabdruck unter dem Titel „Aus der juristischen Fakultät nach der Jahrhundertwende", in: Ruperto-Carola (Heidelberg) 22 (1957), S. 29 ff.

[4] Promotionsakten der Universität Freiburg (1898 - 1901).

[5] Die Habilitationsakten sind im Universitätsarchiv Freiburg nicht mehr auffindbar.

[6] Über Rosin vgl. jetzt Martina Tambert, Heinrich Rosin und die Anfänge des Sozialversicherungsrechts, Diss. iur. Freiburg 1977.

[7] Giese, S. 589.

[8] Thoma trat die Nachfolge Fleiners an, der nach Heidelberg ging; vgl. O. Bühler in der Thoma-Festschrift, S. 1 ff. Zur Universität Tübingen vgl. Erich Born, Geschichte der Wirtschaftswissenschaften an der Universität Tübingen, 1967.

war er dort Dekan seiner Fakultät. Einen Ruf nach Berlin 1921 lehnte er ab. Die Ruperto-Carola, an der Oncken, Rickert, Jaspers, Troeltsch, Windelband, Alfred Weber und nicht zuletzt Max Weber, der „Mythos von Heidelberg“[9] lehrten, wurde Thoma bald zur wissenschaftlichen Heimstatt und zum ersten Höhepunkt seines wissenschaftlichen Werdegangs.

In jene Zeit fallen auch zwei Ereignisse, die, wenngleich von höchst verschiedener Art, für Thomas politisches Denken wie auch für sein wissenschaftliches Werk von prägendem Einfluß geblieben sind.

Das eine betrifft seine persönliche Lebenssituation: die Begegnung und Freundschaft mit Max Weber.

Für sie steht das Haus in der Ziegelhäuser Landstraße 17[10]. Dieses Haus war von Webers Großvater Fallenstein erbaut worden, in ihm war Webers Mutter aufgewachsen, und Max Weber selber lebte dort von 1906 bis 1919[11]. Thoma bezog in diesem Haus ein Stockwerk, nachdem Ernst Troeltsch 1915 ausgezogen war[12]. Es liegt geradezu in der Natur der Sache, daß sich Thoma dem faszinierenden Geist dieses Hauses schwerlich entziehen konnte.

So wurde Max Weber für Thoma denn auch eine Gestalt der Orientierung.

Sein politisches und wissenschaftliches Denken formte Thomas Grundanschauung über Gesellschaft und Staat und floß dergestalt in sein Staats- und Verfassungsdenken.

Das stark ausgeprägte historische Empfinden, das Thomas Denken von Anfang an eigen war, verband sich unter dem Einfluß Webers mit der Erkenntnis, daß Staatsgebilde, Rechtsbegriffe und -institute nicht nur mit den überkommenen juristischen, sondern auch in soziologischen Kategorien zu beschreiben sind. Damit war der methodische Weg gewiesen zur Bewältigung jener Aufgabe, die Thoma für sich selber einmal formulierte: „das, was ist, in klaren Formeln auszusprechen und aus dem Zusammenspiel von Verfassungsrecht und politischem Leben zu erläutern“[13].

Max Weber hat aber nicht nur Thomas Verständnis von Aufgabenbereich und Grenzen seines Faches wesentlich beeinflußt, sondern darüberhinaus wohl auch sein Selbstverständnis als Wissenschaftler. Die Maxime vom politisch verantwortungsbewußten und verantwortlichen Gelehrten wurde Thoma Zeit seines Lebens zur Verpflichtung.

---

[9] So M. Rainer Lepsius in einer Rede anläßlich der Enthüllung einer Gedenktafel für Max Weber in München, in: Zeitschrift für Soziologie, Jg. 6, Heft 1, 1977, S. 103 ff. (103).

[10] Diesen Hinweis verdanke ich Herrn Dr. Anschütz.

[11] Vgl. Marianne Weber, Max Weber, 1950, S. 490 f.

[12] Vgl. Lepsius, S. 103.

[13] ASWS 44 (1917/1918), S. 306.

Das andere einschneidende Erlebnis war die politische Entwicklung Deutschlands von der konstitutionellen Monarchie zur demokratischen Republik.

Der Umsturz der alten monarchischen Ordnung und die Errichtung der Weimarer Republik führten Thoma nicht nur zu sichtbarem politischen Bekenntnis und Engagement, sondern stellen auch eine Wegmarke seines wissenschaftlichen Wirkens dar. Sein Werk trägt die Spuren jener Entwicklung und reflektiert sie zugleich.

Hatte Thomas wissenschaftliches Interesse in der Spätphase des Konstitutionalismus vor allem dem Verwaltungsrecht, dem rechtsstaatlichen Schutz der Freiheitssphäre des Einzelnen gegenüber der staatlichen Exekutive[14], gegolten, traten nun das Verfassungs- und Staatsrecht sowie die Allgemeine Staatslehre in der Sinnperspektive universaler Demokratisierung ins Zentrum seines Denkens.

Die zahlreichen Publikationen der 20er Jahre kreisen alle um die Grundlagen und Grundfragen liberaler Demokratie.

Der Anstoß kam zweifellos vom politischen Raum. Die drängenden Fragen, die die politischen Verhältnisse der neuen Verfassung stellten, verlangten verfassungsrechtliche Antworten.

So standen Thomas Begriffs- und Verfassungsanalysen immer unter dem Leitmotiv ihres Nutzens für die praktische Bewältigung der Gestaltungsaufgaben der jungen Republik. Ihm ging es dabei nie um die in Weimar so geläufige ‚Überwindung' des scheinbar funktionsunfähigen Parlamentsabsolutismus, sondern gerade um die sinnvolle Vermittlung der Lebensgesetze einer parlamentarischen Demokratie.

Die Heidelberger Jahre brachten Thoma eine Periode größter wissenschaftlicher und publizistischer Wirksamkeit und markieren das erste Zentrum seiner „wissenschaftlichen Karriere".

Im Jahre 1928 verließ Thoma Heidelberg, um einem Ruf an die Universität Bonn zu folgen[15]. Der Bonner Fakultät blieb er bis zu seiner Emeritierung 1945 und bis zu seinem Tode 1957 treu. Dort war er Direktor des staats- und völkerrechtlichen Instituts sowie 1931/32 Dekan der Juristischen Fakultät.

Als Erbschaft der Heidelberger Zusammenarbeit mit seinem Fachkollegen und Freund Anschütz entstand hier unter gemeinsamer Planung und Redaktion das zweibändige Sammelwerk „Handbuch des

---

[14] Vgl. vor allem: Rechtsstaatsidee und Verwaltungsrechtswissenschaft in: JöR 4 (1910), S. 196 ff.; (zit. Rechtsstaatsidee); Der Vorbehalt des Gesetzes im preußischen Verfassungsrecht, in: Festgabe für Otto Mayer, 1916, S. 165 ff., (zit. Festgabe).

[15] Zu Bonn: Otto Wenig (Hrsg.) Verzeichnis der Professoren und Dozenten der Rhein. Friedrich-Wilhelms-Universität zu Bonn 1818 - 1968, 1968; Ernst Friesenhahn, Juristen an der Universität Bonn, in: Alma-Mater 25/26, 1970, S. 21 ff.

Deutschen Staatsrechts", die „beste redaktionelle Kollektivarbeit der deutschen Rechtswissenschaft" (Mosler).

Neben den Problemabhandlungen über die Staatsgerichtsbarkeit und die Grundrechte[16] war jenes Werk das wissenschaftliche Signum der Bonner Zeit am Ende der Weimarer Republik.

In seinen Beiträgen zum Handbuch versuchte Thoma die Konstitutionsprinzipien der Weimarer Demokratie systematisch zu erfassen und zu entfalten. Manches, was Thoma dort entwickelt hat, ist fester Bestandteil verfassungsrechtlicher Theorie geworden.

Die Artikel des Handbuches, geschrieben in der Auflösungsphase der Weimarer Demokratie, stellen Höhepunkt und zugleich ein erstes Ende seines wissenschaftlich-literarischen Wirkens dar. Als das zweibändige Werk fertiggestellt war, gehörte jene Verfassung, deren Prinzipien es kommentierte, schon fast der Geschichte an.

Die Weimarer Demokratie war der Angelpunkt des wissenschaftlichen Denkens Thomas. In jener Zeit liegt der Schwerpunkt seiner wissenschaftlichen Veröffentlichungen. Die zahlreichen, meist in Festgaben und Sammelwerken publizierten Begriffs- und Problemstudien, die Grundfragen der parlamentarischen Demokratie wie Einzelfragen der Verfassungsauslegung behandelten, und nicht zuletzt die von ihm verfaßten Beiträge im Handbuch des Deutschen Staatsrechts bestimmen Ort und Rang Thomas in der deutschen Staatsrechtslehre. Sie begründeten seinen Ruf als einen der Klassiker des deutschen demokratischen Staatsrechts.

Gehörte Thomas Vorliebe auch stets den Problemen des Staats- und Verfassungsrechts, bliebe das Bild seines wissenschaftlichen Wirkens doch unvollständig ohne Hinweis auf seine völkerrechtlichen Beiträge in jener Zeit[17]. Der Lage Deutschlands nach dem Versailler Vertrag, seiner außenpolitischen Stellung im Konzert der europäischen Staaten galt stets seine Aufmerksamkeit und seine Sorge. Dabei hat Thoma nie die

---

[16] Staatsgerichtsbarkeit: Die Staatsgerichtsbarkeit des Deutschen Reiches, in: Die Reichsgerichtspraxis im deutschen Rechtsleben, Bd. 1 (1929), S. 178 ff., (zit. Die Staatsgerichtsbarkeit). Grundrechte: Die juristische Bedeutung der grundrechtlichen Sätze der deutschen Reichsverfassung im allgemeinen, in: Die Grundrechte und Grundpflichten der Reichsverfassung, hrsg. v. H. C. Nipperdey, Bd. I, 1929, S. 1 ff., (zit. Nipperdey).

[17] Thoma war seit 1917 Mitglied der Deutschen Gesellschaft für Völkerrecht und seit 1928 des Institut international de droit public. Von seinen völkerrechtlichen Veröffentlichungen ist vor allem zu erwähnen: Jus naturae et gentium, Umfrage in Niemeyers Zeitschrift für int. Recht 43 (1925), S. 175 ff. Thoma äußerte sich vor allem auch in Tageszeitungen: Die Satzung des Völkerbundes, in: Literaturblatt zur Frankfurter Zeitung, 4. 8. 1922; Die Rechte Deutschlands gegenüber dem Vertrag von Versailles, in: Generalanzeiger Bonn Nr. 13462 v. 3. 7. 1920 und in: Bonner Zeitung Nr. 178 v. 3. 7. 1929; Bekenntnis zur Friedenspolitik. Vortrag abgedruckt in: Dt. Reichszeitung v. 3. 7. 1929. Vgl. im übrigen die Bibliographie unter 5.

harten Vertragsbedingungen propagandistisch gegen die Weimarer Demokratie gewendet.

Sein besonderes Anliegen, das Thoma in Vorträgen, wissenschaftlichen Organen wie in Zeitungsartikeln immer wieder zur Sprache brachte, war die Frage nach Voraussetzungen und Bedingungen einer europäischen Friedensordnung. Seine Überlegungen waren von der tiefen Überzeugung getragen, daß sich auf völkerrechtlichen Grundlagen bestehende und künftige Konflikte der europäischen Mächte friedlich und ohne Waffengewalt lösen lassen müßten.

Mit dem Untergang der Weimarer Republik und der nationalsozialistischen Machtergreifung zog sich Thoma aus der wissenschaftlichen Publizistik weitgehend zurück.

Während der nationalsozialistischen Herrschaft trat er nur zweimal mit nicht-juristischen Schriften an die Öffentlichkeit.

Thoma, der Zeit seines Lebens wissenschaftlich und politisch ein entschiedener Verfechter der liberalen Demokratie war und autoritäts- und diktaturstaatlichen Bestrebungen stets dezidiert entgegentrat, stand den politischen Leitbildern der nationalsozialistischen Ideologie, dem Kampf gegen Judentum, Liberalismus, Parlamentarismus und Mehrparteiendemokratie konträr gegenüber.

Dem Beispiel seines Freundes Anschütz, der 1933 um seine Emeritierung nachsuchte, da er die „innere Verbundenheit mit dem jetzt im Werden begriffenen neuen Staatsrecht" nicht mehr aufbringen könne[18], vermochte Thoma, der wesentlich Jüngere, gleichwohl nicht zu folgen. Für die Entscheidung Thomas, im Amt auszuharren, dürfte die in der liberalen Tradition wurzelnde nationale Komponente seines Denkens mitbestimmend gewesen sein, die Vaterlandsliebe letztlich über die jeweilige Staatsform stellt[19].

Thoma hat während der Zeit der nationalsozialistischen Diktatur seine Lehrtätigkeit eher auf das politisch neutralere Verwaltungsrecht konzentriert. Zwar weisen die Vorlesungsverzeichnisse der Jahre 1934 bis 1945 auch Lehrveranstaltungen Thomas über Staats- und Verfassungsrecht aus[20]; daß Thoma dabei offenbar nicht opportunistisch auf die Linie der NS-Ideologie einschwenkte, zeigt aber der Umstand, daß es ihm zeitweilig verboten war, Staatslehre und Staatsrecht zu lesen[21]. Gleichwohl hat jene „Zeit der Verstrickung" auch bei Thoma ihre Spuren hinterlassen. Thoma brach 1937 mit der Veröffentlichung der

---

18 Gerhard Anschütz, S. 40. Nach Erinnerung von Dr. Anschütz soll jene Entscheidung seines Vaters das Verhältnis zu Thoma getrübt haben, der sich zu einem ähnlichen Schritt aufgefordert sah.

19 Hierbei stütze ich mich auf die Einschätzung Prof. Moslers.

20 WS 1934/35; WS 1935/36; WS 1937/38; WS 1939/40; WS 1941/42; WS 1944.

21 So U. Scheuner in seiner Festrede anläßlich des 75. Geburtstages Thomas.

Schrift „Die Staatsfinanzen in der Volksgemeinschaft" sein publizistisches Schweigen.

Mit dieser Studie wollte Thoma einen „Beitrag zur Gestaltung des deutschen Sozialismus" leisten[22]. In den Mittelpunkt seiner Betrachtung stellte er den Begriff der ‚Volksgemeinwirtschaft'. Darunter verstand er die Verwirklichung des „nationalsozialistischen Richtsatzes ‚Gemeinnutz vor Eigennutz'". Es handle sich somit, führte er aus, „um Sozialismus, d. h. um Wirtschaft im Dienste der Volksgemeinschaft". Das Prinzip der Volksgemeinschaft setzte er dem liberalen Wirtschaftsmodell als eine „echte Volkswirtschaft" entgegen, die es „den Privatkapitalisten unmöglich (macht), die lebenswichtigen Preise hochzutreiben oder irgendwelche Sachwerte oder Goldwerte unkontrolliert und unkompensiert ins Ausland zu verbringen"[23].

Thoma entfaltete dann nach Betrachtung der bisherigen volkswirtschaftlichen Entwicklung und der Feststellung des großen Einflusses der Wehrwirtschaft auf das deutsche Wirtschaftsleben den Plan einer schrittweisen Verwirklichung des volksgemeinwirtschaftlichen Finanzsystems[24]. Dieses setze einen geschlossenen Staat voraus, der die bisher ungeregelte Wirtschaft in eine geregelte umwandeln müsse. Denn in einem solchen Staat bleibe alles Geld, das die Staatskasse an die Volksgenossen auszahle, im Lande, belebe und befruchte während des Umlaufes die Wirtschaft und könne schließlich in Form von Steuern und Anleihen wieder in die Staatskasse zurückgeleitet werden. Daher, so Thoma, sei eine Banknotenvermehrung währungspolitisch unbedenklich, da die schlimmen Folgen einer Inflation sich nur ergäben, wenn die Preise im Inland erhöht, Importe beliebig durchgeführt und das nationale Geld unbeschränkt ausgeführt werden könne[25].

Thoma hielt es zwar für durchaus möglich, daß die deutsche Volkswirtschaft bei Entspannung der weltwirtschaftlichen Lage zum ökonomischen Liberalismus zurückkehrt, aber „von Rechts wegen ... im Sinne des einer sozialistisch-völkischen Gemeinschaft gerechten Rechtes, darf dies alles nicht wiederkehren"[26]!

Die Schrift Thomas fand eine breite Resonanz[27], sogar in der ausländischen Presse[28].

---

22 So der Untertitel der Schrift.

23 Die Staatsfinanzen in der Volksgemeinschaft, 1937, S. 5 f.

24 Ebd., S. 120.

25 Ebd., S. 4.; S. 131 f.

26 Ebd., S. 134.
(im Original gesperrt gedruckt).

27 Im Nachlaß NL Nr. 55 befanden sich Ausschnitte bzw. Notizen von Rezensionen in folgenden Zeitschriften und Organen:
Handbuch des Wirtschaftsrechts Nr. 26
Mitteilungen des Hamburgischen Welt-Wirtschaftsarchivs v. 15. 1. 1937

Besonders der Umstand löste Erstaunen aus, daß hier ein Professor des Öffentlichen Rechts, ein Fachfremder also, in die Domäne der Wirtschaftswissenschaftler übergriff und sich mit Fragen der Inflation und der Kreditausweitung auseinandersetzte[29].

Im Ganzen gesehen, hinterlassen die Ausführungen Thomas zur nationalsozialistischen Wirtschaftsführung rückblickend einen zwiespältigen Eindruck. Sie zeigen ein hohes Maß an ‚Systemkonformität'. Weder der Gedankengang noch die Diktion lassen eine kritische Distanz zum Gegenstand der Studie erkennen, im Gegenteil hat Thoma gegen den nationalsozialistischen Staat und sein Wirtschaftssystem offenbar wenig einzuwenden, schließt er doch mit den Worten: „Wie in nahezu allen anderen Bereichen des völkischen Lebens haben der Weltkrieg und die nationalsozialistische Revolution ... auch in den Bereichen des staatlichen Geld- und Finanzwesens und der staatlichen Wirtschaftspolitik dem deutschen Volke Tore aufgestoßen in ein neues verheißungsvolles Zeitalter seiner Geschichte[30]."

Über die Gründe, die Thoma zu solchen Wendungen veranlaßten, können rückblickend nur Mutmaßungen angestellt werden. War es die Loyalität zur nationalen Volksgemeinschaft oder bloße Anbiederung an das ‚System', weil er die eigene Loyalität unter Beweis stellen wollte oder mußte?

In sachlicher Hinsicht stellt die volkswirtschaftliche Studie jedenfalls einen Beitrag zur Begründung der ideologischen Basis für die völkische Solidarität dar.

Thomas zweite Schrift, der 1940 veröffentlichte Vortrag „Die Völkerrechtsakte der Knechtung und der Befreiung der Rheinlande nach dem

---

Münchner Neueste Nachrichten v. 25. 10. 1937
Wirtschaftsstatistik Nr. 20, 1937
Wirtschaftsnachrichten des Reichs- und Preuß. Finanzministeriums v. 25. 9. 1937
Bremer Wirtschaftspost v. 10. 9. 1938
Hamburger Fremdenblatt v. 7. 10. 1937
Die Bank 1938 H. 8 v. 23. 2. 1938
Deutsche Zollbeamtenzeitung v. 12. 12. 1937
Blätter für Genossenschaftswesen v. 1. 3. 1938
Außerdem korrespondierte Thoma mit Staatsminister Popitz, einem Parteikollegen d. DDP, der Thomas „Kühnheit und Überlegenheit der gemeinwirtschaftlichen Prognose" hervorhob.

28 Die New York Times brachte am 21. 11. 1937 / 28. 11. 1937 einen Bericht und Besprechung von Thomas Schrift: „The most remarkable contribution toward the new economic and financial ideology and technique" (NL Nr. 54).

29 Hier ist vor allem die Besprechung des Finanzministers a. D. Höpker-Aschoff zu nennen, der gegen die volkswirtschaftliche ‚Naivität' Thomas eine scharfe Polemik verfaßte, die Thoma wegen ihrer „unfairen oberflächlichen und irreführenden" Art zur zeitweiligen Abbestellung der Zeitschrift „Die Hilfe" veranlaßte. NL Nr. 54.

30 Ebd., S. 134; ein neues ... (im Original gesperrt gedruckt); vgl. ähnlich affirmativ z. B. S. 6, S. 135 Anm. 3, sowie die Überschrift des Schlußkapitels.

Weltkriege" wurde auf Befehl des Gauleiters eingestampft, da sie einen „ungünstigen Eindruck" hinterlassen habe. „Beim Studium Ihres Vortrages", schrieb der damalige Gauamtsleiter Marx an Thoma, „muß man den Eindruck haben, als ob die Befreiung der Rheinlande in erster Linie Herrn Stresemann, unserem Führer Adolf Hitler jedoch allenfalls die Vollendung des von Stresemann und anderen Erfüllungspolitikern begonnenen Werkes zu verdanken sei."

Wegen der „darin zutage tretenden Grundhaltung, die dem wahren Ablauf der Geschehnisse in der Sytemzeit sowohl, als auch den daraus zu ziehenden Lehren nicht gerecht wird", wurde dann „die gedruckte Ausgabe zurückgezogen"[31]. Allerdings erbat sich die Deutsche Bücherei von Thoma ein Exemplar für die Aufbewahrung in der ‚Geheimabteilung'[32].

Nach dem Kriege kehrte Thoma 1946 von Pillnach, wohin er in den letzten Kriegsjahren übersiedelte, nach Bonn in sein unzerstörtes Haus zurück.

Die Anfänge der Bundesrepublik und die Auseinandersetzungen um die Gestaltung der Verfassung ließen Thoma noch einmal eine vom Alter ungetrübte Schaffenskraft und Wirksamkeit entfalten. Bereits kurz nach Kriegsende wurde Thoma rechtspolitisch aktiv und gründete zusammen mit Friesenhahn und Mosler ein Seminar, das über 50 Teilnehmer, darunter führende Persönlichkeiten der Politik umfaßte, um die rechtlichen Probleme, die Demontage und Besatzungsrecht stellten, zu besprechen und zu diskutieren.

Von diesem Kreis gingen dann auch die ersten Initiativen für den Wiederaufbau von Verwaltung und Justiz im Rheinland aus[33].

Es nimmt nicht wunder, daß Thoma, aus dessen Feder gewichtige Arbeiten zur Verfassung der ersten deutschen Demokratie geflossen waren, alsbald auch zu den Beratungen des Parlamentarischen Rats herangezogen wurde. Besonders zu den Fragen des Grundrechtsteils hat Thoma dann durch Gegenformulierungsvorschläge zu den einzelnen Artikeln des Grundgesetzes mit grundsätzlichen Überlegungen kritisch Stellung bezogen.

Es belegt die Kontinuität seines Denkens, daß er etwa die beabsichtigte Fassung von Art. 1 des Grundgesetzes, worin die Menschenwürde als in ewigen Rechten begründet formuliert werden sollte, mit den Worten kommentierte, dies sei eine Frage für Philosophen, nicht aber für den Verfassungsgeber[34].

---

[31] Brief vom 19. 4. 1941, dem eine Korrespondenz mit dem Rektor der Universität Gaudozentenführer Prof. Chudoba vom 28. 3. 1941 vorausging. (NL Kasten III).

[32] Notiz in NL Kasten III.

[33] Diesen Hinweis verdanke ich Prof. Mosler.

Thoma war immer der Überzeugung, daß das Grundgesetz nur ein Provisorium darstellt. Er warnte daher die deutsche Staatsrechtswissenschaft davor, sich „ausschließlich" mit der Exegese des geltenden Rechts zu beschäftigen. Wie Thoma die nationale Einigung für die entscheidende Aufgabe der Politik hielt, so sah er die „Revision des Grundrechtskatalogs als Aufgabe der deutschen Staatsrechtswissenschaft."

Seinen eigenen Beitrag hierzu charakterisierte Thoma indes mit den Worten: „es sei nicht die Aufgabe des Wegweisers, den Weg, den er weist, selber zu beschreiten"[35].

Thomas in engerem Sinn akademisches Wirken schlug sich nach dem Kriege vor allem in einer umfangreichen Lehrtätigkeit nieder. Trotz eines schweren Augenleidens, das ihn schließlich fast erblinden ließ, las er in den — beinahe am häufigsten besuchten — Vorlesungen vor allem über sein Lieblingsthema ‚Allgemeine Staatslehre'.

Hier entfaltete er die „Entwicklungsgeschichte der politischen Ideen und Gestaltungen des modernen Staates"[36], und dies bedeutete Thoma die Erhellung der politischen und sozialen Ursachen des universalen Demokratisierungsprozesses und seiner Gefährdungen. Die Analyse der Strukturprinzipien des Staatsaufbaues der UdSSR gehörte dazu ebenso wie die des italienischen und deutschen Faschismus[37]. Seine Lehrtätigkeit war Ausdruck der Überzeugung, daß die Vermittlung demokratischer Werte und Gesinnung, die nach Jahren totalitärer Herrschaft so not tat, wesentlich eine Aufgabe der Erziehung ist, denn nach Auffassung Thomas hat „über das Ergebnis der Demokratisierung" noch nie das „Oberflächenwerk der Verfassungsform", sondern immer der „Volkscharakter" entschieden[38].

Daher trugen seiner Meinung nach an der Aushöhlung und schließlichen Zerstörung der Weimarer Republik auch nicht „diese oder jene Unzulänglichkeiten der Verfassungsurkunde die Schuld". „Die Schuld daran", stellt Thoma fest, „tragen die Umstände, die Menschen, die in diesem Haus leben und wirken sollten, die demokratischen Parteien, deren Führer schwere Fehler gemacht haben, das Anwachsen der Zahl der Feinde der Demokratie von rechts und links[39]."

---

[34] Kritische Würdigung des vom Grundsatzausschuß des Parlamentarischen Rates beschlossenen und veröffentlichten Grundrechtskataloges — Drucksache des Parl. Rats P. R. 11.48-244 III.

[35] Redefragment (masch.geschr.) NL Kasten V. (genaues Thema u. Zweck der Rede sind nicht mehr erhalten).

[36] So ist der erste Teil der Vorlesung überschrieben. NL H I.

[37] Dies ergibt sich aus den Vorlesungsmanuskripten. NL H I.

[38] Vorlesungsmanuskript NL H I.

[39] Besprechung von W. Apelt, Geschichte der Weimarer Verfassung, in: AöR, Bd. 74 (1947), S. 106 ff. (112).

Die pädagogische Zielsetzung dürfte auch der Veröffentlichung des Grundrisses der Allgemeinen Staatslehre, die im wesentlichen ein Nachdruck seines Artikels „Staat (Allgemeine Staatslehre)“ im Handwörterbuch der Staatswissenschaften darstellt, zugrundgelegen haben. Einen letzten Zusammenhang juristischer, soziologischer und geistesgeschichtlicher Aspekte gab Thoma in seiner 1948 publizierten Schrift „Über Wesen und Erscheinungsformen der modernen Demokratie“.

Das hohe wissenschaftliche Ansehen, das Thoma in der deutschen Rechtswelt genoß, bezeugen auch die zahlreichen Rechtsgutachten, um deren Erstattung er ersucht wurde.

Der Bogen spannt sich hier von den Beiträgen zum Entwurf einer Verfassungsurkunde für das Land Nordrhein-Westfalen[40], zur Stellung des Bundesverfassungsgerichts[41], zum Beitritt der Bundesrepublik Deutschland zur EVG[42], bis hin zum Gutachten „Zum Sitz der Landeszentralbank“[43] und zur Frage der Vereinbarkeit des bremischen Betriebsrätegesetz mit dem Kontrollratsgesetz[44].

Schließlich blieb es auch Thoma vorbehalten, die erste Tagung der Vereinigung der deutschen Staatsrechtslehrer nach 18jähriger Unterbrechung 1949 wiederzueröffnen[45]. In der Wahl Thomas zum Ehrenpräsidenten der Vereinigung der Staatsrechtslehrer, der er seit ihrer Gründung 1922 angehörte, deren erstes Referat „Über das richterliche Prüfungsrecht“ er hielt, und die er durch zahlreiche Diskussionsbeiträge befruchtete[46], fand die Wertschätzung seiner Person im Kollegenkreis ihren sichtbaren Ausdruck.

---

40 NL Kasten IV sowie Nr. 46: Rechtsgutachten über die Frage, ob und in welchem Sinn die ‚Verfassung für das Land Nordrhein-Westfalen‘ vom 28. 6. 1950 oder einzelne Bestimmungen dieser Verfassung als rechtsungültig anzusehen seien, auf Ersuchen der Landtagsfraktion der FDP; sowie Kritiken zur Verfassung des Landes Nordrhein-Westfalen.

41 Gutachten über die Stellung des BVerfG vom 27. 5. 1952 (auf Ersuchen des Bundesministers für Justiz) abg. Jahrb. d. ö. R. Neue Folge, Bd. 6, S. 161 ff.

42 Gutachten über die Frage, ob vor Verabschiedung des Zustimmungsgesetzes zum Vertrag über die Gründung der Europäischen Verteidigungsgemeinschaft vom 27. 5. 1952 das GG geändert oder ergänzt werden muß vom 25. 7. 1952, abg. in: Der Kampf um den Wehrbeitrag, 2. Halbband 1953, S. 155 ff.

43 Gutachten zum Sitz der Landeszentralbank vom 20. 2. 1948 auf Ersuchen des Oberbürgermeisters der Stadt Köln.

44 Gutachten über die Vereinbarkeit des bremischen Betriebsrätegesetzes mit Nr. 22 Kontrollratgesetz vom 30. 4. 1948. — Hier ging es um die Zulässigkeit der Einführung der paritätischen Mitbestimmung. Thoma hält sie für unvereinbar mit dem Kontrollratsgesetz. Vgl. zu der fast unübersehbaren Zahl der Rechtsgutachten: die Bibliographie.

45 Zur Geschichte der Vereinigung der deutschen Staatsrechtslehrer vgl. 50 Jahre Vereinigung der Deutschen Staatsrechtslehrer, in: AöR 97 (1972), S. 346 ff. (mit Beiträgen von Hesse, Scheuner und Ipsen).

46 Vgl. z. B. die Diskussionsreden VVDStRL 2 (1925), S. 114 (Schutz des öffentl. Rechts); 3 (1927), S. 58/59 (Gleichheit vor dem Gesetz); 4 (1928), S. 85/87

Thoma starb, 83jährig, am 26. 6. 1957 in Bonn. Bemerkenswert ist, daß Thoma, der Katholik war, noch wenige Monate vor seinem Tode aus der Kirche austrat und seine Freunde und Kollegen von diesem Schritt in Kenntnis setzte[47].

Thoma selber hat einmal das Fazit seines langen fruchtbaren Gelehrtenlebens gezogen und seine „Hauptleistung" in der „rechtswissenschaftlichen und soziologischen Erhellung des Wesens und des Werkes der freiheitlich und rechtsstaatlich geordneten Demokratie" gesehen[48].

(Freiheit der Meinungsäußerung); 5 (1929), S. 104/110 (Staatsgerichtsbarkeit); 7 (1932), S. 100/01 (Wahlrecht).

47 Diese Information verdanke ich Prof. Friesenhahn.

48 NL Kasten V.

II. Die politische Vorstellungswelt und die politischen Aktivitäten

1. In der Wissenschafts- und Gelehrtengeschichte zählt Thoma zu jenen wenigen überzeugten bürgerlichen Demokraten der Weimarer Republik, die die erste deutsche Republik, jene Republik ohne Republikaner, jene Demokratie ohne Demokraten, vorbehaltlos bejahte und vom liberalen Standpunkt aus gegen die Extreme von ‚rechts' und ‚links' verteidigten.

Seine an den politischen Leitvorstellungen des liberalen Bürgertums ausgerichtete Grundhaltung und seine politische Biographie liegen nicht weit auseinander[1].

Im Spektrum des politischen Liberalismus gehört Thoma als Liberaler *und* Demokrat jener Richtung des deutschen Liberalismus an, der in der politischen Parteienlandschaft als Links- bzw. Sozialliberalismus firmiert und als dessen essentielles Erkennungsmerkmal das Bekenntnis zur Zusammenarbeit mit den Sozialdemokraten gelten kann[2].

Wurde der Grundstock von Thomas politischer Überzeugung durch die liberale Erbschaft seiner badischen Heimat auch bereits im Wilhelminischen Deutschland gebildet, prägen sich die Konturen seines politischen Profils doch erst im Zusammenhang mit den Novemberereignissen von 1918 deutlicher aus. Sie ließen Thoma zum Republikaner und Demokraten werden, sie motivierten ihn zur unmittelbar sichtbaren Aktivität im politischen Raum[3].

Während der Kaiserzeit scheint Thoma, obgleich Mitglied der Nationalliberalen Partei, eher die Beobachtungsposition des politisch zwar Interessierten, nicht aber Engagierten eingenommen zu haben. Jene politische Zurückhaltung war für weite Kreise des ‚konstitutionellen'

---

[1] Politische Publikationen Thomas liegen kaum vor. Die Darstellung beruht daher vorwiegend auf dem Nachlaß Thomas. Besonders aufschlußreich für seine politische Einstellung erwies sich die umfangreiche, handschriftlich voll ausgearbeitete Wahlrede, die Thoma in der Parteiversammlung „Demokratie und Jugend" der DDP vom 18. 12. 1918 hielt. NL Kasten V. Die Wahlrede wird auszugsweise auch von H. Döring, Der Weimarer Kreis, Meisenheim am Glan 1975, S. 159 zitiert.

[2] Vgl. dazu J. C. Heß, Gab es eine Alternative? Zum Scheitern des Linksliberalismus in der Weimarer Republik, in: Historische Zeitschrift Band 223 (1976), S. 637 ff. Schustereit: Linksliberalismus u. Sozialdemokratie in der Weimarer Republik, 1975, S. 40. In Baden hatte im übrigen die Zusammenarbeit von Sozialdemokraten und Liberalen schon Tradition in der sog. ‚Saloppkoalition'.

[3] So Thoma in seiner Wahlrede, s. FN 1; ähnlich Anschütz über sich und Thoma, in: Ruperto-Carola, S. 29.

Liberalismus charakteristisch[4]. Den liberalen Rückzug auf das historisch Gewordene illustriert etwa Anschütz, der Kollege und Freund Thomas, in seinen Erinnerungen. Nach seinen Worten setzte sich die verbreitete politische Grundstimmung der akademischen Welt des Kaiserreiches aus einer überzeugt nationalen, für Kaiser und Reich begeisterten Gesinnung und einem nicht radikalen, aber entschiedenen Liberalismus zusammen, der auf die rechtsstaatliche Verbürgung der staatsabwehrenden Freiheitsrechte des Individuums achtete. Diese „Freiheiten wollte man oder vielmehr man hatte sie, und weil man sie hatte, brauchte man sie nicht erst zu wollen. Die gebildete Oberschicht fühlte sich, jedenfalls soweit ihr Interesse an geistiger Bewegungsfreiheit in Frage kam, zufrieden“[5].

Das von Anschütz beschriebene grundsätzliche Einverständnis der Liberalen mit der konstitutionellen Monarchie spiegelt sich auch in der Haltung Thomas wider, der den Wilhelminischen Staat zwar in vielem reformbedürftig empfunden, aber keineswegs prinzipiell abgelehnt hatte.

Aufschlußreich für die Einstellung Thomas zur Monarchie ist seine Wahlrede, die er unmittelbar nach der Novemberrevolution für die Deutsche Demokratische Partei (DDP) vor Heidelberger Studenten und Bürgern gehalten hat und in welcher er selbst den Wandlungsprozeß vom konstitutionellen Liberalen zum demokratischen Republikaner beschreibt[6]. Dort bekennt Thoma, daß er „von Hause aus kein Demokrat“ gewesen sei. In den Jahrzehnten vor dem Kriege und noch in den ersten beiden Kriegsjahren sei er „stolz auf unsere damals bestehende Staats- und Rechtsordnung gewesen“ und habe sich „in sehr großer und guter Gesellschaft“ befunden. Gewiß seien er und seine Freunde sich darüber im klaren gewesen, daß vieles der Reform bedurft habe: das preußische Wahlrecht, die Protektionswirtschaft bei der Besetzung der Beamtenstellen und das persönliche Regiment Wilhelms II. Trotzdem habe er sich aber damals mit dem alten Regierungssystem identifiziert: „Aber im Ganzen genommen hielten wir unser System doch für besser und zukunftssicherer als das der westlichen Demokratien.“ Erst als im Sommer 1917 das „Gespenst der Niederlage sein furchtbares Antlitz vor unserer geängstigten Seele erhob, als Ludendorff mit diktatorischer Gewalt uns ins Verderben reißen konnte“, habe er erkannt, welche „wahnwitzige Politik die Kanzler von Kaisers Gnaden“ geführt hätten. Im weiteren Verlauf seiner Rede kritisierte Thoma dann im Einklang mit Max Webers grundsätzlicher Kritik am preußisch-deutschen Regierungssystem, daß ein Modus politischer Führerauslese gefehlt habe; der

---

4 Vgl. Döring, S. 200; L. Albertin, Liberalismus und Demokratie am Anfang der Weimarer Republik, 1972, S. 247.

5 Anschütz, Lebenserinnerungen (masch.), S. 211, zit. nach Döring, S. 201.

6 Vgl. FN 1.

Reichstag sei „herabgedemütigt“ worden zu einer „Stätte der Rede“ und des „parteipolitischen Kuhhandels“, so daß es aus seiner Mitte keinen Aufstieg zur verantwortlichen Leitung der Nation habe geben können.

Von dieser Fundamentalkritik am monarchischen System hat Thoma allerdings bemerkenswerterweise an anderer Stelle das badische Fürstenhaus ausdrücklich ausgenommen. Kein anderes deutsches Fürstenhaus, schrieb er, habe seine Wurzeln so tief in das Volk gesenkt wie das badische. Die Erinnerung an Friedrich I. und Friedrich II., an die „verehrungswürdige Gestalt der alten Großherzogin Luise“, die „glänzende Gestalt des Prinzen Max“: „das sind Gestalten und Leistungen, auf die jeder Badener mit Stolz und Dankbarkeit zu blicken niemals aufhören wird“. Und wenn, fuhr er fort, „demnächst die badische Landesversammlung das Siegel auf die ‚badische Volksrepublik‘ drückt, dann hat das seinen Grund nicht in einer undankbaren und feigen Abwendung unserer Herzen, sondern in höherem Verhältnisse und in unserer Pflicht zum Dienst an größeren nationalen Idealen“[7].

Wenn diese Ausführungen auch zeigen, daß für Thoma — wie übrigens auch für seine liberal-demokratischen Gesinnungs- und Parteifreunde[8] — die Novemberrevolution nicht der langersehnte Silberstreif am Horizont des deutschen Himmels bedeutete, sondern in erster Linie der der militärischen Niederlage folgende politische Zusammenbruch der alten monarchischen Ordnung, war für ihn mit der Ausrufung der Republik doch die monarchische Frage geschichtlich entschieden. Unter dem Zwang der Ereignisse und im Bewußtsein der historischen Notwendigkeit der Errichtung einer demokratischen Republik wurde Thoma zum überzeugten Demokraten und engagierten ‚Werber‘ der neuen Republik.

In der bereits erwähnten Wahlrede für die DDP rief er seine Zuhörer dazu auf, sich auf den Boden der Tatsachen, und das hieß der parlamentarischen Demokratie zu stellen. „Die Revolution“, formulierte Thoma, „hat das ganze Gebäude zerschlagen. Das Proletariat hat die Herrschaft in die Hand genommen und ruft uns auf zum Neubau. Ein Neubau, in dem es notwendig und unwiderruflich keinerlei historische Autoritäten mehr geben kann, sondern nur Majoritäten ... aufgrund des schrankenlosesten Wahlrechts, das jemals gewagt worden ist!“

Die Demokratie, so hob Thoma weiter hervor, sei mit dem Ziele angetreten, den „Idealen der sozialen Gerechtigkeit zum Siege zu verhelfen“. Daher müsse im neuen Deutschland den Begabten freie Entfaltung zugesichert, die Erbaristokratie gebrochen und der Sozialisie-

---

[7] Republik oder Monarchie? in: Neue Badische Landeszeitung Nr. 593, 21. 11. 1918, S. 1.

[8] Vgl. Döring, S. 152 f.; H. Schustereit, Linksliberalismus und Sozialdemokratie in der Weimarer Republik, 1975, S. 41 f.

rung in bestimmten Grenzen der Weg frei gemacht werden. Eine „Sozialreform großen Stils" sei nötig, denn das 20. Jahrhundert dürfe seine Mitte nicht überschreiten, ohne daß es „die Schmach des 19. Jahrhunderts" ausgetilgt habe.

Und auch im schlimmsten Falle werde die Demokratie das Reich nicht schlechter regieren als das alte „System der Geburt, des Reichtums und des Kastengeistes, das die verderbliche Kluft aufgerissen zwischen Bürgertum und Proletariat, und das uns in Unfähigkeit und Überhebung in diesen Abgrund gerissen hat"!

In der politischen Skala von den Vernunftrepublikanern bis hin zu den demokratischen Idealisten[9] ist Thoma den letzteren zuzurechnen.

In einem Zeitungsartikel vom Jahre 1920 distanzierte sich Thoma ausdrücklich von den Vernunftrepublikanern, die nur „Demokraten aus Resignation, aus Ergebung in das politisch Unvermeidliche" seien und plädierte leidenschaftlich für den Weimarer Staat. Das Bekenntnis zur Demokratie, das Thoma hier öffentlich formulierte und begründete, war für ihn eine ‚nationale Sache', denn die Errichtung der Demokratie schien ihm das einzige Mittel zur Klassenversöhnung und zur Verhinderung der Entmachtung des Bürgertums:

> „Die Demokratie war und ist das rettende Festland, das wahrhaft konservative Prinzip unserer Tage. Deutschland kann nicht gegen die Arbeiter und nicht gegen die Bauern regiert werden, und ebenso wenig ohne die Intelligenzen des Bürgertums. Einen anderen Weg des Zusammenwirkens aller Stände und Klassen gibt es nicht als den der republikanischen Demokratie, demokratischen Sozialreform und sozial ausgleichenden Steuer- und Wirtschaftspolitik ... Nichts kann uns retten, nichts kann uns helfen, als daß die heilige Flamme des nationalen Stolzes und der nationalen Treue aufs neue entfacht werde in den Herzen der verhetzten und enttäuschten Massen, als daß es gelinge, dieses hungernde, übermüdete, verstörte, trostlos verarmte Volk zurückzuführen zu Vaterlandsliebe, Arbeit und Bürgerpflicht. Einem Deutschland der Reaktion, der Privilegien der Geburt und des Geldes oder des Protektionswesens wird das niemals gelingen! Das ist die unwiderleglichste Rechtfertigung der Demokratie: die nationalpolitische."

Diese Gedankengänge weisen Thoma als Anhänger der Demokratie als eines antirevolutionären, Ordnung stiftenden Prinzips aus, das allein in der Lage schien, den „Klassenhaß" zu entwaffnen und so „die deutsche Nation zu wahrer Einheit, Kraft und kultureller Erneuerung" emporzuführen[10]. Von daher mußten notwendig die Restaurationsversuche der Reaktion, wie die Versuche einer Errichtung der Diktatur des Proletariats — nach Thoma der Privilegienstaat mit umgekehrtem Vorzeichen — seinem Verdikt verfallen.

---

[9] Nach Döring, S. 241 wurde diese Formel von den Wortführern des Weimarer Kreises geprägt. Vgl. dazu unten.

[10] Warum bekenne ich mich zur Demokratie?. in: Heidelberger Tageblatt, Juni 1920, NL Kasten I.

Thomas politische Grundhaltung trifft hier die bekannte Formel Meineckes, der die Republik als „das große Ventil zwischen Arbeiterschaft und Bürgertum“ zur Schaffung des „sozialen Friedens zwischen ihnen“ bezeichnete[11].

Thoma selber erkannte früh die Konvergenz von Industriegesellschaft und Arbeiterbewegung.

Er begriff die „demokratische Welle des Jahrhunderts“[12] als politisch-soziologische Konsequenz der industriellen Revolution und als einen Prozeß, der historisch nicht revisibel, daher aber um so mehr der Kanalisierung bedarf.

Hier wurde bei Thoma der zweite Grundzug seines Denkens deutlich, jener die Liberalen der Weimarer Republik kennzeichnende Gedanke der Notwendigkeit einer überragenden Führung in der Massendemokratie.

So schrieb Thoma, er sehe „aufs deutlichste die ungeheuren Gefahren, die der Demokratismus, zumal im modernen Industriestaat, in sich schließt: daß Streber und Schwätzer das Ohr der Masse gewinnen, daß schlaue Finanzmänner den Staat korrumpieren und ausbeuten, daß platte Mittelmäßigkeit regiere, daß ‚das Gemeine alles Edle überrenne‘ “[13].

Diese Gefahren zu bannen, sah er als die historische Bestimmung und Rolle des gebildeten Bürgertums. Denn so paradox es klingen möge, gerade in der „Demokratie“ sei die Existenz „herrschbegabter“ und „leitungsgewohnter“ Führer unerläßlich. „Echte Aristokratie, d. h. Herrschaft der Besten und Berufensten, sei das eigentliche Ziel der Demokratie“. Die Arbeiterpartei, so Thoma, könne die erforderlichen Führerpersönlichkeiten „gewiß nicht“ aus sich hervorbringen, man finde sie „einzig und allein im gebildeten deutschen Bürgertum“[14].

Döring hat in seiner Untersuchung über den „Weimarer Kreis“ den bildungsbürgerlichen Führungsanspruch gegenüber der Arbeiterbewegung, den Thoma in den zitierten Passagen deutlich formulierte, als „Allgemeingut der Liberalen“ und den „Zeitgenossen vertrauter Topos“ herausgearbeitet[15]. Er weist anhand ähnlicher Aussagen nach, daß das Führerproblem in der modernen Massendemokratie durchaus nicht nur bei den Antidemokraten, sondern auch im Kreise der Republiktreuen

---

[11] Meinecke, Republik, Bürgertum und Jugend, in: Politische Schriften und Reden, S. 119.

[12] Wahlrede, die Thoma in der Parteiversammlung „Demokratie und Jugend“ der DDP vom 18. 12. 1918. NL Kasten V.

[13] Warum bekenne ich mich zur Demokratie?, in: Heidelberger Tageblatt, Juni 1920, NL Kasten I.

[14] Wahlrede, die Thoma in der Parteiversammlung „Demokratie und Jugend“ der DDP vom 18. 12. 1918. NL Kasten V.

[15] Döring, S. 186; vgl. auch Albertin, S. 226 ff.

heftig diskutiert wurde[16]. Hier dürfte der prägende Einfluß Max Webers und seines Modells der plebiszitären Führerdemokratie auf das liberale Gedankengut wirksam gewesen sein, das nach Mommsen darauf ausging, „einen Ausweg aus dem Dilemma zu finden, wie auch unter den Bedingungen der industriellen Massengesellschaft die persönliche Herrschaft großer, führungsbegabter Persönlichkeiten gewährleistet werden könne“[17].

Döring hat den in dieser Fragestellung enthaltenen Führungs- und Erziehungsanspruch des Bürgertums unter Berufung auf Klotzbach zutreffend als bürgerliche Abwehrhaltung gegen revolutionäre Demokratisierungstendenzen analysiert, die immer dann virulent wird, wenn das Verhältnis von Oberschicht und ‚Masse‘, gesellschaftlicher Entwicklung und Kultur problematisch wurde[18].

Zu Recht betont er in diesem Zusammenhang, daß auch Thomas Bekenntnis zur Demokratie mit einer eindeutigen Option für die Schichten von Besitz und Bildung korrespondiert[19]. Daß jene liberale Elitevorstellungen einen Wesenszug von Thomas politischem — und wie noch zu zeigen sein wird — verfassungstheoretischem Denken bezeichnen, macht auch Dörings Hinweis darauf deutlich, daß Thoma sich wohl gegen Ende der Weimarer Republik mit den „tief begründeten Besorgnissen der Oberschichten des Besitzes und der höheren Bildung vor den wirtschaftlichen und kulturellen Auswirkungen des Kleineleutestaates, als welcher sich die Demokratie auf alle Fälle“ darstelle, identifizierte und von der nicht auszuschließenden Gefahr einer „allmählichen Vergewaltigung einer als kulturellen Elite betrachteten Minderheit“ und einer „Überrennung des Patrizischen durch das Pleibejische“ sprach[20].

In gleichem Sinne bekannte er, daß die Entscheidung für die Demokratie stets von der Hoffnung getragen sei, die Demokratie werde den „Anteil an Besitz und Bildung“ heben, die Unterschicht entproletarisieren und verbürgerlichen und schließlich zu einer „Art Selbstaufhebung der proletarischen Mehrheit“ führen, denn die „in der Tat furchtbarste Gefahr, die der Demokratismus in sich birgt“, sei die „politische und kulturelle Kontraselektion“[21].

16 Döring, S. 17: „Es war fast ein Modeproblem der zwanziger Jahre.“

17 Mommsen, Max Weber und die Deutsche Politik 1890 - 1920, 1959, — 2. Aufl. 1973 —, S. 453.

18 Döring, S. 247; Kurt Klotzbach, Das Eliteproblem im politischen Liberalismus, 1967.

19 Döring, S. 187.

20 Thoma, Sinn und Gestaltung des deutschen Parlamentarismus, in: Recht und Staat im Neuen Deutschland, hrsg. v. B. Harms, Bd. I, 1929, S. 126, (zit. Sinn und Gestaltung).

21 Darunter versteht Thoma, „daß unter der Mehrheitsherrschaft der Masse die soziale Mittelmäßigkeit in Staat, Wirtschaft, Kunst und Wissenschaft zur Alleinherrschaft komme und alles höher geartete, echt Aristokratische unterdrücke“. Vorlesungsmanuskript NL H I.

Auf diesen Vorstellungskreis dürfte auch der „erstaunliche Befund“ (Döring) zurückzuführen sein, daß Thoma in den ersten Jahren der Weimarer Republik dem „reinen Parlamentarismus“ mit großem Bedenken gegenüberstand und eine „Annäherung an das Präsidialsystem“ für wünschenswert hielt[22].

Thoma hat allerdings diese Position bald aufgegeben und sich vor allem in der Auflösungsphase der Weimarer Republik entschieden für die Beibehaltung des parteienstaatlichen Parlamentarismus ausgesprochen[23].

Das von Thoma artikulierte Gefühl der Bedrohung des geistigen und sozialen Besitzstandes durch die massendemokratischen Nivellierungstendenzen gibt eine Grundstimmung vieler Liberaler der Weimarer Epoche wieder.

So empfand Meinecke rückblickend die Novemberrevolution als eine „Zeitwende größten Stils“, er hatte den Eindruck, „das bürgerliche Zeitalter“ sei zu Ende gegangen und mit ihm die „Autonomie der Persönlichkeit“, die zur „bloßen Funktion ohne selbständigen Wert, zum Instrumentalmenschen“ geworden sei[24].

Ähnliche Gedankengänge finden sich bei anderen maßgeblichen Vertretern des Liberalismus[25].

Entsprechend sieht Mommsen in der von Max Weber so betonten Rolle der großen eigenverantwortlichen Persönlichkeit wohl nicht ganz zu Unrecht die „Tendenz, die Unterminierung der Autonomie des Individuums in der industriellen Massengesellschaft durch den Rückgriff auf den plebiszitären Appell an die Massen zu kompensieren“[26].

Auch Thomas Position weist eine unübersehbare Affinität zu jenem von Mommsen bei Weber herausgearbeiteten Moment eines „aristokratischen Individualismus“ auf[27]. Diesem Vorstellungsbild ist die Hoffnung eigen, die auch in vielen literarischen Äußerungen Thomas zur Sprache kommt, daß auf dem Wege der Demokratie und ihres institutionalisierten Wettbewerbes der Eliten um die Gunst und Stimme des Volkes die Besten und Fähigsten an die Spitze des Staates gelangen. Ihnen kommt dann die Aufgabe zu, kraft ihres Vorbildes erzieherisch auf die Massen

---

22 Thoma, Besprechung des Buches von Wilhelm Hasbach „Die parlamentarische Kabinettsregierung“, in: AöR 40 (1921), S. 229.

23 In der Verfassungsdebatte des Weimarer Kreises 1927 traten Anschütz, Jellinek und Thoma für den Parlamentarismus ein, wohingegen Kahl, Graf zu Dohna und Meinecke ein präsidentielles ‚Ersatzkaisertum‘ befürworteten. Vgl. Döring, S. 99.

24 Meinecke, Erinnerungen 1901 - 1919, S. 133.

25 Vgl. die Belege bei Döring, S. 203 f.

26 Mommsen, S. 452.

27 Ebd., S. 448; sowie ders.: Max Weber, Gesellschaft, Politik und Geschichte, 1974, S. 42.

zu wirken und sie zu verantwortlichem und vernunftbetontem Handeln anzuleiten[28].

Wenngleich Thoma von der Demokratie als Mittel zur „Domestikation der Masse" spricht[29], kann sein Bekenntnis zur Demokratie nicht nur als politisch-taktisches Kalkül gewertet werden, betont er doch ausdrücklich an anderer Stelle, daß der „Demokratismus nicht nur als unentrinnbare Gegebenheit unseres Zeitalters hinzunehmen" ist, sondern auch „positiv aus dem Glauben an die Güte und Tüchtigkeit des gemeinen Mannes bejaht werden müsse[30].

Von dieser Grundhaltung her sah Thoma als eine zentrale Aufgabe liberaldemokratischer Politik, die bürgerliche Gesellschaftsform mit ihren überlieferten kulturellen Werten durch Reformen zu erhalten, „ohne die breiten Massen in eine zuletzt verderbliche Feindschaft zur bestehenden Ordnung hineinzutreiben"[31]. Unter dem Topos der ‚nationalen Demokratie' glaubte er, ließe sich die Einheit der durch die Kriegsgeschehnisse entzweiten Nation durch die Versöhnung der Klassen wiederherstellen.

2. Diese Grundüberzeugung Thomas konvergierte nicht zufällig mit dem politischen Selbstverständnis der DDP, in der das liberal-demokratische Denken der Weimarer Zeit seinen parteipolitischen Zusammenhalt gefunden hatte, und die seit ihrer Gründung auch zur politischen Heimat Thomas geworden war. Jene geistige Affinität erklärt sich bereits aus dem Umstand, daß die DDP selber teils aus jenem (Heidelberger) Freundes- und Gesinnungskreis herauswuchs, in dem Thoma verkehrte und der sein politisches Bewußtsein wohl entscheidend mitprägte. Zu diesem Kreis gehörten, um nur die Bekanntesten zu erwähnen, Gelehrte wie Anschütz, Onken, Troeltsch, Max Weber und Alfred Weber. Ihnen allen war die Überzeugung von der Notwendigkeit des politischen Engagements und eines demokratischen Neubeginns auf der Grundlage der nationalen Solidarität gemeinsam. Soweit sie nicht unmittelbar an der Gründung der DDP beteiligt waren[32], zählten sie zu den ‚Mitgliedern der ersten Stunde'.

Die DDP gilt in der Geschichtsschreibung als „fruchtbarer demokratischer Neubeginn des Liberalismus"[33], enthielt doch der Gründungs-

---

28 Döring führt das dieser Anschauung zugrundeliegende „idealistische" Politikverständnis auf die Tradition des Bildungshumanismus zurück. Vgl. S. 249 ff.

29 So in: Der Begriff, S. 61.

30 Besprechung eines Buches von Mendelssohn Bartholdy, in: ASWS 47 (1920/21), S. 580.

31 Rezension von Hasbach, in: AöR 40 (1921), S. 223.

32 So Max Weber und Alfred Weber.

33 Vgl. Albertin, S. 29.

aufruf der DDP vom 16. 11. 1918 auf die Initiative des Gründerkreises um Theodor Wolff und Alfred Weber eine klare Absage an das alte System und die Entschlossenheit zum Neuansatz auf der Grundlage eines entschiedenen Bekenntnisses zur neuen Staatsform[34].

In ihrer Selbstdarstellung verstand sich die DDP als eine „sozialbewußte und liberalgerichtete" Partei, die „in ihrem innersten Wesen keine Partei des Kampfes, sondern des Friedens, des Ausgleichs und der Versöhnung" sei[35]. Sie hoffte, durch eine Politik der Zusammenarbeit mit den (Mehrheits-)Sozialdemokraten die Klassengegensätze überwinden und durch die innere Geschlossenheit außenpolitisch die Macht und Ehre des Reiches wiederherstellen sowie innenpolitische Stabilität bewirken zu können.

Die Vermittlung zwischen Bürgertum und Arbeiterschaft war zwar schon früh in Friedrich Naumanns — von Max Weber wesentlich beeinflußten — Modell eines ‚sozialen Liberalismus' als Aufgabe erkannt und formuliert worden[36], aber erst in der aktuellen Frage der Stellung der liberalen Parteien zur Sozialdemokratie, jener „Gretchenfrage des Liberalismus" (Neumann), wurde sie zum zentralen Problem der politischen Ausrichtung.

Die durch die revolutionäre Entwicklung genährte Furcht weiter Kreise des Bürgertums vor dem ‚umgekehrten Klassenstaat', der Herrschaft des Proletariats, gab den Anlaß, eine liberale Neuorientierung und die Bildung einer großen liberalen Mittelpartei zu fordern. Ihr war die Aufgabe zugedacht, die sozialistische Revolution in eine liberaldemokratische Ordnung überzuführen und der übermächtig gewordenen SPD die Waage zu halten[37]. Es sollte dafür Sorge getragen werden, wie Theodor Heuss deutlich formulierte, daß „die Sozialdemokratie nicht einen umgekehrten Obrigkeitsstaat aufrichte und in der Konstruktion eines plebiszitären Obrigkeitsstaates die Mitarbeit und das Mitschwingen der nicht-proletarischen Glieder unseres Volkes verhindere". „In dieser Sinngebung", so Heuss, sei die DDP gegründet worden[38].

Allerdings stellte sich die DDP in ihrem Selbstverständnis nicht auf eine Stufe mit der SPD oder den anderen modernen Massenparteien:

---

[34] Vgl. Heß, S. 641; Stresemann, der wegen seiner ‚annexionistischen Vergangenheit' nicht in die Partei aufgenommen wurde, gründete mit dem verbleibenden Rest der Nationalliberalen die Deutsche Volkspartei. Heß fragt, ob die Einigung der Liberalen ohne den Einfluß von Wolff und Weber, die auf dem Ausschluß Stresemanns bestanden, zustandegekommen wäre. Vgl. zur Gründung der DDP Albertin, S. 53 ff.; Schustereit, S. 38 ff.

[35] Schustereit, S. 206.

[36] Naumann nannte ihn „Linksliberalismus" oder „neudeutscher Liberalismus". So in Demokratie und Kaisertum, 1900, S. 228.

[37] Vgl. Schustereit, S. 39.

[38] Heuß, Die deutsche Demokratische Partei, 1929, S. 105, zit. nach Schustereit, ebd., S. 39, Fußnote 16.

sie war die einzig wirklich staats- und verfassungstreue Partei, die im Unterschied zu den anderen Parteien parteitaktische Gesichtspunkte stets hinter die nationalen zurücktreten ließ[39].

Aus der Vorstellung über ihren Charakter als Staatspartei im Gegensatz zu den Klassen- und Gruppenparteien wandte sie sich gleichermaßen gegen „den Doktrinarismus der Sozialdemokratie und die bürgerliche Klassenkampfidee der Rechten“[40] und betonte immer wieder, eine Partei des Ausgleichs und der Mitte zu sein[41]. Das Selbstverständnis der DDP, das sie nicht als Vertreterin von Gruppen- und Klasseninteressen, sondern als Sachwalter des nationalen Gemeinwohls auswies, kennzeichnet Schustereit in seiner Untersuchung über den Linksliberalismus treffend so, „daß sich die DDP — ‚Schrittmacher und Wegweiser ... für fast alle politischen Fragen‘ — als die besonders staatsbewußte Vorhut des gesamten deutschen Staatsvolkes verstand. Die Frage, ob sie sich ‚vorzugsweise als Mitglieder einer Partei oder als Mitglieder des großen Deutschen Reiches‘ sehen wollten, entschieden die Deutschen Demokraten auf Grund ihrer von ihnen selbst für mustergültig gehaltenen Staatsgesinnung eindeutig zugunsten des letzteren“[42].

Dieses „politisch-ethische“ Selbstverständnis der DDP entsprach, wie Döring nachweist, genau dem idealistischen Politikverständnis der republiktreuen liberalen Professorenschaft[43]. Ihre Mitgliedschaft in der DDP rechtfertigten sie gerade damit, daß diese keine „Klassenpartei“ darstelle, sondern „Weltanschauung und Staat über alles Wirtschaftliche und über den Klassengedanken stelle“ und das Leitbild einer „über allen Klassen stehenden Demokratie“ zu verwirklichen strebe[44].

Ähnlich sah Alfred Weber, der Mitbegründer der DDP, in ihr eine politische Organisation, in der noch eine „reine und aufrichtige Politik der großen Ideen“ möglich sei[45].

Dieses idealistische Politikverständnis mußte nach Abklingen der Aufbruchstimmung notwendig mit dem nüchternen ‚Parteigetriebe‘ konfligieren. So blieb denn auch, sofern sich die Mitgliedschaft in der DDP

---

[39] Ebd., S. 195; ab 1930 nannte sich die DDP dann auch Dt. Staatspartei.

[40] BA R 45 III/33, 81, zit. nach Schustereit, S. 195.

[41] Schustereit, S. 195.

[42] Ebd., S. 194; dies schlug sich auch im organisatorischen Selbstverständnis der DDP nieder: „Jeder Demokrat“ sollte „sein eigener Führer“ sein. Vgl. S. 188.

[43] Döring, S. 204; Mit „politisch-ethischer“ Haltung meint Döring „überparteilich-interessenfreie Interpreten des Gewissens der Nation“. (S. 191).

[44] So Götz, der 8 Jahre Reichstagsabgeordneter der DDP war. Götz, Deutsche Demokratie, S. 51 f., zit. nach Döring, ebd., S. 204.

[45] Weber, Die neue demokratische Partei, in BT Nr. 589, 17. 11. 19, zit. nach Döring, S. 205.

nicht, wie etwa bei Anschütz[46], auf eine gesinnungsmäßige beschränkte, der Konflikt mit dem Parteiapparat selten aus[47].

Was Thomas Zugehörigkeit zur DDP und seine parteipolitische Aktivität betrifft, hatte er in der DDP nie eine politische Hauptrolle gespielt[48]. Allerdings hatte sich Thoma wohl, wie einem Hinweis Anschütz' zu entnehmen ist[49], auf lokaler und regionaler Ebene am Parteileben beteiligt. Unmittelbar nachweisbar ist sein leidenschaftlicher Einsatz in Heidelberg in der Frage des Neckarkanalprojekts. In dieser Frage, bei welcher es um die Kanalisierung des Neckars von Heidelberg bis Heilbronn ging, engagierte sich Thoma stark und wandte sich auf der parteipolitischen Ebene[50] sowie publizistisch[51] vehement gegen die Umwandlung des Neckars in einen Schleusenkanal. In den Jahren 1924 bis 1927 beschwor er immer wieder, wenngleich letztlich erfolglos, die politisch Verantwortlichen in Berlin unter Berufung auf die finanzielle und wirtschaftspolitische Lage des Reiches und die Erhaltung des Landschaftsbildes von „Tal und Brücke" von der Verwirklichung des Neckarkanalprojekts abzusehen.

Seine politische Tätigkeit in der DDP dürfte im übrigen neben der Wahlkampfhilfe[52] die eines sachverständigen politischen Mitarbeiters gewesen sein, der innerhalb der Partei meinungsbildend und -klärend wirkte.

So referierte Thoma auf dem demokratischen Landesparteitag vom 29. 10. 1927 über den Keudellschen Schulentwurf, den er entschieden ablehnte[53].

Der deutschnationale Innenminister von Keudell hatte einen Reichsschulgesetzentwurf vorgelegt, der den verstärkten Einfluß der Kirchen und Eltern auf Schule und Erziehung vorsah[54].

---

[46] Anschütz, Lebenserinnerungen, S. 30.

[47] Beispiel ist das Scheitern von Max Webers Kandidatur zur Nationalversammlung als Abgeordneter der DDP, sowie Alfred Webers früher Parteiaustritt. Vgl. Albertin, S. 54 f., 60 f., 76 f.

[48] In den Parteiakten der DDP befindet sich, soweit ersichtlich, kein Hinweis auf Thoma.

[49] Anschütz, S. 29.

[50] NL Thoma Kasten I und NL Dietrich Nr. 350; Dietrich war Vorstandsmitglied der DDP, Vorsitzender der dt. Staatspartei und von 1928 - 32 Reichsminister.

[51] Zur Kritik des Neckar-Kanal-Projekts, in: Heidelberger Tageblatt, 30. 12. 1924; Zur Frage der Wirtschaftlichkeit der Neckarkanalisierung und die Umwälzungen in der Kohlen- und Energiewirtschaft. Eine Denkschrift. Dezember 1926. Neue Argumente gegen den Neckarkanal, in: Rhein-Main. Volkszeitung, 23. 2. 1927 (NL Kasten I).

[52] Neben der erwähnten Wahlrede vom 18. 12. 1918 ist Thomas Unterzeichnung des Wahlaufrufes „Die Geistigen für Demokratie" für die DDP belegt. Vossische Zeitung Nr. 577, 5. 12. 1924. Zit. nach Döring, S. 77, FN 1.

[53] Nachweis im NL Dietrich Nr. 350.

Thoma, in der liberalen antiklerikalen Tradition stehend, bezeichnete den Entwurf als „unerträglich". Er sparte in seinen Ausführungen nicht mit Polemik gegenüber der DVP, die an dem Entwurf mitgearbeitet hatte, und beschwor deren liberale Tradition:

„Als liberale Partei wird und kann sie es nicht dulden, daß die Grundsätze der Staatsschule und der staatlichen Schulaufsicht zugunsten einer Verkirchlichung des Schulwesens angetastet wird."

Seine Kritik am Keudellschen Entwurf faßte Thoma in drei Punkten zusammen:

Einmal, meinte er, sei „das aufreizendste für den liberalen Beurteiler", daß der Entwurf „den hergebrachten Charakter der deutschen Bekenntnisschule im Sinne einer Verkirchlichung zu verändern trachtet", indem er versuche, „über die staatliche Bekenntnisschule und ihre staatlichen Aufsichtsbehörden eine geistliche und konfessionsparteiliche Oberaufsicht" zu stellen.

Den zweiten Kardinalpunkt sah Thoma darin, daß der Entwurf den Schulkompromiß verleugne, er degradiere die „Gemeinschaftsschule zur Antragsschule und erkläre bestehende Sonderschulen als beantragt".

Der dritte Kardinalpunkt, fuhr Thoma fort, betreffe die im Schulkompromiß vom Zentrum zugestandene sog. Sicherung der Simultanschule. Nunmehr fordere das Zentrum auch in Simultanschulgebieten das Elternantragsrecht und habe sich damit seinerseits vom Schulkompromiß losgesagt.

Der gesamte Entwurf stellt für Thoma „ein Zerrbild von Demokratie und ein Zerrbild von Schulpolitik" dar:

„Deshalb muß mit aller Deutlichkeit ausgesprochen werden, daß eine liberale und nationale Politik, die diese Namen wahrhaft verdient, hinwirken muß auf ein Scheitern des Schulgesetzes und eine künftige den Artikel 146 Abs. 2 aufhebende Verfassungsänderung."

Jener in Art. 146 niedergelegte „verderbliche Schulkompromiß", der die „Gemeinschaftsschule im ersten Absatz auf den Thron hebt und sie im zweiten Absatz erwürgt", sei ohnehin die Wurzel allen Übels. Schließlich könne es ja keinem Zweifel unterliegen,

„daß das System der Gemeinschaftsschule nicht nur finanziell das billigste Schulsystem ist, sondern auch unter dem Gesichtspunkt der Pflege des nationalen Einheitsgedankens und der demokratischen Volksgemeinschaft sowie der schultechnischen Leistungen und Gliederungsmöglichkeiten vor allen anderen Systemen den Vorzug verdient"[55].

Die scharfe Auseinandersetzung mit dem Keudellschen Schulentwurf zeigt Thoma als leidenschaftlichen Anhänger der staatlichen Simultanschule. Die große politische Bedeutung, die er dem Schulsystem für die

---

[54] Vgl. Schustereit, S. 180; zur liberalen Bildungspolitik und dem Weimarer Schulkompromiß insgesamt vgl. Schustereit, S. 168 ff.; Albertin, S. 287 ff.

[55] Der Vortrag Thomas ist zitiert nach dem Artikel in der Kölnischen Zeitung Nr. 661 b (1927) vom 10., 11., 12. 10. 1927, der inhaltlich mit der Parteitagsrede übereinstimmt.

Bildung einer einheitlichen Kulturnation beimißt, macht auch deutlich, daß Thoma ein prononcierter Vertreter der linksliberalen Bildungspolitik war.

Das politische Motiv, das Albertin für die liberale Position in der Frage der Schulpolitik herausgearbeitet hat und das er darin sieht, daß die Liberalen, wenn schon der politische Einheitsstaat derzeit unrealisierbar schien, „wenigstens eine einheitliche kulturpolitische ‚Erziehung zur Nation‘ garantieren wollten“[56], dürfte hier auch auf Thoma zutreffen.

Schließlich ist damit ein Thema angesprochen, das Thomas besonderes politisches Interesse fand: die Frage der Neugliederung des Reiches. Zu dieser Frage äußerte sich Thoma wiederholt sowohl in Parteikreisen[57] wie auch publizistisch[58].

Thoma hatte die Frage der Neugestaltung des Reiches als unitarischer oder föderaler Staat von Anfang an eindeutig im ersteren Sinne beantwortet[59]. Seiner Überzeugung nach konnten die Probleme der „überlebten Kleinstaaterei“ (Rosenberg) nur unitarisch gelöst werden. So war Thoma ursprünglich mit Preuß[60] der Auffassung, daß die Einheit des Reiches nur durch Zerschlagung der Vormachtstellung Preußens erreicht werden könne. Er hat allerdings, nachdem die föderalen Beharrungstendenzen den Weg zum reinen Unitarismus verstellt hatten, seine Ansicht, Preußen müsse der deutschen Einheit geopfert werden, aufgegeben. „Tieferes Nachdenken“ hatte ihn zu der Überzeugung geführt, daß diese „Staatsschlächterei nicht ohne die Zerstörung größter Werte zu vollbringen“ sei[61]. Es bleibe dann nur noch „die politische Atmosphäre des Mittelstaats“, während es „für die politische Bildung und Haltung gerade des deutschen Volkes von höchster Wichtigkeit“ sei, „daß wenigstens einer dieser Staaten die Maße, Traditionen und Gesichtspunkte eines Großstaats bewahrt“[62]. Er schlug daher u. a. vor,

---

56 Albertin, S. 287, m. w. Nachweisen.

57 Hinweise finden sich in NL Kasten II.

58 Die Hebung des Reichsrats, in: Neue Badische Zeitung Nr. 139 vom 15. 2. 1924; Problematik des deutschen Länderstaates, in: Die Justiz 1928, Heft 5/6. Deutsche Verfassungsprobleme, in: Annalen für soziale Politik und Gesetzgebung, Heft 5/6, S. 409 ff. Die Forderung des Einheitsstaats. Festrede zur Reichsgründungsfeier der Universität Heidelberg, 18. 1. 1928, Heidelberger Universitätsreden Nr. 3, hier zit. nach einem Auszug (masch) NL Kasten II.

59 Die DDP konnte zu dieser Frage keine einheitliche Haltung finden. In der Frage der Aufteilung Preußens, die Preuß forderte, nahm beispielsweise Heuß einen positiven, Naumann einen zurückhaltenden und Weber einen ablehnenden Standpunkt ein. Vgl. Gottschalk, Die Linksliberalen zwischen Kaiserreich und Weimarer Republik, Diss. Tübingen 1969, S. 177 f.

60 Zum ‚Fall‘ Preuß vgl. Albertin, S. 281.

61 Thoma, Deutsche Verfassungsprobleme, S. 418.

62 Ebd., S. 419.

ein großes altpreußisches Kernland zu bilden, das den ruhmvollen Namen Preußens weiterhin durch die Geschichte trägt:

„Erinnerung großen Schicksals und Beispiel eines Partikularstaates, der lange Zeit seine Macht und sein Gebiet gewaltig erweitert hat, um nun zuletzt beides der durch ihn geeinten Nation zurückzugeben und mit seinen Stammlanden wieder in Reih und Glied zu treten."

Die „Einheitsstaatsbewegung" habe deutlich zu machen, hob Thoma hervor, daß ihre Forderungen auf eine rationale Gliederung des Reiches hinausliefen, nicht der „doktrinären Vorliebe für egalisierte Einrichtungen" entsprängen, sondern Voraussetzung „einer Verbilligung der Verwaltung und einer besseren Lösung des schwierigen Problems des Finanzausgleiches zwischen Reich, Ländern und Gemeinden" sei. Denn,

„In einer Weltlage, in der schon die Zersplitterung Europas als Kleinstaaterei erscheint, dürfen wir die Produkte altverjährter dynastischer Familienpolitik mit ihrem chronischen Finanzelend nicht konservieren wollen."

Thoma äußerte seine Überzeugung, daß mit dem „Plan einer Zerlegung des Reiches in 8—12 wohlgeformte Länder" wohl auch ein reformbereiter Föderalismus sich befreunden könnte. Denn, mahnte er seine Zuhörer, „lassen wir die Dinge treiben wie sie im Gange sind, so gelangen wir unter einem föderalistischen Firniß in Wahrheit zu einem erstickenden bürokratischen Zentralismus"! Es gehe daher darum, „im rechten Ausgleich zwischen Reichsmacht und gestufter Selbstverwaltung das hohe Werk nationaler Einheit zu vollenden und das verjüngte und befestigte Reich emporzuführen zu neuer Blüte deutscher Art und Kraft"[63].

Die Geschichte brachte es mit sich, daß Thomas sachverständiger Beitrag zur Frage der unitarischen oder föderalen Neugestaltung Deutschlands fast 20 Jahre später, 1947, erneut der Klärung der liberalen Position, nun der FDP, dienen sollte. Unter völlig anderen politischen Bedingungen plädierte Thoma für den „planvoll gegliederten dezentralisierten Einheitsstaat"[64].

3. Thomas politisches Engagement erschöpfte sich nicht in seiner parteipolitischen Aktivität. Ist Thoma auch nicht zu den „Gelehrtenpolitikern" (Döring) zu zählen, war er doch ein politischer Gelehrter im besten Sinn des Wortes. Es war seine tiefste Überzeugung, daß er als „Gelehrter und gerade als Gelehrter" zur „praktischen Bewältigung der politischen und sozialen Aufgaben der chaotischen Gegenwart" berufen und verpflichtet ist. Dementsprechend stellte er, auch für sich selber, die

---

63 Die Forderung des Einheitsstaats. Hier zit. nach einem Auszug der Festrede (masch). NL Thoma Kasten II.

64 Zur Information der Wahlredner der FDP (1947) Maschinenschrift NL Kasten IV. Über die staatsrechtliche Gestaltung Deutschlands, in: FDP-Nachrichten, 2. Jahrgang Nr. 6/7, März 1947.

„Maxime von der Verpflichtung des Gelehrten zur Teilnahme am aktiven Leben" auf[65].

Zu diesem professoralen Rollenverständnis hat sicher auch jener Zirkel um Max Weber beigetragen, der die Heidelberger Professorenschaft zum Exponenten der republiktreuen deutschen Hochschullehrer werden ließ[66]. Dies mag man auf den überragenden Einfluß Max Webers zurückführen, der nach Bleuel der Ruperto Carolina einen Stempel aufgeprägt habe[67], oder auch der liberalen Atmosphäre Heidelbergs zuschreiben, die sich als ‚Bastion der Republikaner' geradezu anbot. Hier fanden sich Wissenschaftler wie Ludwig Curtius, Hermann Oncken, Alfred Weber, Gerhard Anschütz und Gustav Radbruch, deren politische Anschauungen durchaus divergierten, zu einem privaten Zirkel zusammen, um die Fragen der Nation zu diskutieren[68].

In dieses Bild paßt, daß im Februar 1919 im Hause Max Webers die „Arbeitsgemeinschaft für Politik des Rechts" gegründet wurde, die als „Heidelberger Vereinigung" bekannt wurde. Sie sollte „als erste geistig konzentrierte Protestaktion"[69] eine Basis schaffen für den öffentlichen Kampf gegen die Kriegsschuldthese.

Thoma selber gehörte zwar nicht den 22 Gründungsmitgliedern an, von denen über die Hälfte Mitglieder der DDP waren, er schloß sich der Vereinigung aber bald an[70]. Deren Ziel war

> „die wissenschaftliche Klärung der Schuldfrage mit scharfer Kritik an der Deutschlandpolitik der Entente seit dem Waffenstillstand zu verbinden und ihr eine eigene internationale Ordnungskonzeption entgegenzusetzen. Sie hoffte, vor allem die öffentliche Meinung in den neutralen Staaten und die ‚Friedensparteien' in den angelsächsischen Ländern anzusprechen."

Innenpolitisch sollte die

> „nachdrückliche Abwehr einseitiger Schuldpropaganda eine einheitliche Haltung vorbereiten, auf die sich die Regierungspolitik in der Friedensfrage sollte stützen können"[71].

Unter dem Eindruck der Haltung der Entente konzentrierte sich die Heidelberger Vereinigung seit dem Sommer 1919 darauf, „das Wahrzeichen der Politik des Unrechts und der Vergewaltigung, den Versailler Vertrag" zu bekämpfen[72].

---

[65] Rezension von Schuster „Von der Verantwortung der Wissenschaft für das politische Schicksal Deutschlands" in: Zeitschrift f. d. gesamte Staatswissenschaft 80 (1926), S. 360.

[66] Vgl. Bleuel, Deutschlands Bekenner, Professoren zwischen Kaiserreich und Demokratie, 1968, S. 192 f.

[67] Ebd., S. 193.

[68] Dazu Albertin, S. 212 ff.

[69] Ebd., S. 213.

[70] Albertin, S. 213; dazu gehörten u. a. Delbrück, Meinecke, Troeltsch, Oncken, Alfred und Max Weber, Prinz Max v. Baden. Die Geschäftsführung lag zunächst beim Grafen Montgelas, ab Herbst 1919 bei L. Haas, Mitglied der Nationalversammlung der DDP.

[71] Ebd., S. 231.

Wie Albertin feststellt, konnte die Vereinigung keine größere Breitenwirkung erzielen und blieb „fraglos weit hinter den Erwartungen zurück“[73].

Nach dem formulierten Selbstverständnis Thomas liegt es auf der Hand, daß das Verhältnis der deutschen Hochschulen zur demokratischen Staatsordnung, das in der Weimarer Zeit alles andere als unproblematisch war, sein besonderes Engagement fand.

Die Mehrzahl der Universitätslehrer polemisierte gegen das demokratische und republikanische Element des Weimarer Staates. Bei dieser Sachlage mußte das Bekenntnis zur unbedingten Staatstreue ein Zeichen setzen und einen hohen politischen Stellenwert erhalten.

In dieser Absicht wurde 1926 in Weimar die ‚Vereinigung verfassungstreuer Hochschullehrer‘ gegründet[74]. Diese Namensgebung änderte die Vereinigung allerdings, nachdem die Rektorenkonferenz wegen des Attributs ‚verfassungstreu‘ und des damit erweckten Eindrucks, als sollten die nicht der Vereinigung angehörenden Professoren zu Verfassungsfeinden gestempelt werden, Anstoß nahm, 1931 offiziell in ‚Weimarer Kreis‘[75]. Obwohl der Weimarer Kreis, wie Döring feststellt, keine sichtbaren Spuren hinterließ, ja selbst in den Lebenserinnerungen der beteiligten Professoren nicht immer erwähnt wurde, bildete er „nichtsdestoweniger den Kern jener kleinen Minderheit deutscher Hochschullehrer, die sich öffentlich zur Weimarer Verfassung bekannten“[76].

Thoma gehörte von Anfang an zum Kern des Weimarer Kreises. Er hat sowohl als Mitglied des „Zur Vorbereitung der öffentlichen Tagung deutscher Hochschullehrer eingesetzten Ausschusses“[77], wie auch des zu jeder Tagung neu gebildeten Geschäftsführenden Ausschusses Programmatik und Konzeption des Weimarer Kreises mitgetragen[78].

Erklärtes Ziel der in Weimar 1926 erstmals sich versammelnden Gelehrten war, die

---

[72] Ebd., S. 215.

[73] Ebd., S. 294.

[74] Die Darstellung des ‚Weimarer Kreises‘ stützt sich auf die bereits mehrfach zitierte verdienstvolle Untersuchung Dörings über den Weimarer Kreis.

[75] Döring, S. 94.

[76] Ebd., S. 6; Döring betont hier aber zugleich, daß der Weimarer Kreis nicht als repräsentativ für die „Demokraten“ unter der Professorenschaft gelten könne, da er nicht die „am weitesten ‚links‘ stehenden oder am pronanciertesten ‚demokratisch‘ eingestellten Hochschullehrer“ umfaßt habe. So blieben erklärte Sozialisten und Pazifisten — wie z. B. Heller — ausgeschlossen. Der Weimarer Kreis war in erster Linie der Kreis der „zur Gelehrtenaristokratie zählenden Geheimräte“. (S. 7/8).

[77] Ebd., S. 89, 101, 102.

[78] Ebd., S. 101, 102.

„ungeheure Spaltung, die in die Nation durch Weltkrieg und Revolution gekommen ist, zu überbrücken und die deutschen Universitäten und Hochschulen, deren Geist für das öffentliche Leben niemals gleichgültig sein kann, für den neuen Staat zu gewinnen“[79];

mit den Worten Dörings: „die große Koalition im akademischen Bereich“[80].

Unter dieser Zielvorgabe konstituierte sich der Weimarer Kreis unter den „Leitbildern der ‚Verfassungstreue‘ und der ‚Entpolitisierung‘ “[81].

Bereits das Einladungsschreiben zur ersten Tagung 1926 verdeutlicht, daß von den Gründern des Weimarer Kreises vor allem ein formaler Konsens mit dem Weimarer Staat angestrebt wurde. Es rief dazu auf, „den Einfluß der verfassungstreuen Hochschullehrer durch wirksam organisierte Gemeinschaftsarbeit zu steigern“ und eine Organisationsform zu finden,

„um alle Elemente der Hochschullehrerschaft, die sich zur neuen Reichsverfassung bekennen, zusammenzufassen, mag dieses Bekenntnis lediglich deshalb erfolgen, weil nach dem verlorenen Kriege dem Vaterland aus Gründen der Innen- und Außenpolitik nur in der republikanisch-demokratischen Staatsform hingebungsvoll gedient werden kann, oder mag es hervorgehen aus einer aufrichtigen Begeisterung für die hohen ethisch-politischen Ideale einer Selbstregierung der Völker“[82].

Diese Sätze, bemerkt Döring zutreffend, „waren geeeignet, sowohl die ‚Vernunftrepublikaner‘ als auch die überzeugten Anhänger der demokratisch-republikanischen Staatsform anzusprechen“[83].

Demselben Ziel diente die „Überbrückungsformel der Entpolitisierung“[84]. Darunter verstand Meinecke, einer der Wortführer des Weimarer Kreises, jenes „selbstverständliche, ruhige und freudige Verhältnis zum Staat“, das „in allen vitalen Organen des öffentlichen Lebens da sein müsse“[85].

Entsprechend hieß es dann auch im Einladungsschreiben des Geschäftsführenden Ausschusses zur Tagung des folgenden Jahres 1927, das auch Thoma mitverantwortete:

„Nicht die Politisierung, sondern die Entpolitisierung der Universitäten liegt uns am Herzen. Unser Zweck ist erreicht, unsere Tagungen werden überflüssig, wenn die große Mehrheit der Kollegen auch dem neuen Staate

---

[79] Döring, S. 85.

[80] Ebd., S. 86; dies zeigt sich an der Parteizugehörigkeit der vorgesehenen Redner auf der Tagung 1926: Kahl oder Graf zu Dohna von der DVP, Schreiber oder Briefs vom Zentrum, Meinecke oder Herkner von der DDP und Radbruch von der SPD.

[81] Vgl. Döring ebd., S. 90 ff.

[82] Die deutschen Universitäten und der heutige Staat (= Recht und Staat in Geschichte und Gegenwart, Heft 44), S. 3.

[83] Döring, S. 90.

[84] Döring, S. 91.

[85] Meinecke, Weimarer Tagung deutscher Hochschullehrer, in: Wille und Weg 3 (1927/28), S. 78; zit. nach Döring, S. 91.

gegenüber jene selbstverständliche Staatsgesinnung wiedergefunden hat, die im alten Staate unsere Kreise erfüllte[86]."

Das politische bzw. unpolitische Selbstverständnis, das diesen Sätzen zugrundeliegt, hat Döring aufgedeckt:

„Die Initiatoren des Weimarer Kreises wollten also die Republik durch unreflektierte, selbstverständliche Akklamation des bestehenden Staates ohne Rücksicht auf seine politischen und sozialen Inhalte stabilisieren und lenkten damit zum Selbstverständnis der deutschen Professoren vor 1914 zurück[87]."

Mit dem Leitbild entpolitisierter nationaler Harmonie appellierte man an jenes tradierte Rollenverständnis der Professoren, das Politik, verstanden als Parteipolitik, mit dem Wesen der Hochschule in Widerspruch stehend betrachtete[88].

Die Strategie des formalen Minimalkonsenses, welche die Formeln Verfassungstreue und Entpolitisierung umschreiben, sollte integrative Wirkung möglichst „weit nach rechts" entfalten, um Konflikte innerhalb der Kollegenschaft zu neutralisieren, die als „direkte Fortsetzung des Zerwürfnisses zwischen ‚Annexionisten' und ‚Gemäßigten' aus dem 1. Weltkrieg empfunden wurden[89].

Diese Konzeption schlug sich auch auf der organisatorischen Ebene nieder. Die Mehrzahl der Mitglieder des Weimarer Kreises trat für eine lockere Organisationsform ein. Gegen eine straffe Organisierung wurde stets ins Feld geführt, dies provoziere eine Gegenorganisation von seiten der Deutschnationalen Hochschullehrer, was dem Integrationskurs widerspreche und zu einer Zementierung der politischen Fronten führe[90].

Es versteht sich, daß Thoma, für den eine maßvolle, tolerante und auf Ausgleich bedachte Haltung ohnehin kennzeichnend ist, diesen Integrationskurs vorbehaltlos unterstützte.

Der Weimarer Kreis veranstaltete 1926, 1927, 1931 und 1932 öffentliche Tagungen. Markieren die Tagungen der Jahre 1926 und 1927 „das Jahr der republikanischen Hochstimmung", wie Döring von einem Besucher jener Tagungen zu berichten weiß[91], waren die Tagungen der

---

[86] O. Becker an Meinecke, 2. 2. 1927, Durchschlag im NL. O. Becker, zit. nach Döring, S. 92.

[87] Ebd., S. 92.

[88] Vgl. etwa den Satz Smends 1931: „Parteien und Parteipolitik stehen mit dem Wesen der Hochschule in Widerspruch", abgedruckt in: Staatsrechtliche Abhandlungen, 1955, S. 277.

[89] Döring, S. 85; zu dessen Geschichte vgl. ders., S. 21 ff.

[90] Die auf der Tagung von 1931 geführte Organisationsdebatte, in der Grünfeld für eine Umorganisation votierte, brachte zwar Beschlüsse über eine straffere Organisationsform, doch wurden sie auf der Tagung des folgenden Jahres alle wieder aufgehoben. Vgl. zur Auseinandersetzung, Döring, S. 109 f.

[91] Ebd., S. 101.

Jahre 1931 und 1932 von schrumpfender Mitgliederzahl und zunehmendem Desinteresse unter der Professorenschaft gekennzeichnet. So nimmt Thomas „Vivant sequentes“, mit dem er als Versammlungsleiter die Tagung 1927 beschloß[92], rückblickend den Charakter einer Beschwörungsformel an. Obwohl man 1931 das Leitthema „Kampf gegen die Invasion des Nationalsozialismus in die Universitäten“ wählte, um universitäres Interesse zu wecken, erschienen zur Tagung nur 59 Besucher[93]. Auf der Tagung 1932 fanden sich schließlich noch 30 Professoren ein. Während die Tagungsteilnehmer eine Resolution verabschiedeten, die vor einem Staatsstreich warnte, applaudierten zur gleichen Zeit auf einer Tagung deutschnationaler Professoren 250 Hochschullehrer „mit Freuden“ der Amtsenthebung der preußischen Regierung und ermunterten die Regierung Papen, Deutschland von der „Vorherrschaft der Parlamente“ zu befreien[94].

Mag man auch mit Döring einen Grund für die wachsende Wirkungslosigkeit des Weimarer Kreises in dessen eigenem „Überbrükkungskonzept“ erblicken, das notwendig in Schwierigkeit geraten mußte, „sobald die Republik, die er (sc. der Weimarer Kreis) stärken wollte, selbst in eine Krise geriet“[95], ist doch nicht zu verkennen, daß unter dem Druck der politökonomischen Entwicklung der Ruf nach verfassungstreuer Gesinnung und republiktreuer Haltung allemal ohnmächtig bleibt und ungehört verhallt.

Nach der Machtergreifung Hitlers wurde Götz, der Vorsitzende des Weimarer Kreises, nochmals aktiv und ließ den Entwurf eines Aufrufs zur Verteidigung der bedrohten Lehrfreiheit im Geschäftsführenden Ausschuß zirkulieren, dessen Veröffentlichung aber an internen Meinungsverschiedenheiten scheiterte[96].

Der letzte Versuch, die Wirkungskraft des Weimarer Kreises neu zu beleben, wurde vom Lauf der Ereignisse überrollt: die Universitäten wurden ‚gleichgeschaltet‘.

Thoma hatte neben seiner Wirksamkeit im Rahmen des Weimarer Kreises nach Antritt der Professur in Bonn 1928, wo er als einer „der wenigen aufrechten Republikaner, die an Deutschlands Hohen Schulen lehren“[97], begrüßt wurde, der im Januar 1929 gegründeten „akademi-

---

[92] Vgl. ebd., S. 101.

[93] Ebd., S. 105; vgl. im einzelnen dazu S. 104 - 123.

[94] Döring, S. 115.

[95] Ebd., S. 101.

[96] Vgl. zu den Einzelheiten, Döring, S. 122 f.

[97] Zeitungsartikel in: Rheinische Zeitung vom 7. 11. 1928, der mit den Worten schloß: „Hoffen wir, daß solcher Geist aufgeschlossenen Menschentums immer weiter Kreise ziehen möge. Unseren Universitäten tut er wahrlich not.“ Die Hoffnung trog.

schen-politischen Vereinigung“ zusammen mit den Professoren Graf zu Dohna und Schumpeter Pate gestanden[98].

Zweck der Vereinigung sollte die Belebung des politischen Interesses und die Verbreitung politischer Bildung unter den Studenten durch die „Erörterung politischer Fragen auf überparteilicher Grundlage“ sein. Thoma galt als „außerordentliches beratendes Mitglied“ der politischen Studentenvereinigung. In dieser Eigenschaft hielt er einen Vortrag vor der Studentenschaft der Bonner Hochschulen, in welchem er die Grundkonzeption des ‚politischen Gesprächszirkels‘ ausbreitete[99].

„Politisches Interesse und vertieftes Wissen um politische Probleme“, so führte Thoma aus, seien „in der demokratischen Republik eine Notwendigkeit“ und sollten „gerade von den jungen Akademikern als vaterländische Pflicht begriffen werden“. Nicht zuletzt der Vermittlung dieser Einsicht sollte die Gründung der politischen Vereinigung dienen. Denn die Bildung politischen Bewußtseins und eines politischen Standpunktes findet seiner Ansicht nach vor allem in der privaten Diskussion politischer Problemstellungen und gegensätzlicher politischer Anschauungen statt. Daher wolle, so Thoma, die akademisch-politische Vereinigung den „Schwerpunkt ihrer Tätigkeit nicht in die öffentlichen Vorträge legen, sondern in die geschlossesen Erörterungsabende. In ihnen werden sich gegensätzliche Meinungen ... begegnen können“. „Referate und Debatten: Belehrung und zugleich Schulung in Ausdrucksform und in ‚Zivilcourage‘.“ Die Gründung eines „überparteilichen Diskussionsvereins“ habe vor allem auch das Ziel für die „überaus zahlreichen Studierenden, die ihren politischen Standort erst noch suchen und sich die Entscheidung noch offen halten“, meinungsbildend zu wirken.

Die Sorge um mangelnde Resonanz der Vereinigung unter der Studentenschaft beunruhigte Thoma stark und ließ ihn suggestiv die Frage stellen:

> „Sollten gewisse pessimistische Behauptungen von einer traditionellen ‚Wurschtigkeit‘ der Bonner Studentenschaft gegenüber allen ernsthaften Unternehmungen akademisch-geistiger Selbstverwaltung wirklich Recht behalten?“

„Ich kann es nicht glauben!“ war seine Hoffnung.

---

98 Monatliche Nachrichten der Bonner Juristen und Volkswirte, Nr. 3, Jahrg. 1 vom 15. 5. 1928, S. 1/2.

99 In den „Monatlichen Nachrichten“ ist der Vortrag Thomas abgedruckt. Auf ihn beziehen sich die folgenden Zitate.

Zweiter Teil

Das Werk

I. Wissenschaft und Politik

Thoma steht zweifelsohne in der positivistischen Traditionslinie, wenngleich er — wie sich zeigen wird — den unbeschränkten Geltungsanspruch des durch Gerber und Laband geprägten klassischen Positivismus einer prinzipiellen Methodenkritik unterzieht. Das Fundament dieser Kritik wurde durch Max Weber gelegt, dessen Wissenschaftskonzeption für Thoma richtungsweisend wurde.

Die an Weber orientierte Rezeption der Wissenschaftstheorie des Neukantianismus bestimmt den theoretischen Bezugsrahmen und das methodische Leitprinzip seines Denkens. Von daher hat Thoma auch Anstoß und Anleitung für die kritische Auseinandersetzung mit dem positivistischen Erbe des 19. Jahrhunderts erfahren.

Bevor ich mich aber dem Weberschen Wissenschaftsmodell zuwende, das als Erklärungsansatz für Thomas Gegenargumentation dient, soll die für diesen Untersuchungszusammenhang relevante wissenschaftshistorische Entwicklung im Überblick resümiert werden, um den geistesgeschichtlichen Hintergrund Thomas ins Gedächtnis zu rufen.

1. Der wissenschaftsgeschichtliche Hintergrund und die wissenschaftstheoretischen Einflußlinien

1.1. Der staatsrechtliche Positivismus

Mit dem klassischen Positivismus, der sich aus der historischen Rechtsschule herausbildete[1], löste sich die Staats- und Rechtswissenschaft aus ihrem Zusammenhang mit den Geschichts- und Gesellschaftswissenschaften und der Philosophie und etablierte sich als selbständige Wissenschaft.

War in den vorangegangenen Staatslehren noch das Erbe des aufklärerischen Naturrechts wirksam, wonach die Rationalität des Rechts

---

[1] Die folgende Darstellung stützt sich insbes. auf: W. Wilhelm: Zur juristischen Methodenlehre im 19. Jhdt., Frankfurt 1958, S. 17 ff.; F. Wieacker: Privatrechtsgeschichte der Neuzeit, 2. Aufl., 1967, S. 348 ff.; Larenz: Methodenlehre der Rechtswissenschaft, 1960, S. 8 ff.; Rosenbaum, S. 48 ff.; v. Oertzen, insbes. S. 249 ff.

zugleich seinen Inhalt bestimmen sollte, verfiel nunmehr alles, was als politisch-ethischer und materieller Inhalt des Staates gedacht wurde, dem Verdikt, Ideologie zu sein[2].

Unter ‚Recht' verstand man fortan nicht mehr eine Idee oder das Postulat, die Wirklichkeit nach Prinzipien der Vernunft zu gestalten, sondern allein dessen Positivität, die identisch war mit juristischer Geltung. Damit schien auch jenes polare Spannungsverhältnis von Recht und Gesetz, Legitimität und Legalität, um welches die Staatslehre vormals kreiste, der genuin juristischen Betrachtungsweise entrückt.

Durch den Verzicht auf alle überpositiven Maßstäbe, die im Selbstverständnis des Positivismus in ihrer Willkürlichkeit und Beliebigkeit der Setzung keinen genau bestimmbaren und daher allgemeinverbindlichen Aussagewert abgaben, wollte man die Jurisprudenz von den Fesseln des naturrechtlichen und spekulativen Denkens befreien und in den Rang einer eigenständigen Wissenschaft erheben[3].

Der positivistische Angriff auf naturrechtliche Positionen war indes durchaus keine spezifische Entwicklung in der Jurisprudenz, sondern kennzeichnete die allgemeine wissenschaftsgeschichtliche Situation jener Zeit und erfolgte unter dem Eindruck des Fortschritts der Naturwissenschaften, deren methodische Exaktheit mehr und mehr auch zum Methodenideal der Geisteswissenschaften wurde[4]. Entsprechend diesem methodischen Leitbild sollten auch aus dem rechtswissenschaftichen Denken alle Ungewißheiten und Unbeweisbarkeiten verbannt werden. Was für die Naturwissenschaft „das Experiment, war in der Rechtswissenschaft die Konstruktion, was dort das aus der Erfahrung gewonnene Gesetz, war hier das dem positiven Recht entnommene Prinzip“[5].

Nach dem Maßstab des systematischen Prinzips des Rechts wurde die Jurisprudenz „von allen nicht juristischen, bloß ethischen und politischen Betrachtungen angehörenden Stoffen“[6] gereinigt, da sie — entsprechend dem naturwissenschaftlichen Modell voraussetzungsloser

---

[2] Vgl. zur kontroversen Einschätzung des Naturrechts allgemein: Ernst Bloch: Naturrecht und menschliche Würde, 1961, S. 155 einerseits und Kelsen: Die Ideee des Naturrechts, in: Wiener rechtstheoretische Schule, I, 1968, S. 245 ff. sowie: Naturrecht und positives Recht, ebd., S. 215; dazu M. Kriele: Rechtspositivismus und Naturrecht — politisch beleuchtet, in: JuS 1969, S. 149.

[3] Vgl. z. B. K. Bergbohm: Jurisprudenz und Rechtsphilosophie, 1892, S. 37.

[4] Dazu insbes. E. Voegelin: Die neue Wissenschaft der Politik, 1959, S. 20 ff. — er versucht nachzuweisen, daß damals allein die naturwissenschaftliche Methode Kriterium für theoretische Relevanz darstellte. Für den Bereich der Sozialwissenschaften: H. Marcuse, in: Vernunft und Revolution, Berlin, 3. Aufl., 1970, S. 310 ff.

[5] H. Sinzheimer: P. Laband, in: Jüdische Klassiker der deutschen Rechtswisenschaft, 1938, S. 189.

[6] C. F. v. Gerber: Grundzüge eines Systems des Dt. Staatsrechts, 2. Aufl., 1869, S. 231.

Wissenschaftlichkeit — für „die Dogmatik eines konkreten Rechtsstoffes ohne Belang sind“[7].

In der Beschränkung auf die Auslegung, Systematisierung des positiven Rechts sowie die strikte Trennung genuin juristischer Fragestellungen von historisch-politischen und philosophischen, glaubte man die Wissenschaftlichkeit der Jurisprudenz gesichert und den Eigenwert einer spezifisch juristischen Betrachtungsweise, die ‚juristische Methode‘ gefunden zu haben.

Da aber der Inhalt der Rechtsinstitute und Rechtsnormen „niemals juristischer, sondern stets politischer, ökonomischer Natur ist[8], blieb die Erforschung des Rechtsinhalts notwendig anderen Wissenschaftsdisziplinen arbeitsteilig überlassen[9]. Für die Jurisprudenz und ihren Gegenstand hatte dies zur Folge, daß das Recht aus dem historisch-gesellschaftlichen Kontext herausgelöst und zu einem System logischer Begrifflichkeit und Konstruktion abstrahiert wurde[10]. Juristische Wahrheit vermochte fortan nicht anders denn als logische Richtigkeit gedacht zu werden. Daher war auch der Systemzwang, jene Hypostasierung des Rechts als Ganzes zum geschlossenen Sytem, begriffsnotwendige Voraussetzung für die Beweiskraft logischer Kategorien in einem logisch einwandfreien Erklärungssystem.

In diesem Zusammenhang hat Friedrich Müller zutreffend darauf hingewiesen, daß bereits Laband — wie dann insbesondere Kelsen — die Eigenart und Selbständigkeit der Jurisprudenz weniger vom Recht her zu bestimmen suchte, als vielmehr seine Auffassung von Wissenschaftlichkeit auf die Welt des Rechts übertragen habe[11]. Durch solches Vorgehen konnte neben oder über der empirischen Realität eine Normenwelt etabliert werden, die in logischer Begrifflichkeit frei von den Gebrauchsspuren konkreter Zwecksetzung gedacht wurde. Wie bereits angedeutet, ermöglichte diese „Flucht in die unpolitische Neutralität“ (Böckenförde) der positivistischen Staatsrechtslehre nach Entstehung des deutschen Reiches nicht nur den Ballast der eigenen liberalen Tradition abzuwerfen und die Staatsrechtswissenschaft damit der politischen Auseinandersetzung zu entziehen, sondern auch die Verfassungsfragen des Reiches und die daraus resultierenden zahlreichen politischen Kon-

---

7 P. Laband: Staatsrecht des dt. Reiches, 5. Aufl., 1911, S. IX.

8 H. Preuss: Zur Methode der juristischen Begriffsbildung, in: Schmollers Jahrbuch 1900, S. 370.

9 Insofern trug der Positivierungsprozeß auch zur Ausdifferenzierung der Wissenschaftsdisziplinen bei.

10 Vgl. dazu die Kritik Gierkes: „Immer vermag die Logik nur der logischen Seite des Gegenstandes beizukommen. Das Recht erschöpft sich mitnichten in seinen logischen Elementen.“, in: Labands Staatsrecht und die dt. Rechtswissenschaft, Jahrbuch f. Gesetzgebung, Verwaltung und Volkswirtschaft im Dt. Reich, 7 Bd., S. 1097 (1100).

11 F. Müller: Juristische Methodik, 1971, insb. S. 48 ff. (51, 55, 57).

flikte aus dem Bereich des Politischen herauszunehmen und in juristische Probleme umzuwandeln, die mit wissenschaftlichen Mitteln objektiv entscheidbar schienen[12].

War mithin der Gerber-Labandsche Positivismus Ausdruck und Instrument einer spezifisch historischen Epoche gleichermaßen, so hatte jene Forderung nach Verwissenschaftlichung der Jurisprudenz im Zusammenhang mit der philosophiegeschichtlichen Entwicklung zum Neukantianismus und der ihm eigenen radikalen Erkenntniskritik einen Reflexionsprozeß in Gang gesetzt, dessen zentrales Thema die Möglichkeiten und Bedingungen objektiver Wissenschaft überhaupt wurde.

1.2. Der Neukantianismus

Die die wissenschaftliche Diskussion jener Zeit beherrschende Frage nach dem Verhältnis von Wissenschaft und Politik wurde unter dem Einfluß des Neukantianismus als eine wissenschaftstheoretische und methodologische Frage reflektiert.

Der Neukantianismus, in Marburg von H. Cohen und P. Natorp, in Heidelberg als südwestdeutsche Richtung von W. Windelband und H. Rickert vertreten, hatte eine im Rückgriff auf Kant erfolgende — den Weg von Kant zu Hegel verneinende[13] — Erneuerung der Philosophie eingeleitet, die ihren Schwerpunkt darin sah, die Wissenschaft selber zum Gegenstand der Philosophie zu machen, um somit die Umsetzung von Erkenntnistheorie in Wissenschaftstheorie vorzubereiten.

Ausgehend von der formallogischen Kluft zwischen Sollens- und Seinsbereich gebar der Neukantianismus mit der „wissenschaftlichen Methode" zugleich auch deren weltanschauliches Pendant, „den wissenschaftlichen Wertrelativismus"[14].

Hierbei wurde nicht nur der Bedeutungszusammenhang von Gegenstandsbestimmung und Wissenschaftsbegriff manifest, sondern auch ein Prozeß wissenschaftstheoretisch fundiert, der mit der Entwicklung der

---

[12] Vgl. Laband: „Je längeren und festeren Bestand die neue Verfassungsform hat, desto müßiger erscheinen die Betrachtungen darüber, ob ihre Einführung für heilsam oder schädlich zu erachten sei." S. V. Vgl. dazu Böckenförde, S. 211 ff.; Rosenbaum, S. 57; Ellwein, S. 27, 34; Hans Mayer, Karl Marx u. das Elend des Geistes, 1947, S. 57, 58; C. Schmitt, Verfassungslehre, 1928, S. 28 ff; Kriele, S. 41, verweist hier auf die „Kluft von Systemlogik und politischen Wünschen". Vgl. auch Wilhelm, S. 141 ff.; zum polit-ökonomischen Zusammenhang vgl. E. Kehr, Zur Genesis der preußischen Bürokratie und des Rechtsstaats, in: Moderne dt. Sozialgeschichte, hrsg. v. H. U. Wehler, Köln, Berlin 1970. Auf die Genesis und Funktion der deutschen Rechtsstaatstheorie als Ersatz für eine politische Theorie kann in diesem Zusammenhang nicht eingegangen werden. Vgl. dazu etwa F. Neumann, S. 31 ff., 100 ff.

[13] In dieser Entwicklung war die folgende Hegel-Rennaissance bereits angelegt.

[14] Brecht, S. 3.

Naturwissenschaften die ‚Geisteswissenschaften' in zunehmendem Maße in streng geschiedene Einzeldisziplinen spezialisierte[15].

Denn der Neukantianismus versuchte nicht nur die Unterscheidung von Natur- und Geisteswissenschaften methodisch klar herauszuarbeiten, sondern begründete mit der wissenschaftslogischen Disjunktion von Sein und Sollen die dichotomische Auffassung von normativem und kausalanalytischem Verfahren. Noch in der aktuellen Diskussion um das Verhältnis von Rechtswissenschaft und Nachbarwissenschaften wird dieses antithetische Modell von Sein und Sollen als Definitions- und Abgrenzungskriterium der Rechtswissenschaft gegenüber den Nachbarwissenschaften, insbesondere der Soziologie angeführt[16].

1.2.1. Kelsens ‚logischer Normativismus'

Diese vom neukantianischen Verständnis her bestimmte Art der wissenschaftsbereichsspezifischen Gegenstandserfassung wurde auf juristischer Seite bekanntlich insbesondere von Kelsen vorgenommen[17].

Nach Kelsens Auffassung läßt sich eine wissenschaftliche — und das heißt bei ihm eine der ausschließlich normativen Struktur ihres Gegenstandes bewußte — Rechtstheorie nur durch die den erkenntnistheoretischen Dualismus von Sein und Sollen reflektierende Methode der ‚Reinen Rechtslehre' verwirklichen. Deren methodologisches Prinzip ist die „Einheit des Erkenntnisstandpunktes, der Methode und des Erkenntnisgegenstandes"[18]. In diesem Prinzip ist Kelsens Postulat der „Entpolitisierung" der Rechtswissenschaft beschlossen. Zwar wußte auch Kelsen, daß Rechtssätze in Wirklichkeit nicht bloß logische Sätze darstellen, sondern politisch-sozialen Inhalt besitzen, aber dieser Zusammenhang kann Kelsen zufolge nicht Gegenstand der Rechtswissenschaft sein, die sich als normative nur auf Normen bezieht:

> „Die Entpolitisierung, die die Reine Rechtslehre fordert, bezieht sich auf die Wissenschaft vom Recht, nicht auf ihren Gegenstand, das Recht. Recht kann nicht von Politik getrennt werden, denn es ist ein wesentliches Instrument der Politik. Aber Wissenschaft von Recht kann und muß von

---

15 Vgl. etwa Mayer, S. 94 f.

16 Vgl. z. B. die Beiträge in: D. Grimm (Hrsg.), Rechtswissenschaft und Nachbarwisenschaften, Bd. I, 1973, S. 13—142.

17 Ausgehend von der gegenstandskonstituierenden Funktion der Methode, ist für Kelsen „die Identität ... des Erkenntnisgegenstandes nur durch die Identität der Erkenntniswege" gewährleistet. Vgl. z. B. Allgemeine Staatslehre, 1925, S. 7 (zit. Staatslehre); Reine Rechtslehre, 1937, S. 5. Kelsens reine Rechtslehre war Gegenstand heftiger Auseinandersetzung und stieß in der deutschen Staatsrechtslehre großenteils auf Ablehnung. Die Ursachen hierfür thematisiert Kelsen selber, in: Allgemeine Rechtslehre im Lichte materialistischer Geschichtsauffassung, ASWS 66 (1931), 458 f.; anders ist die Situation in Österreich.

18 Rechtswissenschaft als Norm oder Kulturwissenschaft, in: Schmollers Jahrbuch 40, (1916), S. 1181 ff. (1196).

der Politik getrennt werden, wenn sie überhaupt den Anspruch erheben darf, als Wissenschaft zu gelten[19]."

Die Entpolitisierung der Rechtswissenschaft, die Kelsen fordert, ist ihm gleichbedeutend mit der Eliminierung naturrechtlicher Elemente aus dem juristischen Erkenntnisprozeß.

Die ideologische Funktion und Interessenspezifität der Naturrechtslehre sind ihm evident[20].

Denn der Naturrechtslehre kommt es primär nicht darauf an, geltendes Recht zu beschreiben und rational zu erklären, sondern es zu bewerten, emotional zu rechtfertigen oder zu verurteilen[21].

Denn sie hat nach Kelsen ihren Ursprung nicht im Erkennen, sondern im Wollen und steht mithin im Dienste außerwissenschaftlicher Ziele[22].

Soll daher nicht die Sphäre des Willens und der Natur Macht über den Geist gewinnen, muß die Wissenschaft das Recht aus dem „metaphysischen Nebel" (Kelsen) herausheben und es von seinen ideologischen, d. h. politischen und sozialen Elementen befreien.

1.2.2. Max Webers Wertfreiheitsprinzip und sein Wissenschaftsbegriff

Während demnach Kelsen eine ideologiefreie Rechtswissenschaft durch eine radikale Entmaterialisierung und Formalisierung der Jurisprudenz begründen will, stellt sich für Max Weber, der sich ebenfalls dem Neukantianismus verpflichtet weiß, die Frage nach der Objektivität wissenschaftlicher Aussagen als ‚Wertproblem'[23].

Mit seinem programmatischen Aufsatz „Die Objektivität sozialwissenschaftlicher und sozialpolitischer Erkenntnis" löste Weber zu Anfang

---

19 Was ist die Reine Rechtslehre, in: Die Wiener Rechtstheoretische Schule, hrsg. v. H. Klecatsky, R. Marcic und H. Schambeck, (1960), S. 611 ff. (620).

20 Zum Verhältnis positives Recht/Naturrecht vgl. etwa: Die Idee des Naturrechts, in: Zeitschrift f. öff. Recht 7 (1928), S. 221 - 250. Naturrecht und positives Recht, in: Internationale Zeitschrift für Theorie des Rechts 2 (1927/28), S. 72 - 94.

21 Was ist die Reine Rechtslehre, S. 621.

22 Vgl. z. B. Reine Rechtslehre, 1934, S. 112.

23 Bei der folgenden Darstellung stütze ich mich insb. auf folgende Schriften Max Webers: Methodologische Schriften, hrsg. v. J. Winkelmann, 1968; (abgek. [MS]); Gesammelte Aufsätze zur Wissenschaftslehre, 2. Aufl. 1951 (abgek. [WL]); Soziologie, Weltgeschichtliche Analysen, Politik, hrsg. v. J. Winkelmann, 1968 (abgek. [SW]); sowie auf: H. J. Kocka: Karl Marx und Max Weber, in: Zeitschrift für die gesamten Staatswissenschaften 122, 1966, S. 328 - 357; A. Brecht: Politische Theorie, 1961, insb. S. 268 f.; K. Löwith: Max Weber und Karl Marx, in: Gesammelte Abhandlungen, 1960; Max Weber und die Soziologie heute, veröffentlichte Verhandlung des 15. Deutschen Soziologentages 1964; D. Henrich: Die Einheit der Wissenschaftslehre Max Webers, 1952; F. H. Tenbruck: Die Genesis der Methodologie Max Webers, in: Kölner Zeitschrift für Soziologie und Sozialpsychologie 11 (1959), S. 573 - 630; G. Hufnagel: Kritik als Beruf, 1971, insb. S. 323 ff.; J. Mommsen: Max Weber und die deutsche Politik, 1959, ders.: Max Weber, Gesellschaft, Politik und Geschichte, 1974.

dieses Jahrhunderts bekanntermaßen nicht nur den berühmten Werturteilsstreit aus, sondern steckte damit auch den für Anhänger wie Gegner gleich verbindlichen Horizont des Problemverhältnisses von Erkenntnis und Interesse, Wissenschaft und Politik ab[24].

Webers kategorischer Imperativ der Wertfreiheit, der „Forderung der strengen Scheidung von Erfahrungswissen und Werturteil"[25] war wissenschaftspolitischer und wissenschaftslogischer Natur gleichermaßen.

Für unseren Zusammenhang erscheint es daher unabdingbar, die erkenntnis- und wissenschaftstheoretischen Prämissen von Webers apodiktischer Trennung von wissenschaftlicher Objektivität und politischer Praxis offenzulegen und aufzuweisen, daß das Prinzip der Wertfreiheit nicht nur Maxime der eigenen Forschung ist, bzw. zu sein hat, sondern zugleich notwendige Konsequenz eines neukantianisch begründeten Wissenschaftsprogramms darstellt[26].

Das Prinzip der Wertfreiheit bezeichnet für Max Weber nicht allein das neukantianische Bemühen, wissenschaftliche Fragen von außerwissenschaftlichen zu trennen, sondern die methodische Anstrengung, die Wertung als den irrationalen Anteil des wissenden Subjekts aus dem wissenschaftlichen Erkenntnisprozeß prinzipiell auszuklammern[27].

Indem Weber die Frage der (sozial-)wissenschaftlichen Objektivität mit der nach der Wertfreiheit verbindet, reflektiert er die Frage der Wissenschaftlichkeit als Wertproblem und impliziert damit die Antinomie von Objektivität und Wert[28]. Streng in der Dimension eines vom Sollen getrennten Seins denkend, kann es „niemals Aufgabe einer Erfahrungswissenschaft sein, bindende Normen und Ideale zu ermitteln, um daraus für die Praxis Rezepte ableiten zu können"[29].

Erfahrungswissenschaftliches Urteil und Werturteil stehen sich dichotomisch gegenüber: jenes beruht auf Erkenntnis, dieses auf Entscheidung.

---

24 Vgl. z. B. den sog. Positivismusstreit in der dt. Soziologie mit der Kontroverse zwischen ‚kritischem Rationalismus' von Popper und Alber mit der kritischen Theorie der Frankfurter Schule (Adorno, Habermas). Die wichtigsten Beiträge sind zusammengefaßt in: Th. W. Adorno u. a. Der Positivismusstreit in der dt. Soziologie, 1968, 4. Aufl. 1975.

25 Zit. nach Brecht, S. 269; vgl. a. WL, S. 170.

26 Die Verschlungenheit und mögliche Unstimmigkeit von Webers Wissenschaftslehre kann hier selbstverständlich nicht erörtert werden. Vgl. hierzu die o. g. Beiträge auf dem Soziologentag 1964, sowie J. Habermas, Zur Logik der Sozialwissenschaften, S. 5 ff.

27 Die Affinität zu Kelsens Ansatz ist hier unverkennbar. So schreibt Kelsen in „Was ist die Reine Rechtslehre", S. 336: „Hier hat das Streben einzusetzen: das Ich aus dem Erkenntnisprozeß auszuschalten. Das Ideal der Objektivität ist hier maßgebend. Daher das Übergewicht der Logik, daher aber auch die Tendenz zum Relativismus."

28 Vgl. grundsätzlich dazu: Adorno, S. 137.

29 WL, S. 187; auch Brecht, S. 270.

Denn Werturteile entspringen nach Weber allein subjektiver Überzeugung und damit der Beliebigkeit des weltanschaulichen und politischen Standorts. Sie können daher nie die Form wissenschaftlicher Aussagen annehmen. Dem Dualimus von Sein und Sollen entspricht solcherweise wissenschaftslogisch die Trennung von Erkennen und Werten und methodologisch die Beschränkung der Wissenschaft auf den Wirklichkeitsbereich der wertfreien Tatsächlichkeit, denn diese ist die einzige Wirklichkeit, auf welche sich voraussetzungsgemäß die kausalanalytische Erkenntnisweise beziehen kann. Indem Weber den Werten als Momenten des Irrationalen und nicht exakt Beweisbaren außerwissenschaftlichen Charakter zuspricht, vermag er konsequent wissenschaftliche Objektivität ihrerseits nur methodisch, nicht inhaltlich zu bestimmen[30].

Soziologie kann nur untersuchen, „welche Mittel zu einem vorgestellten Zweck zu führen geeignet sind“ und „die Folgen feststellen, welche die Anwendung der erforderlichen Mittel neben der eventuellen Erreichung des beabsichtigten Zweckes haben würde“[31].

Wissenschaftlich erfaßbar ist mithin nur die Zweck-Mittel-Relation, während die Entscheidung für einen Zweck selbst vor- bzw. außerwissenschaftlich bleibt. Denn die Zwecksetzung beruht auf einer Annahme von Normen, auf einer Wertsetzung, die wissenschaftlich nicht begründbar, weil nicht kontrollierbar ist[32].

Von diesem Ansatz her gilt das Interesse des Wissenschaftlers prinzipiell nur der Frage, die je vorgegebenen Zwecke mit den „angemessenen“ Mitteln zu verfolgen. Wissenschaftliche Rationalität verengt sich hier notwendig auf eine, von inhaltlichen Momenten befreite Zweckrationalität.

Dieser restriktive Wissenschaftsbegriff Webers ist letztlich fundiert in jener „Weltanschauung des Wertrelativismus“ (Brecht):

> „Die Unmöglichkeit wissenschaftlicher Vertretung von praktischen Stellungnahmen ... folgt aus weit tieferen Gründen. Sie ist prinzipiell deshalb sinnlos, weil die verschiedenen Wertordnungen der Welt in unlöslichem Kampf untereinander stehen ... Hier streiten eben auch verschiedene Götter untereinander, und zwar für alle Zeit. Je nach der letzten Stellungnahme ist für den einzelnen das eine der Teufel und das andere der Gott und der einzelne hat zu entscheiden, welches für ihn der Gott und welches der Teufel ist[33].“

Es ist bemerkenswert und für unseren Diskussionszusammenhang nicht ohne Belang, daß Webers Postulat der Wertfreiheit methodisches Resultat der neukantianischen Einsicht in die Wertgebundenheit allen

30 Vgl. Kocka, S. 338.
31 WL, S. 149 ff.
32 WL, S. 187.
33 WL, S. 545.

Denkens ist, das meint, eben weil nach Weber der Wissenschaftler aus dem Wertverhältnis nicht herauszutreten vermag, muß er methodisch das Werturteil aus dem Erkenntnisverfahren verbannen[34].

Das Postulat der Wertfreiheit bedeutet unter diesem Aspekt daher nicht nur, die Wissenschaft gegen jede Außensteuerung zu immunisieren und von sachfremden Einflüssen freizuhalten, sondern bedeutet auch Reflexion auf die zwar objektiv unverbindliche, gleichwohl methodisch unvermeidliche Wertbeziehung[35]. Solchermaßen stehen das Wertfreiheitsprinzip und die Wertgebundenheit in einem Bedingungszusammenhang[36]. Dieser ist nur erklärbar durch eine kurze Vergegenwärtigung des wissenschaftstheoretischen Begründungsrahmens der Weberschen Wissenschaftslehre und deren erkenntnistheoretischen Axiome.

Im Anschluß an Rickert begreift Weber die Wirklichkeit als individuell-konkrete, „unendliche Mannigfaltigkeit" des Geschehens[37], das durch den Kausalnexus zusammengehalten wird. Die Erkenntnis der empirischen Wirklichkeit[38] kann daher nur durch kausale Erklärung erfolgen[39]. Mit der Kausalitätskategorie ist indes nach Auffassung Webers die Erkennbarkeit der Wirklichkeit nicht gewährleistet, da der „Allzusammenhang des Geschehens"[40] von „absoluter Irrationalität"[41] ist und keinerlei Strukturzusammenhang aufweist, der der Erkenntnis und Begriffsbildung entgegenkommt. Gegen Hegel gewandt, konstatiert Weber: „Den Zusammenhang des Ganzen ... denkend zu erfassen, ist uns nicht gegeben[42]."

Weber geht davon aus, daß der Wissenschaftler vor einer unübersehbaren und chaotischen Wirklichkeitsfülle steht, die keinerei Ordnungskriterien aus sich selber hergibt. Aus dem „Strom" des Geschehens muß

---

34 Was die reinen Verstandesbegriffe Kants für die Fundierung der Naturwissenschaften waren, sind im Neukantianismus die Werte für die Kulturwissenschaften; ‚Werte' gelten als transzendentale Voraussetzung für Aussagen über Kultur. So nennt Weber Kultur den durch die Wertbeziehung des einzelnen Wisenschaftlers aus dem Allzusammenhang herausgegriffenen Bestandteil, Vgl. WL, S. 180.

35 Habermas, Logik ..., S. 17.

36 Vgl. dazu T. Parson: Wertgebundenheit und Objektivität in den Sozialwissenschaften, Referat auf dem 15. Soziologentag 1964, in: Max Weber und die Soziologie heute, S. 47.

37 WL, S. 171. Weber meint hier das ‚heterogene Kontinuum' im Sinne Rickerts. Vgl. dazu Kocka, S. 337; Henrich, S. 9 ff.

38 WL, S. 180: „Jede individuelle Konstellation ... ist natürlich kausal nur erklärbar als Folge einer anderen, ihr vorhergehenden ..."

39 In der Theorieentwicklung wird das kausalanalytische Verfahren vom funktionalen Ansatz tendenziell verdrängt. (Vgl. die Systemtheorie Luhmanns).

40 WL, S. 150.

41 WL, S. 92, Anm. 1.

42 WL, S. 19.

daher das erkennende Subjekt entsprechend seinem Forschungsinteresse allererst eine Auswahl von Problemen und Aspekten treffen und wertend Ordnungsprinzipien konstituieren, die den Erkenntnisgegenstand im „heterogenen Kontinuum“ abgrenzen[43].
Das Selektionsprinzip besteht hierbei in der Beziehung der Wirklichkeit auf ‚Werte‘, die das an der Wirklichkeit „Interessante“, weil „Wissenswerte“ erfassen[44]. Indem Weber, dem neukantianischen Ansatz folgend, Subjekt und Objekt nicht wie Hegel als vermittelte Momente einer Totalität denkt, sondern die absolute Objektivität des Faktischen der absoluten Subjektivität des einzelnen kontradiktorisch gegenüberstellt, wird die Wertbeziehung zur Bedingungsmöglichkeit von Wirklichkeitserkenntnis überhaupt.

Die Wertbeziehung ermöglicht mithin allererst die als Chaos von Fakten begriffene Wirklichkeit zu erkennen und deren vorausgesetzte Irrationalität und Unstrukturiertheit zu überwinden[45].

Dieser Befund manifestiert folglich nicht allein die Wertgebundenheit menschlichen Denkens, sondern zugleich die Wertbasis aller Wissenschaft. Das wertorientierte Erkenntnisinteresse weist nämlich der wissenschaftlichen Analyse die Richtung und geht im Charakter der Fragestellung wie der Art der Problemauswahl in die wissenschaftliche Untersuchung mit ein.

Dies verdeutlicht, daß sich Webers Wertfreiheitspostulat primär auf die Methode, nicht auf die Basis der Wissenschaft bezieht. So sehr das Werturteil bei der Problemlösung zu eliminieren ist, so unvermeidlich ist es bei der Problemauswahl[46].

Von diesem Ansatz her erscheint es selbstverständlich, daß nach Max Weber wissenschaftliche Theoriebildung nicht nach Art der „freischwebenden Intelligenz“ (Alfred Weber) Mannheim'scher Provenienz stattfindet, sondern in Eingebundenheit in die eigene „kulturelle Lage“, den spezifisch historischen Kulturzusammenhang.

Dieser gibt den verbindlichen Verständnishorizont bei der Wahl des kategorialen Rahmens wie der Auswahl der Probleme her. Insofern sind die Sozial-, wie alle Kulturwissenschaften, notwendig an ein nicht expliziertes Vorverständnis gebunden.

Hier zeigt sich deutlich die ideologiekritische Dimension der Weberschen Wissenschaftslehre.

---

[43] Vgl. auch WL, S. 180 und Tenbruck, S. 601.

[44] Dazu Henrich, S. 43 ff.; der Begriff der ursprünglichen Wertkomplexität zeigt den Zusammenhang von Webers Ansatz mit dem systemtheoretischen N. Luhmanns.

[45] Kocka, S. 337.

[46] Vgl. hierzu A. Görlitz: Politikwissenschaftliche Propädeutik, 1972, S. 20 ff.; T. Parsons, S. 47, 51.

Entsprechend sieht Weber auch als Aufgabe wissenschaftlicher Reflexion der Wertgebundenheit des Denkens bewußt zu werden und die eigentlichen Ideale und Ideen, das „in letzter Linie Gewollte" aufzudecken[47].

Objektivität und Wertfreiheit meinen mithin in diesem Erklärungszusammenhang das Wissen der Erkenntnis um die eigene Wertbeziehung.

Allerdings muß Weber entsprechend der wissenschaftslogisch strikt gezogenen Grenze zwischen Erkennen und Werten die — anerkannte — Wertbasis der Wissenschaft als solche aus dem wissenschaftlichen Bereich entlassen, da sich wissenschaftliche Kriterien für deren Richtigkeit voraussetzungsgemäß nicht finden lassen. Notwendige Folge dieses Ansatzes ist, daß Weber zwar das erkenntnisleitende Interesse und implizite Vorverständnis des Wissenschaftlers zu thematisieren und zu enthüllen vermag, sie aber als Wertungsmomente insofern nicht zum Gegenstand wissenschaftlicher Erkenntnis machen kann, als Auseinandersetzungen über Werte prinzipiell keine Objektivität beanspruchen können[48]. Die Wahl des Erkenntnisstandorts liegt sonach nicht mehr im Rahmen rational zu begründender Entscheidung, sondern bleibt subjektiver Irrationalität überlassen. Von hier aus erklärt sich beispielsweise auch Webers ambivalente Haltung zu Marx. Wendet er sich entschieden gegen den allgemeingültigen Wahrheitsanspruch des marxistischen Ansatzes, läßt er andererseits Methodik und Kategoriensystem von Marx als eines unter vielen gelten. Daher kann er auch Historischen Materialismus wie Rassentheorie formal gleichberechtigt gelten lassen[49]. Denn von seinem Standpunkt aus vermag Weber inhaltliche Kriterien der Kritik nicht zu entfalten[50].

Dieses erkenntnistheoretisch fundierte Postulat theoretischer Pluralität ist indes nicht nur von wissenschaftsimmanentem Belang, sondern findet — gesellschaftstheoretisch — im gesellschaftspolitischen Bereich seinen Ausdruck im gleichberechtigten Nebeneinandergeltenlassen divergierender politischer Zielsetzungen und Interessenstandpunkte. Denn zwischen den unterschiedlichen (auch politischen) Wertsystemen ist mangels angebbarer Richtigkeitskriterien eine rationale Entscheidung nicht möglich. In dieser Sinnperspektive stellt sich denn auch das politische Formprinzip der Demokratie als allein zureichender institutioneller Rahmen dar.

---

47 Diesen Aspekt betont vor allem Löwith, S. 11 ff.

48 Vgl. WL, S. 187, denn die „verschiedenen Wertordnungen stehen in unlöslichem Kampf untereinander".

49 WL, S. 167.

50 Vgl. Kocka, S. 339.

Die von Max Weber gezogenen Grenzen wissenschaftlicher Aussagefähigkeit und der damit implizierte restriktive Wissenschaftsbegriff haben ihm seitens seiner Kritiker, vor allem unter dem Gesichtspunkt des Theorie-Praxis-Verständnisses, den Vorwurf des Dezisionismus eingebracht[51].

Indem nämlich Weber Erkenntnis und Interesse, Theorie und Praxis trenne und als antinomische Sphären der Wirklichkeit begreife, werde das von der Wissenschaft in defensiver Selbstbeschränkung geräumte Terrain nur allzueicht unkontrolliert irrationalen Mächten überlassen. Insofern korreliere „der Positivismus der reinen Theorie mit dem Dezisionismus der reinen Entscheidung".

Denn jene Forderung Webers, die Objektivität der Wissenschaft durch Abstinenz von jedem Werturteil zu erreichen, begründe umsomehr das Recht der Wertsphäre, in ihrer Freiheit letztlich jeder rationalen Diskussion und mithin Kontrolle entzogen zu sein. Letztlich werde bei Weber das Problem der Irrationalität nur verschoben: indem er sie methodisch aus dem eng gefaßten wissenschaftsanalytischen Erkenntnisbereich ausweise, kehre sie im gesellschaftspolitischen Bereich, in dem Forschung ja selbst stattfindet, wieder.

Zum anderen bedeute sein Wissenschaftsbegriff auch eine prinzipielle Neutralitätserklärung der Wissenschaft gegenüber der Gefahr einer gesellschaftlichen Indienstnahme der Wissenschaft für beliebige Zwecke. Denn der ausschließlich instrumental definierte Charakter von Wissenschaft impliziere deren Disponibilität[52].

In der Tat kann vom Ansatz Max Webers her die gesellschaftliche Verwertbarkeit und Fungibilität der Wissenschaft nur individualistisch vom einzelnen Wissenschaftler gesteuert werden: wissenschaftspolitisch durch das Postulat intellektueller Redlichkeit, gesellschaftspolitisch durch den Appell an die soziale Verantwortlichkeit. Dies markiert Leistung und Leistungsgrenze der Weberschen Wissenschaftslehre gleichermaßen.

Damit ist auch das theoretische Koordinatensystem beschrieben, in dem Thoma seinen wissenschaftstheoretischen Standpunkt bezogen hat.

2. Thomas wissenschaftstheoretische Position und sein methodischer Ansatz

Im Lichte des dargestellten Wissenschaftsmodells Max Webers liegt es nahe, das Bestreben, die Rationalität und Objektivität der Jurisprudenz als Wissenschaft gegen alle scheinrationalen und „kryptopolitischen" Argumentationsweisen abzugrenzen und abzuschirmen, als den

---

51 Vgl. z. B. Hufnagel, S. 332, m. w. Nachweisen. Allgemein zur Konvergenz von Positivismus und Dezisionismus: Habermas, in: Adorno, u. a.; S. 193 f.

52 Habermas, S. 195, auch zu dem im Text angeführten Zitat.

entscheidenden impetus auch der methodologischen Überlegungen Thomas anzusehen.

So ist es wohl mehr als ein Zufall, daß die wissenschaftstheoretische und methodologische Klärung des Aufgabenbereiches und des Erkenntniszieles der Rechts- und Staatsrechtswissenschaft im Handbuch des deutschen Staatsrechts, dem repräsentativen Kompendium der deutschen Staatsrechtslehre der Weimarer Zeit, Richard Thoma zu formulieren vorbehalten blieb. Hatte er doch in seinen Schriften und Rezensionen immer wieder der Überzeugung Ausdruck verliehen, daß sich nur auf dem Wege erkenntnis- und methodenkritischer Selbstreflexion der Rechtswissenschaft ein angemessenes Verständnis positiv-rechtlicher Normen und Institute gewinnen lasse.

Allein in solchem Vorgehen schien ihm die Gewähr für die Wissenschaftlichkeit seines Faches zu liegen. Denn er sah, daß Wissenschaft, sofern sie erst gar nicht die Dimension der Selbstreflexion in sich aufnimmt und ihre Prämissen und Erkenntnisinteressen offenlegt, unreflektiert politische und ethische Vorentscheidungen trifft. Das damit angesprochene fundamentale Verhältnis von Wissenschaft und Gesellschaft, ihrer Verknüpfung wie der Divergenz von wissenschaftlichen und gesellschaftspolitischen Interessen stecken das wissenschaftstheoretische Bezugsfeld seiner methodenkritischen Auseinandersetzung mit dem Positivismus ab und markieren Zustimmung wie Ablehnung zum Wissenschaftsmodell der positivistisch-dogmatischen Jurisprudenz.

Thoma entwickelt seinen methodischen Standpunkt im Anschluß an Max Weber in bewußter Wendung gegen den überkommenen Positivismus der Gerber-Labandschen Staatslehre[53].

Diese Traditionslinie habe versucht, eine Dogmatik des positiven Rechts allein aus den Prinzipien der Logik zu begründen. Damit habe sie wichtige Seiten des Untersuchungsgegenstandes ‚Recht' geleugnet und die „Staatswissenschaft jahrzehntelang in die Enge, ja auf Irrtümer" geführt. Denn die Vielgestaltigkeit der wirklichen Rechtsprobleme ließen sich nicht bruchlos unter ein logisches Kategoriensystem subsumieren, das nur ein zwingendes, formallogisch folgerichtiges Ergebnis bringe. In Wahrheit nämlich stoße der Rechtsdogmatiker auf Schritt und Tritt auf Probleme,

> „zu deren Lösung sich ihm widersprechende aber in sich selbst logisch einwandfreie Konstruktionen und Schlußfolgerungen anbieten. Er muß dann seine Entscheidung treffen mittels eines im Grund irrationalen, also nicht aus logischer Denkfähigkeit entspringenden Werturteils"[54].

Diese rein formallogische Rechtsauffassung verkenne nicht nur in der Beliebigkeit der Wahl des logischen Bezugsrahmens das Wertungsmo-

---

[53] Eine grundsätzliche Auseinandersetzung und Positionsbestimmung nimmt Thoma nur in der von ihm verfaßten Einleitung zum HdbDStR vor.

[54] HdbDStR I, S. 4.

ment, sondern es fehle ihr auch das soziologische Interesse an der Dynamik und das politische an der Evolution des Verfassungsrechts. Diese Methode sei daher in „nur positivistischer Selbstbeschränkung“ befangen, am treffendsten als „einseitiger Logizismus“ zu kennzeichnen[55].

Aus demselben Traditionszusammenhang resultiere auch jener begriffsjuristische Irrtum, der den „zum Zwecke systematischer Ordnung vorgenommenen Konstruktionen und Definitionen selbständigen Erkenntniswert“ zuspreche. Denn so wenig die Wirklichkeit einer vollkommenen Logisierung zugänglich sei, lasse sich auch die Mannigfalt der positiven Normen „widerspruchslos auf höhere Allgemeinbegriffe zurückführen“, zumal sich auch hier ein Spektrum möglicher „logisch vertretbarer und den positiven Normen leidlich entsprechender Konstruktionen“ anbiete.

Gerade die Überbetonung des systematischen Eigenwerts der Begriffsbildung, die aus der Konstruktion eines Allgemeinbegriffes oder aus der rechtlichen Natur eines Institutes unmittelbar juristische Folgen ableite, sei als Einfallstor für politische Wertungen geradezu prädisponiert, da sie sich in Form logisch zwingender Schlußfolgerungen präsentiere und als solche der Hinterfragung nur allzueicht zu entziehen versuche.

Daher involviere jene Methode die Gefahr, daß

„der Konstrukteur unbewußt (oder gar bewußt) seine politischen Wertungen in die Konstruktion hineinsteckt, um dann bei Entscheidungen der Einzelfragen das gewünschte Ergebnis in Form eines logischen Schlusses aus angeblich wissenschaftlicher, in Wahrheit kryptopolitischer Prämisse herauszuholen.“

Solche in allen politischen Lagern beliebte „Vermischung des Rechts mit der ‚Politik‘ in strenger Selbstkritik zu vermeiden, ist oberstes Gebot ... wissenschaftlicher Objektivität“[56].

Aus diesem Grunde, stellt Thoma fest, führe auch Kelsen und seine Schule zu Recht einen „dauernden Kampf gegen pseudoobjektive und kryptopolitische Staats- und Staatsrechtslehre“[57].

Insoweit vereint Thoma und Kelsen der neukantianische Geist, der sie ins „Gefecht führt gegen alle, die ihre eigenen Wertsysteme unter der falschen Flagge der Wissenschaft zu vertreiben suchen“[58]. Beide wenden sich gegen alle Formen naturrechtlichen und metaphysischen Denkens.

Ist für Kelsen die Berufung auf das Naturrecht nichts anderes als theoretischer Ausdruck und Legitimationsform politischer Interessen[59],

---

[55] Ebd., S. 5.

[56] HdbDStR I, S. 7.

[57] Ebd., S. 6.

[58] Brecht, S. 160.

[59] Vgl. oben Abschnitt über Kelsen, I 1.2.1.

entspringt es nach Thoma entsprechend der Weberschen Axiomatik bloß subjektiver Überzeugung und mithin der Beliebigkeit des weltanschaulichen und politischen Standorts, der wissenschaftliche Verbindlichkeit nicht beanspruchen kann. Denn schließlich habe sich das naturrechtliche Axiom, „als könne das Licht der ratio nicht nur dem Subjekt die Wege des für dieses Subjekt wahrhaft Vernünftigen und deshalb ... wahrhaft Sittlichen weisen, sondern auch objektiv beweisbare Inhalte des rechten Verhaltens dartun", inzwischen als „erkenntnistheoretischer Irrtum" erwiesen[60]. Ganz im Sinne Max Webers formuliert Thoma die Einsicht,

„daß es dem Menschen versagt ist, andere inhaltliche Maximen des Wertens und Gestaltens zu finden, als die aus der eigenen, zu ihrer Freiheit und Selbstbesinnung gelangten Persönlichkeit entspringenden. Daß wir uns aus der tatenlosen Kontemplation heraus in den Bereich des Handelns nur wagen können auf die Gefahr des Irrtums und in dem Bewußtsein, daß neben uns andere Menschen von eben so reinem Willen und ebenso scharfem Verstand sich in den Dienst gegensätzlicher Maximen des Handelns stellen. Gegensätzlich nicht nur in der Beurteilung der Tatsachen und der Art und Zweckmäßigkeit der zu ergreifenden Mittel, sondern auch im Ideal und den obersten Wertungen"[61].

Der Kampf um unterschiedliche politische Vorstellungen und Wertstandpunkte läßt sich mithin wissenschaftlich nicht entscheiden. Aus diesem Befund folgt, daß

„eine wissenschaftliche Behandlung politischer Probleme ... nur hypothetisch möglich (ist), d. h. unter der Voraussetzung, daß sich die Diskutierenden auf gleiche Werttafeln einigen"[62].

Dies impliziert nach Thoma die Offenlegung, „aus welchen rein subjektiven Prämissen seines Werturteils heraus" ein Wissenschaftler etwa für eine Gesellschaftsordnung oder eine Verfassungsform Partei nimmt[63].

Wird jenes Postulat wissenschaftlicher Redlichkeit eingelöst, so besteht wenigstens die Chance, die auf wissenschaftstheoretischer Ebene unversöhnlich erscheinenden Gegensätze *praktisch* einem Ausgleich und Kompromiß zuzuführen. Denn, fragt Thoma:

„Deutet nicht die zwiespältige Realität alles Lebendigen darauf hin, daß gerade eine die Utopie vermeidende *wissenschaftliche* Behandlung sozialer Gestaltung das ‚rechte Werk' nur in der Schaffung immer neuer und immer

[60] Vgl. Antwort auf die Frage nach der Geltung des Jus gentium, in: Niemeyers Zeitschrift für intern. Recht, Bd. 34 (1925), S. 175 ff. (185). Vgl. auch: HdbDStR II, S. 138 f.; Die juristische Bedeutung der grundrechtlichen Sätze, in: Die Grundrechte und Grundpflichten der Reichsverfassung, hrsg. v. H. C. Nipperdey, (zit. Nipperdey I), Bd. I, 1929, S. 1 ff. (50 f.).

[61] Besprechung von Nelson: System der philosophischen Staatslehre und Politik, in: Zeitschrift f. d. gesamte Staatswissenschaft, 79 (1925), S. 550 ff. (552).

[62] Besprechung von Feilchenfeld: Völkerrechtspolitik als Wissenschaft, in: ASWS 52 (1924), S. 841.

[63] Besprechung von Hasbach, S. 230.

wieder sich zerstörender praktischer Harmonisierung des theoretisch Disharmonischen suchen kann[64]?"

Diese Gedankengänge Thomas demonstrieren den Zusammenhang von wissenschaftstheoretischer Position und liberaler Grundhaltung.

Die Forderung nach Bewahrung der geistigen Freiheit, dem Schutz der politischen Minderheiten ist letztlich fundiert in der Unfähigkeit des Menschen, sich in den Besitz letzter Wahrheiten zu bringen. Im Wissen um die Erkenntnisgrenzen des Menschen findet so das liberale Freiheitsmotiv seine anthropologische Grundlage.

Das für Thoma innerhalb des Wissenschaftsbereiches konstitutive Prinzip einer klaren Abgrenzung von wissenschaftlicher und ‚ideologischer' Argumentationsweise ist seiner Ansicht nach nur zu realisieren bei „klarer Scheidung dessen, was objektiv demonstrierbar ist, von dem, was nur von subjektiver Prämisse aus einseitig gemacht werden könne"[65].

Die an Max Weber orientierte Einsicht in die Wertgebundenheit allen Denkens veranlaßt Thoma zu der Feststellung, daß jenes Postulat sich auf dem von Kelsen vorgezeichneten Weg nicht einlösen lasse.

Denn dieser sei der Überzeugung, allein durch logische Reinigung des Rechts von allen außerrechtlichen Elementen ideologiefreies Recht gewährleisten zu können, und bezeichne daher „alle nicht rein auf das logische System der Institute und die logische Reinigung der Begriffe gerichteten Fragestellungen als ‚metajuristisch'". Zwar leugne er hierbei keineswegs „die Notwendigkeit, den Wert und die Wissenschaftlichkeit historischer, kritischer und soziologischer Untersuchungen des Rechts", doch verweise er jene Fragestellungen mit all den ihnen impliziten Folgerungen aus dem wissenschaftlichen Arbeitsbereich der Jurisprudenz.

Thomas Kritik wendet sich dabei nicht gegen Kelsens Postulat der Entideologisierung und Entpolitisierung der Rechtswissenschaft, sondern gegen dessen spezifische Einseitigkeit:

> „Diese Klassifikation und Terminologie beruht offensichtlich auf dem logizistischen Irrtum, welcher das Wertungsmoment verkennt, das unausrottbar in alle Exeges, Begriffsbildung und Konstruktion hineinspielt, auch in diejenige der ‚reinen Rechtslehre'[66]."

Die theoretische Freisetzung des Rechtsbegriffs aus dem geschichtlich-gesellschaftlichen Kontext und die darauf basierende Ignoranz gegenüber soziologischen Erkenntniszielen auch der Rechtswissenschaft führt daher nach Thoma „aus Angst vor Mißbrauch zur Eliminierung aller tieferen und lebensnahen Probleme der Rechtswissenschaft".

---

[64] Besprechung von Feilchenfeld, S. 842.

[65] HdbDStR I, S. 6.

[66] HdbDStR I, S. 6.

Konsequenterweise müßte eine solche Staatsrechtstheorie, würde sie ihren eigenen methodischen Anspruch einlösen, „ausmünden in die Langeweile inhaltloser Begriffskritiken und Rechtsordnungskonstruktionen oder wiederum in die von Kelsen so verdienstvoll bekämpfte Kryptopolitik"[67].

Gegenüber diesem restriktiven Selbstverständnis der Staatsrechtswissenschaft habe Triepel zu Recht betont, daß eine „allseitige Erfassung der Normen des Staatsrechts ohne Einbeziehung des Politischen" nicht denkbar sei. Denn:

> „Der Gegenstand einer Wissenschaft wird bestimmt durch das Erkenntnisziel. Die Staatswissenschaft will erforschen, in welchen Rechtsformen das Phänomen des modernen Staates sich auswirkt und sucht diese in ihrem systematischen Bestand, ihrer historischen und sozialen Bedingtheit, sowie in ihrer politischen Auswirkung zu verstehen und zu bewerten. Sie übergreift damit den Stoff der Rechtsnormenwelt."

Denn wie anders sollte sie das Recht

> „verstehen und würdigen können, ohne es in seiner Bedingtheit durch und seiner Auswirkung auf außerrechtliche und außerstaatsrechtliche Phänomene und Institute betrachten"[68]?

Hier wird der Unterschied zu Kelsen deutlich.

Ist für diesen entsprechend seinem methodologischen Grundprinzip der Unableitbarkeit des Seins aus dem Sollen wie umgekehrt, die Einsicht, daß Rechtsnormen nicht bloß logische Sätze, sondern gleichermaßen inhaltsvolle Normen sind, kein möglicher Gegenstand der Rechtswissenschaft, die sich als normative nur auf Normen zu beziehen hat, will Thoma die Rechtswissenschaft nicht aus der Aufgabe entlassen, die soziale Bedeutung und Funktion der Rechtsnormen zu klären.

Will Kelsen einen Positivitätsbegriff aufstellen, der selbst aller Faktizität bar nur die logische Autonomie des Rechts besagt und das Recht letztlich zu einer reinen Denkkategorie transformiert, insistiert Thoma auf einem Positivitätsbegriff, der das Gegebene sowohl in der Modalität des empirisch Vorgefundenen wie auch des positiv Normierten umfaßt und beides in der Perspektive des historisch Gewordenen, nicht des logisch Notwendigen analysiert.

Dementsprechend sucht Thoma für die Rechtsinstitute und Rechtsnormen keine logische, sondern eine historische Erklärung. Sein zentraler Angriffspunkt gegen den ‚logischen Positivismus', als dessen Erbe er Kelsen betrachtet, ist die Verwechslung logischer Voraussetzungen mit historisch-empirischen Bedingungen. Es spricht für Thomas (wissenschafts-)biographische Kontinuität, daß er schon früh auf die historische Bedingtheit des geltenden Rechtssatzbegriffes hingewiesen hat. Aus der Verstrickung des Rechtssatzbegriffes in die historische Entwicklung,

---

67 Ebd., S. 7.

68 HdbDStR I, S. 2.

woraus die Gleichsetzung des Gesetzesbegriffes mit dem Rechtssatzbegriff resultiere, habe der deutsche Rechtssatzbegriff eine historisch-konventionelle Verengung erfahren, die mit der theoretisch-logischen Kategorie keineswegs zusammenfalle[69]. Entsprechend hat Thoma stets betont, daß für ihn rechtliche Konstruktionen keinen eigenständigen Erkenntniswert besitzen, sondern als Ergebnis wissenschaftlicher Zweckmäßigkeitserwägungen ihren Wert „allein in der praktischen Brauchbarkeit" erhielten[70]. Denn schließlich könne man „die Sache juristisch auch immer anders zurechtlegen"[71].

Bereits in seiner akademischen Antrittsvorlesung im Jahre 1909 war der liberale, entwicklungsgeschichtlich orientierte Ansatz angelegt, der angesichts der „lebendigen Bewegung und Geschichtlichkeit des Gegenstandes" eine Ergänzung der „statischen" Betrachungsweise durch eine „dynamische" verlange[72].

Schon damals zeichnete sich bei Thoma, gemessen am Gerber-Labandschen Positivismus, eine Erweiterung der Problemsicht ab, die ihn dann, insbesondere unter dem Einfluß der Weberschen ‚verstehenden Soziologie' die Grenzen der tradierten, streng juristischen Betrachtungsweise endgültig überschreiten läßt.

Die politisch-gesellschaftliche Wirklichkeit der realen Staats- und Verfassungsordnung ist für Thoma stets die Instanz, an der sich die juristische Bewältigung der anstehenden Probleme wie die juristisch zureichende Erfassung des Gegenstandes zu bewähren hat. Sein Denken intendiert daher nicht selbstgenügsame theoretische Spekulation, die letzten Endes für die Gestaltung der staatlichen Ordnung irrelevant wäre, sondern ist stets ausgerichtet auf praktische Verwertbarkeit mit dem Ziel, „der Rechtsanwendung Führerin zu sein"[73].

Diese pragmatische Dimension seines Denkens verlangt notwendig die Erweiterung jener eindimensionalen Problemsicht, die unter Absehung aller lebenspraktischer Bezüge in nur-positivistischer Selbstgenügsamkeit auf Systemlogik sich beschränkt. Darf daher Rechtswissenschaft im Positivismus nicht aufgehen, kann sie nach Thoma gleichwohl ohne Positivismus auch nicht bestehen, denn „alle Jurisprudenz ist insoweit, als sie geltendes Recht feststellt, auslegt und systematisiert, notwendig Positivismus"[74]. Insoweit hat sie nämlich, wie Thoma einmal formuliert, „das anderweit Beschlossene", den „vorgefundenen,

[69] Vgl. Festgabe, S. 176.

[70] Vgl. Rezension von Rauschenberger: Die Staatsrechtliche Bedeutung von Staatsstreich und Revolution, in: ASWS 51 (1924), S. 281.

[71] Besprechung von Nawiasky, Der Bundesstaat als Rechtsbegriff, in: ASWS 49 (1922), S. 549.

[72] Rechtsstaatsidee, S. 216, vgl. auch HdbDStR I, S. 183.

[73] HdbDStR I, S. 2.

[74] Ebd., S. 5.

im positiven Recht nach Gestaltung ringenden Rechtsgedanken zu Ende zu denken und zu formulieren“[75]. Hier ist die Nahtstelle zwischen Juristischem und Politischem, Wissenschaft und Politik, und der Punkt, wo beides strikt auseinanderzuhalten ist.

Die Beachtung und Einhaltung jener Grenze schließt die fraglose Hinnahme der gesetzgeberischen Entscheidung ein. Inhaltliche Zwecksetzung und gesellschaftspolitische Zielsetzung stehen für Thoma zur alleinigen Disposition des Gesetzgebers als dem maßgeblichen Entscheidungsträger. Hier wird die „verfassungsrechtliche“ Übersetzung des Weberschen Ansatzes deutlich: letztlich geht es um politische Fragestellungen, die wissenschaftlich nicht diskutierbar sind.

Aus dieser Sicht kann die Aufgabe des Rechtswissenschaftlers naturgemäß nur darin bestehen, in der grundsätzlichen Bindung an die legislatorische Entscheidung den Willen des Gesetzgebers ‚nachzudenken‘, rechtssystematisch zu entfalten und zu verdeutlichen, nicht aber zu bewerten und an materialen Maßstäben zu messen[76]. Denn als Wertender bleibt der Jurist seinem eigenen Wertstandpunkt verhaftet, welcher subjektiver Überzeugung und damit der Beliebigkeit der weltanschaulichen und politischen Position entspringt. Dem Weberschen Veto gegen Werturteile innerhalb wissenschaftlicher Aussagen folgt hier der rechtspositivistische Verzicht auf inhaltliche Wertung der Gesetze. Das Postulat der Wertfreiheit schließt so das Bekenntnis zur verfassungspolitischen Neutralität ein. Hier liegen auch die Wurzeln für Thomas Frontstellung gegen die materiale Staats- und Verfassungslehre der Weimarer Zeit[77].

Unter diesem Blickwinkel ist Thomas Verdikt gegen empirische Gehaltlosigkeit der Begriffsbildung, welche für die Lösung konkreter Sachprobleme untauglich ist, sowie gegen „politische Außensteuerung“ (Görlitz) der Rechtswissenschaft zu begreifen als Ausdruck des Bemühens, Realitätsmächtigkeit wie Wissenschaftlichkeit seines Faches zu erreichen und zu sichern.

Thoma sieht es daher als eine vordringliche Aufgabe an, auf dem von Max Weber vorgezeichneten Weg, der für ihn die methodologische Garantie für wissenschaftliche Objektivität abgibt, die infolge der tradierten positivistischen Selbstbeschränkung vernachlässigten dynamischen Aspekte der Rechtsbegriffe und -institutionen in die Betrachtung miteinzubeziehen und zu analysieren, um sie auch als Phänomene der sozialen Wirklichkeit verstehen und deuten zu können. Dieser

---

[75] Rechtsstaatsidee, S. 217.

[76] Vgl. etwa Nipperdey, I, S. 50 ff.; HdbDStR II, S. 139.

[77] Dazu unten Kapitel V; auf dieser Linie liegt auch unter verfassungsrechtlichem Aspekt die zentrale Bedeutung des Verfahrens: Die Gesetze erfahren ihre Legitimation ausschließlich in demokratischen Verfahren.

Intention folgt seine Hinwendung zur soziologischen Betrachtungsweise. Insoweit begreift Thoma die Soziologie gewissermaßen als Komplementärdisziplin zur Jurisprudenz[78], wobei er sich im Anschluß an die methodischen Prämissen Max Webers an die strikte Unterscheidung von juristisch-normativer und soziologisch-empirischer Betrachtungsweise hält.

Hat die „juristisch-statische" Betrachtung die Auslegung und Interpretation des positiven Rechts zum Gegenstand, dient die „politisch-dynamische" der „soziologischen Erklärung, der politischen Kritik und der rechtsphilosophischen Würdigung"[79].

Diese Konzeption mündet in einen Pluralismus der Methoden, die am jeweiligen Erkenntnisziel ausgerichtet sind. Thoma deutet in einem Gedenkaufsatz für seinen Freund Anschütz die eigene wissenschaftstheoretische Position an und beschreibt sie als den Weg vom „genügsamen juristischen Formalismus der Laband'schen Schule" zur „soziologischen Aufhellung verfassungspolitischer Dynamik".

Was Thoma als besonderes Verdienst von Anschütz hervorhebt, kann als sein eigenes angesehen werden: die „fruchtbare Synthese" zwischen „dogmatisch-statischer und politisch-dynamischer Methode der Wissenschaft vom öffentlichen Recht"[80].

Die Tragfähigkeit jener „Synthese" soll im nächsten Abschnitt beleuchtet werden.

[78] So forderte Thoma die Integration des Studiums der „gesellschaftlichen Tatsachen" in die juristische Ausbildung. In ASWS 44 (1917/18), S. 668.

[79] HdbDStR I, S. 189.

[80] Gerhard Anschütz zum 80. Geburtstag, in: Dt. Rechts-Zeitschrift, 1948, S. 142 ff. (143).

II. Staat und Demokratie

1. Der Staatsbegriff

1.1. Problemstand

Ausgangspunkt und zentrale Kategorie einer jeden Allgemeinen Staatslehre — so auch der Thomas — ist der Staatsbegriff.

In ihm finden, was namentlich Badura herausgearbeitet hat, die einzelnen Gegenstände der Allgemeinen Staatslehre ihren systematischen Zusammenhalt[1], er ist Bezugspunkt ihrer methodischen Behandlung und bestimmt den Umfang zulässiger staats- und staatsrechtswissenschaftlicher Betrachtungsweise.

Mit der Staatskategorie ist darüberhinaus jenes dem deutschen Verfassungsdenken seit dem 19. Jahrhundert problematische Spannungsverhältnis von Staat und Gesellschaft angesprochen, das bis in die Gegenwart ein Zentralthema verfassungstheoretischer und -dogmatischer Kontroversen geblieben ist[2], ja „die Frage nach dem Verhältnis von Staat und Gesellschaft ist eine Kern- und Schicksalsfrage der neueren deutschen Geschichte — sie hat etwas spezifisch Deutsches an sich“[3].

In der Tat lassen sich eine Vielzahl von Verfassungsinstitutionen nur von diesem Gegensatz her verstehen, und die hierbei zugrundegelegten politischen Modelle geben nur allzuoft den sich stellenden Problemen des Verfassungsverständnisses, der Interpretation der Grundrechte, der Stellung der Parteien u. a. ihr vorwegentscheidendes Gepräge, wie Ehmke in seinem oft zitierten Aufsatz aufgezeigt hat[4].

Ist jener für die deutsche Staatstheorie so zentrale Gegensatz von Staat und Gesellschaft inzwischen auch eine historisch überholte Kate-

---

1 Vgl. Badura, Die Methoden der neueren Allgemeinen Staatslehre, 1959, S. 100.

2 Aus der unübersehbaren Literatur vgl. neuestens Böckenförde, Die verfassungstheoretische Unterscheidung von Staat und Gesellschaft als Bedingung individueller Freiheit, 1973; ders. (Hrsg.): Staat und Gesellschaft, Darmstadt 1976; ders., Staat—Gesellschaft—Freiheit, 1977, S. 185 ff.; Hesse, Bemerkungen der heutigen Problematik und Tragweite der Unterscheidung von Staat und Gesellschaft, in: DÖV 1975, S. 437 ff.

3 So Graf Christian v. Krokow, Staat, Gesellschaft, Freiheitswahrung, in: Beilage der Wochenzeitung Das Parlament, 7/1972.

4 Ehmke, „Staat“ und „Gesellschaft“ als verfasungstheoretisches Problem, in: Staatsverfassung und Kirchenordnung, Festgabe für R. Smend zum 80. Geburtstag, Tübingen 1962, S. 23 - 49. Relativierend nunmehr Hesse, S. 437 ff.

gorie[5], hatte er doch in der geschichtlichen und gesellschaftlichen Entwicklung des 19. Jhdts. seine reale Basis, als eine zur politischen Macht drängende bürgerliche Gesellschaft mit dem Staat als dem Inbegriff monarchischer Herrschaftsgewalt konfligierte. Mit dem Mißlingen der bürgerlichen Revolution und der dadurch bedingten Verhinderung einer politischen Gesellschaft, hat sich die für ‚die deutsche Sonderentwicklung' signifikante Trennung von privater bürgerlicher Gesellschaft und politisch verstandenem Staat, von ‚bourgeois' und ‚citoyen' konsolidiert.

Peter von Oertzen hat im einzelnen aufgewiesen[6], daß jener Geschichtsprozeß der Ungleichzeitigkeit von gesellschaftlicher Entwicklung und politischer Form in der positivistischen Staatsrechtstheorie einen adäquaten theoretischen Ausdruck gefunden hat. Das Dogma vom Staat als Herrschafts- und Willensverband führte zur Herauslösung der reinen Willensbeziehungen aus dem Komplex der sozialen Verhältnisse und zur begrifflichen Verselbständigung ihres Zusammenhangs[7]. Auf diese Weise wurde aber nicht nur der Zusammenhang von Staat und Gesellschaft rechtstheoretisch gelöst, sondern auch die Staatstheorie selber methodisch auseinandergerissen in eine Staatslehre und eine Staats*rechts*lehre. Diese Trennung begründete auch jene Zwitterstellung der Allgemeinen Staatslehre zwischen politischer Wissenschaft und Staatsrecht, die schon in den 20er Jahren unseres Jahrhunderts als „Krisis der Staatslehre" reflektiert wird[8] und Thoma zu der Feststellung veranlaßt, daß die „Allgemeine Staatslehre in ihrem gegenwärtigen Zustand ein pädagogisch lebensvolles und unentbehrliches, methodisch allerdings etwas verwahrlostes Konglomerat" darstelle[9].

Das Nebeneinander verschiedener Betrachtungsweisen und methodischer Ansätze, die Thoma hier anspricht, entstammte der namentlich durch das Aufkommen der Soziologie vertieften Erkenntnis, daß die juristische Charakterisierung des Staates als eines Willensverbandes die ganze Wirklichkeit des Staates nicht erfassen und daher auch keine zureichende Erklärung des Phänomens ‚Staat' sein konnte[10].

Die Einseitigkeit der herrschenden juristischen Staatsbetrachtung hat um die Jahrhundertwende insbesondere Jellinek kritisch aufgegriffen und mit seiner empirisch orientierten Staatslehre zu überwinden ver-

---

[5] Vgl. etwa Preuß, Zum staatsrechtlichen Begriff des Öffentlichen, Stuttgart 1969, insb. S. 81 ff.; einschränkend Böckenförde, FN 2.

[6] v. Oertzen, insbes. S. 7 - 57, 249 - 355.

[7] Oertzen, S. 191; vgl. auch Haefelin, Die Rechtspersönlichkeit des Staats, Tübingen 1959, S. 125 f. Badura, S. 98 f.

[8] Vgl. Heller, Die Krisis der Staatslehre, in: ASWS 55 (1926), S. 289 ff.

[9] HWBStW, S. 728, Sp. 1. Die Allgemeine Staatslehre wird im folgenden zit. nach Thoma, Art. Staat (Allgemeine Staatslehre) im HWBStW.

[10] Vgl. dazu Haefelin, S. 127; Badura, S. 91; Nawiasky, Staatslehre, 1. Teil Grundlegung, 1945, S. 4 ff.

sucht[11]. Nach Auffassung Jellineks wird die „eindimensionale" juristisch-normative Betrachtungsweise der ganzen Wirklichkeit des Staates, die neben der rechtlichen auch eine politisch-soziale Seite besitzt, nicht gerecht[12]. Entsprechend dem neukantianischen Schema von Sein und Sollen, welches auch das Denken Jellineks beherrscht, gehört der Staat mithin der Seins- und Sollenssphäre an[13]. Daraus folgert Jellinek die Doppelnatur des Staates. Aufgrund der logischen Differenz von Sein und Sollen und der ihr jeweils entsprechenden Erkenntnistypen unterteilt sich daher bei Jellinek die Allgemeine Staatslehre in eine analytisch-empirisch verfahrende Soziallehre vom Staat und eine normativ-dogmatisch verfahrende Staatsrechtslehre: „die soziale Staatslehre, die den Staat als gesellschaftliches Gebilde in der Totalität seines Werdens betrachtet, (wird) der Staatsrechtslehre als dem juristischen Teil der Staatslehre" gegenübergestellt[14]. Beide Betrachtungsweisen, die in einem jeweils genuinen Entsprechungszusammenhang mit ihrem Erkenntnisgegenstand stehen, sind auf Grund der kategorialen Differenz juristischer und soziologischer Erkenntnis autonom und gleichwertig.

Unter der Perspektive des neukantianischen Wissenschaftsbegriffes und seines Postulats von der gegenstandskonstituierenden Funktion der Methode wurde Jellinek daher der Vorwurf gemacht, er habe auf Grund seiner dualistischen Methode mit der Staatssoziologie nicht nur einen gegenüber der Staatsrechtslehre eigenständigen Wissenschaftstyp, sondern auch zwei Staatsbegriffe geschaffen[15].

Ob dieser Vorwurf zutreffend ist oder Jellinek mit den zwei Seiten „nicht den Begriffsgegenstand, sondern den Begriffsinhalt" meint[16], kann in diesem Zusammenhang dahinstehen, jedenfalls ist er insofern im Recht, wenn er davon ausgeht, daß dasselbe empirische Phänomen Staat auch in anderer als juristischer Hinsicht Gegenstand wissenschaftsrelevanter Erkenntnis sein kann. Allerdings bezeichnet die Zweiseitentheorie mit ihren erkenntnistheoretischen und methodologischen Implikaten weniger Resultat eines neuen tragfähigen Ansatzes als ein Problem[17].

---

[11] G. Jellinek, Allgemeine Staatslehre, 3. Aufl., 1960, Jellinek berief sich auch auf Max Weber. Vgl. zu Jellinek: Badura, S. 205 ff.; W. Schluchter, Entscheidung für den sozialen Rechtsstaat, 1968, S. 16 f.

[12] Jellinek, ebd., S. 11: der Staat ist nicht nur „rechtliche Institution", sondern auch „gesellschaftliches Gebilde".

[13] Ebd., S. 50.

[14] Jellinek, S. 11.

[15] So etwa Kelsen, Staatslehre, S. 19 ff.; dazu Göckel: H. Kelsens rechtstheoretische Methode, 1930, S. 26 ff., 106 ff.

[16] Badura, S. 108.

[17] So aus soziologischer Sicht, M. Draht, Zur Soziallehre und Rechtslehre vom Staat, ihren Gebieten und Methoden, in: Rechtsprobleme in Staat und

Jellineks Versuch der Herstellung eines Zusammenhangs von soziologischer und staatsrechtlicher Betrachtung ist ambivalent, da — worauf etwa Schluchter zu Recht hinweist — der „Integrationsmodus", d. h. das Beziehungsverhältnis von Rechtsbegriff und soziologischem Begriff unklar und ungeklärt bleibt[18].

1.2. Begriff und Gegenstand

Unter dem Credo der „Einheit des Erkenntnisstandpunktes" hat Kelsen die Jellineksche Rechts- und Soziallehre des Staates als unwissenschaftlichen „Methodensynkretismus" kritisiert und damit die Unmöglichkeit einer Staatssoziologie überhaupt nachzuweisen versucht[19]. Dieser Auffassung ist Thoma nachdrücklich entgegengetreten. Seiner Ansicht nach läßt sich eine Staatslehre als Staatssoziologie auf dem von Max Weber „erleuchteten Weg" entwickeln, die eben jenem an Jellinek zu Recht kritisierten Methodendualismus nicht verfällt. Die auch von Thoma angenommene formallogische Differenz von Sein und Sollen hindert ihn daher nicht am Entwurf eines „Staatsrechts, nicht gefaßt als Gegenstand exegetischer Jurisprudenz, sondern als Rechtssoziologie", für welche das Recht „‚als Inhalt sozialpsychologischer Akte, als eine gesellschaftliche Macht, in seiner politischen Zweckmäßigkeit und Wirksamkeit' (S. Mark)" in den Blick kommt[20].

Thomas Konzeption geht ähnlich der Jellineks davon aus, daß der Staat — als gleichsam empirisch aufgegriffenes Phänomen — der Seins- wie der Sollenssphäre zugehört. Eingedenk der Konvergenz von Gegenstand und Methode begründet auch bei Thoma die Zugehörigkeit des Staats zu den Bereichen von Sein und Sollen eine dualistische Betrachtungsweise: einmal ist er als Normenkomplex, zum anderen als Herrschaftsorganisation Gegenstand wissenschaftlicher Untersuchungen[21].

Im Unterschied zu Jellinek folgert Thoma indes aus der Mehrseitigkeit der Staatsbetrachtung nicht die Mehrseitigkeit des Staates selber im Sinne einer Doppelnatur, sondern reklamiert gerade seine Einheit, allerdings in erster Linie seine definitorische. Denn eine einheitliche Definition des Staates darf nach Thoma nicht mit der Einheit des Staates

---

Kirche, Festgabe für Rudolf Smend, Göttingen 1952, S. 41 - 59 (S. 43). Baumgarten bezeichnet Jellinek wegen dieser Zwei-Seiten-Theorie als Nichtkantianer, vgl. Badura, S. 206.

18 Schluchter, S. 20 f.

19 Kelsen, Der soziologische und juristische Staatsbegriff (1928), Neudruck Aalen 1962 (zit. Staatsbegriff), S. 106; dazu Schluchter, S. 51 m. w. Nachweisen. Allgemein zum Verhältnis Rechtswissenschaft und Sozialwissenschaft vgl. Rottleuthner, Rechtswissenschaft als Sozialwissenschaft, 1973, S. 250.

20 HWBStW, S. 720, Sp. 2.

21 Dies hat nach Badura, S. 99, zu einem Staatsbegriff in engerem Sinne und in weiterem Sinne geführt.

selber verwechselt werden: der Begriff ist mit dem unter ihm gefaßten Gegenstand nicht identisch.

Einheitliche Definition des Staates ist Postulat wissenschaftlicher *Begriffsbildung,* nicht Folge eines einheitlichen Staatsbegriffes ‚an sich'.

Allerdings, meint Thoma, scheine sich die Wissenschaft selber jenem Postulat nicht zu beugen und von einem juristischen und politisch-soziologischen Staatsbegriff auszugehen.

Insbesondere bestehe bei Juristen die Neigung, „nicht sowohl das reale Bezugssystem, als vielmehr lediglich eine juristische Abstraktion der Rechtssätze Staat zu nennen, denen gemäß ... Gebiet und Volk abgegrenzt und Herrschaftsorganisationen aufgebaut und tätig sein sollten"[22].

Neben diesem juristischen, „auf das gesamte sein sollende Gemeinwesen abzielenden und es personifizierenden Staatsbegriff" sei auch der politisch-soziologische Staatsbegriff weit verbreitet, der den Staat als Herrschaftsapparat erfasse.

So meinten etwa die Historiker, wenn sie von Staat sprechen, „nicht juristische Abstrakta, sondern konkrete Machtorganisationen, die sich die verschiedenen Dynastien oder Oligarchien aufgebaut haben"[23].

Sie erschauen „den Staat als das reale Machtgebilde, das sich bald mehr, bald weniger Land und Volk zu unterwerfen vermag und eines Tages dahinsinkt"[24]. Ähnlich wolle „die von Marx und Engels aufgestellte Staatslehre als Staat nur die Machtorganisation einer herrschenden und ausbeutenden Klasse gelten lassen"[25].

Die offensichtliche Vielfalt und Vieldeutigkeit der einzelwissenschaftlichen Staatsverständnisse motivieren nun aber Thoma nicht zu der Frage, was denn der Staat an und für sich sei und wie er eine seinem Wesen angemessene begriffliche Bestimmung treffen könne, sondern lassen ihn die Forderung nach einer *einheitlichen Definition* und eines *Sprachkonsenses* aufstellen.

Von Thomas wissenschaftstheoretischer Basis aus haben nämlich die divergenten Auffassungen vom Staat, sei's die juristische, welche den Staat ausschließlich als Rechtsordnung begreift, sei's die politisch-soziologische, die ihn primär als Herrschaftsapparat bestimmt, jede für sich recht, denn „sie arbeiten mit verschiedenen Staatsbegriffen"[26].

Allerdings — fügt Thoma sogleich hinzu — darf dies nicht zu dem theoretischen Mißverständnis führen, es sei tatsächlich ein doppelter

---

22 HWBStW, S. 727, Sp. 1.

23 Thoma, Der Begriff der modernen Demokratie in seinem Verhältnis zum Staatsbegriff, in: Erinnerungsgabe für Max Weber, Bd. 2, 1923, S. 371 (zit. Der Begriff), S. 50.

24 Thoma, Der Begriff, S. 50, 51.

25 HWStW, S. 726, Sp. 1.

26 Der Begriff, S. 51.

Staatsbegriff anzuerkennen. Denn dieser doppelte Staatsbegriff entlarve sich bei genauer Betrachtung als ein bloß doppelter Sprachgebrauch:

„... Ist im Bisherigen nur vorläufig und ungenau von zwei Staatsbegriffen die Rede gewesen ... (so) muß jetzt umso schärfer betont werden, daß es sich in Wahrheit hierbei um zwei verschiedene Bedeutungen desselben Worts handelt."

Es ist daher ein wissenschaftliches Postulat, eine sprachliche Konsensbasis herzustellen:

„Zu postulieren ist aber, daß in der *Wissenschaft* immer nur ein und dasselbe *Objekt* unter dem Namen ‚Staat' belegt werde, mag man sich dann auch von der Unterordnung dieses Objekts unter ein höheres Genus und überhaupt von seinem Wesen verschiedene Begriffe machen."

Erst wenn man sich auf diese Weise über das Objekt geeinigt habe, könne man weiter untersuchen, ob es notwendig sei, einen „besonderen juristischen, soziologischen, historischen Staatsbegriff zu bilden"[27].

Dieser Argumentationszusammenhang macht deutlich, daß für Thoma Begriffsbildung hier nicht primär ein inhaltliches Problem darstellt, das von der wissenschaftstheoretischen Basis Thomas aus auch mangels annehmbarer Richtigkeitskriterien nicht zureichend gelöst werden könnte, sondern ein terminologisches Problem wissenschaftlicher Verständigung. Wissenschaftliche, mithin auch sprachliche Konsensbasis fordert einen einheitlichen Begriff des Staates, von dem je nach den spezifischen Forschungsinteressen verschiedene Bedeutungsgehalte ausdifferenziert werden können. Nur insofern verwenden denn etwa Jurisprudenz und Soziologie unterschiedliche ‚Staatsbegriffe', was nichts anderes bedeutet als die begriffliche Fassung des Objektes Staat für bestimmte Erkenntniszwecke und Wissensziele[28].

Aus dieser Erkenntnis, das wissenschaftsspezifisches Erkenntnisinteresse und Staatsbegriff, genauer seine Gebrauchsbedeutung, unmittelbar zusammenhängen, folgert Thoma auch die Notwendigkeit, im Interesse wissenschaftlicher Verständigung die Begriffsdefinition am umgangssprachlichen Verständnis des Staates, „dem gemeinen Sprachgebrauch"[29], zu orientieren. Eine wissenschaftsuniverselle Gültigkeit eines Staatsbegriffs erfordert daher — vom neukantianischen Wissenschaftsverständnis her konsequent — gerade einen vorwissenschaftlichen Begriff des Staates, das meint einen, der gegenüber den erkenntnisspezifischen Interessen der Einzelwissenschaften neutral ist. Erst auf dieser Konsensbasis erfolgt dann die wissenschaftsspezifische Annäherung an den Gegenstand.

---

[27] Der Begriff, S. 52.
[28] HWBStW, S. 727.
[29] Der Begriff, S. 52.

1.2.1. Der ‚realistische' Staatsbegriff

Die gewissermaßen erste Stufe der Begriffsbildung hat sich nach Auffassung Thomas an der Realität des Staates zu orientieren, denn „das Realgebilde ist es, das man in Wissenschaft und Leben als Staat bezeichnet"[30]. Daher solle, führt Thoma aus, der Staat als „der durch eine Herrschaftsorganisation bewirkte Verband eines seßhaften Volkes" beschrieben werden. Dies sei „eine Terminologie, welche der gesamten Herrschafts- und Rechtssphäre des Staates die übrigen Phänomene des sozialen Lebens als Erscheinungen der *Gesellschaft* entgegenstellt"[31]. Damit hat man einen vorwissenschaftlichen oder besser allen Wissenschaften vom Staate gemeinsamen Staatsbegriff gewonnen: „Er bildet die Klammer für alle die verschiedenen Betrachtungsweisen und Untersuchungen, die das Ganze der Allgemeinen Staatslehre ausmachen oder ausmachen könnten"[32].

1.2.2. Kritik an Kelsens Identifizierung von Staats- und Rechtsordnung

Ein solcher mit soziologischen Kategorien zu beschreibender „realistischer Staatsbegriff"[33] entspricht aber nicht nur dem Thoma zufolge notwendigen wissenschaftlichen common sense, sondern ist auch dem Gegenstand selber angemessen.

Denn eine Beschreibung etwa nur des rechtlichen Aspekts des Staates, die im Rahmen des juristischen Erkenntnisinteresses durchaus legitim sein mag, erfaßt nach Thoma jedenfalls die Wirklichkeit des Staates, das „Realgebilde", das sich mitnichten in seiner Rechtsform erschöpft, nicht ausreichend.

Aus diesem Grunde bezweifelt Thoma, gegen Kelsen gewandt, den Erkentniswert eines Staatsbegriffes, der sich begnügt mit dem „Normennetz, welches das Sinngebilde Rechtsordnung über die politische Wirklichkeit legt"[34]. Mag auch in Anbetracht des Erkenntniszieles für die juristische Betrachtung der Staat primär ein Inbegriff von Normen sein, kann dies doch nicht dazu berechtigen, „das in der Sollenssphäre schwebende Sinngebilde Staat zu nennen und diesen Namen dem in der Seinssphäre vorhandenen ... vorzuenthalten"[35].

Aus diesem Grunde bezieht Thoma eine Kontroversposition zu Kelsen und dessen Identifizierung von Staat und Rechtsordnung. Hierbei wirft er ihm nicht vor, daß er den Staat rechtlich faßt, sondern daß er

[30] HWBStW, S. 755, Sp. 2.
[31] Ebd., S. 727, Sp. 2; Der Begriff, S. 52.
[32] HWBStW, S. 727, Sp. 1.
[33] Vgl. ebd. Einleitung, S. 724, Sp. 2.
[34] HWBStW, S. 747, Sp. 1.
[35] Ebd., S. 755, Sp. 1.

ihn ausschließlich als Rechtsbegriff qualifiziert und seine soziale Realität begrifflich leugnet[36].

Auch Kelsen verkennt allerdings nicht, daß der Staat auch ein soziales Gebilde darstellt und von einer sozialen Gemeinschaft getragen wird[37]. Als Gegenstand normativer Betrachtung — gewissermaßen juristisch gefiltert — stehe die soziale Gemeinschaft jedoch in nichts anderem als in der Normenordnung, durch die sie konstituiert werde, denn diese allein wirke konsensbildend und -erhaltend[38].

Der Staat müsse daher mit der positiven Rechtsordnung identisch sein, weil neben dieser die Geltung einer anderen Ordnung ausgeschlossen sein müsse[39]. Diese Identität von Staat und Rechtsordnung impliziert die Identifizierung von staatlicher „Organisation" und staatlicher „Rechtsordnung"[40].

Thoma bestreitet Kelsen nicht das Recht, im Rahmen seines Entwurfes einer „Reinen Rechtslehre ausschließlich in der Sollensphäre des Rechts zu verharren unter Ignoranz aller metajuristischen Phänomenen und Problemen des politischen Lebens", aber er stellt Kelsens Vertrauen darauf in Frage, die gesamte staatliche Wirklichkeit ließe sich unter die juristische Begrifflichkeit subsumieren[41].

Aus diesem Verständnishorizont resultiert nach Thoma auch Kelsens These, die Einheit des Staates — eine Grundvoraussetzung jedes Staatsbegriffes — lasse sich nur normativ, nicht aber im Bereich psychologischer und soziologischer Fakten gewinnen und beruhe mithin ausschließlich in der Rechtsordnung[42]. Dies, meint Thoma, erkläre auch die Antwort Kelsens auf die Frage, wodurch denn die Verbundenheit des Volkes bewirkt werde: „Allein durch die Rechtsordnung"[43].

Denn gerade jene Verbundenheit, welche durch die „individual-psychisch motivierten, von der Soziologie beobachteten Verhaltensweisen der Menschen eines Volkes" geschaffen werde, lasse Kelsen nicht als Staat gelten[44].

Es sei nun allerdings richtig, fährt Thoma fort, daß jede „reale Staatsherrschaft" der Legitimierung, d. h. rechtlichen Anerkennung be-

36 Vgl. Kelsen, Staatsbegriff, S. 89, 92; Staatslehre, S. 17 ff., 73 ff.

37 Kelsen, Reine Rechtslehre, S. 290, 289.

38 Ebd., S. 90.

39 Staatslehre, S. 17.

40 Staatsbegriff, S. 33, 63, 143 ff.

41 HWBStW, S. 754, Sp. 1; Thoma meint pragmatisch: schließlich könne Kelsen bei der privatwirtschaftlichen Staatsbetätigung kaum davon sprechen, ‚die Rechtsordnung habe Bergwerksaktien gekauft oder Darlehen aufgenommen'. Ebd. Zur Kritik in diesem Zusammenhang vgl. die Nachweise bei Badura, S. 143 und S. 145.

42 Vgl. Kelsen, Staatslehre, S. 121, Staatsbegriff, S. 44.

43 HWBStW, S. 754, Sp. 1.

44 Ebd., S. 754, Sp. 2, 755, Sp. 1.

dürfe[45] und „Rechtsnormen und ihre Respektierung wichtigste Integrationsfaktoren des Staatsverbandes“ darstellten, doch dürfe aus diesem Befund nicht auf die Exklusivität der Rechtsordnung geschlossen werden, die ihrerseits auf soziale Geltung angewiesen sei. Allein aus dem normativen Einheitsbezug resultiert nach Auffassung Thomas indes noch keine faktische, reale Verbundenheit. Hier komme es realpolitisch darauf an, „daß innerhalb des beherrschten Volkes die Zahl der Herrschaftsbejahenden anwachsen gegenüber der Zahl der lediglich Herrschaftsduldenden“.

Habe der Staat seine Legitimationsgrundlage in früheren Epochen vornehmlich in religiösen, dynastischen oder sonstigen traditionellen Bidungen gefunden, bewirke gegenwärtig die individual-psychische Integration — zumindest in Europa — vor allem Nationalgefühl und Wirtschaftsinteresse[46].

Unter soziologischem Aspekt ist daher der Staat, dieses „Realgebilde“, nur „durch das Recht geformt, aber nicht erzeugt. Es hilft der Rechtsordnung zur Geltung, aber ist sie nicht selbst.“ Gerade der Herrschaftscharakter des Staates, der dem Recht zur Durchsetzung verhelfe, wie es negieren könne, dementiere jene Identifikation von Staat und Rechtsordnung[47].

Thoma steht wie Kelsen auf dem Boden des Neukantianismus und weiß daher, daß aus der Arbeitsteiligkeit der Wissenschaft durchaus alternative Wirklichkeitsbestimmungen resultieren können. Aus diesem Grunde wird von Thoma auch die normenlogische Methode Kelsens als „sektorale Betrachtungsweise“ (Badura) des Staates angesehen und als solche anerkannt[48]. Seinem Verdikt verfällt lediglich die Ausschließlichkeit, mit welcher Kelsen den Staat als Rechtsbegriff faßt und ihn zur bloßen Normordnung reduziert. Denn die Empirie, die sinnlich-erfahrbare Herrschaftsmacht des Staates macht deutlich, daß er sich in Wirklichkeit nicht in normlogischen Strukturen erschöpft.

Eine Staatsauffassung aber, die desungeachtet die Realität des Staates und seine Herrschaftsorganisation, die ihm nicht bloßes Akzidenz ist, a priori aus der Begriffsbildung als unwesentlich, weil unjuristisch, ausspart, ist nicht realitätsangemessen und gefährdet damit den wissenschaftlichen Konsens.

Um jenes Realitätsdefizit zu vermeiden, will Thoma auch die außerrechtlichen und mithin normativ nicht erfaßbaren Momente staatlicher Wirklichkeit in den Begriffshorizont einbringen[49].

---

[45] Ebd., sowie S. 746; dazu Max Weber, Wirtschaft und Gesellschaft, S. 122 ff.; vgl. auch die polaren Begriffe der Legitimität und Legalität bei C. Schmitt, wobei ‚Legalität‘ die bloße Gesetzesunterworfenheit meint.

[46] HWBStW, S. 725, Sp. 2.

[47] Ebd., S. 755, Sp. 1.

[48] Demgegenüber werden sie z. B. von Draht, S. 44, vollständig eliminiert.

Fallen somit notwendig Aspekte der Normativität wie der Faktizität in dem Staatsbegriff zusammen, scheint der Staat wie bei Jellinek dualistisch begriffen, denn auch nach Thoma ist die juristische Betrachtung des Staates durch die soziologische zu ergänzen. Umsomehr verwundert, wenn Thoma gerade in Übereinstimmung mit Kelsen Jellineks dualistische Staatskonzeption ablehnt. Allerdings manifestiert sich in der Gemeinsamkeit der Ablehnung die methodische Differenz des Begründungszusammenhangs.

Kelsen hat Jellineks Zwei-Seiten-Theorie der „erkenntnistheoretischen Naivität"[50] geziehen und deren Methodendualismus als Vermischung der beiden streng zu trennenden Bereiche des Seins und Sollens scharf verurteilt. Nach Kelsen hat ja wissenschaftliche Erkenntnis sich stets dem Prinzip des Methodenmonismus unterzuordnen, da „die Identität des Erkenntnisgegenstandes nur durch die Identität des Erkenntnisprozesses" gewährleistet ist[51]. Demgemäß ist Kelsens ausschließlich rechtliche Formulierung des Staatsbegriffes letztlich wissenschaftstheoretisch motiviert und dient der Reinhaltung der normativen Disziplin[52]. So verlegt Kelsen den Staatsbegriff in die Methodologie[53].

Im Unterschied dazu stellt sich Thoma die methodologische Frage nicht bereits beim Erkenntnisgegenstand, sondern erst auf der — gewissermaßen zweiten — Stufe des wissenschaftlichen bzw. subjektiven Erkenntnisinteresses. Der Erkenntnisgegenstand Staat gehört der Seins- wie der Sollensphäre an. Ob er unter juristisch-normativer oder soziologisch-analytischer Perspektive betrachtet wird, ist nicht primär eine Frage der Gegenstandsbestimmung, sondern des subjektiven Erkenntnisinteresses und der Problemwahl.

Zusammenfassend heißt dies: Das Postulat des wissenschaftlichen Konsensbegriffes, d. h. der „Staatsbegriff im Sinne einer (einheitlichen) Definition des Objektes der Betrachtung"[54], mündet in den „realistischen" Staatsbegriff. In diesem Verständnisrahmen wird, wie Thoma an anderer Stelle auch formuliert, der Name Staat zur „Bezeichnung eines durch Abstraktion von Realitäten der Seinssphäre (nicht aus Normen der Sollensphäre des Rechts) gewonnenen Kollektivbegriffes" verwendet[55].

Bezeichnet also der von Thoma realistisch genannte Staatsbegriff allererst das Objekt der Betrachtung, sind unterhalb dieses gemeinsa-

---

[49] Diese Intention fällt mit der der antipositivistischen Staatslehre und deren Kritik am Positivismus zusammen. Vgl. etwa die Darstellung bei Badura, S. 105 und Rosenbaum, S. 99 f.

[50] Kelsen, Staatsbegriff, S. 106.

[51] Ders., Staatslehre, S. 7.

[52] Haefelin, S. 190 prägnant: Reinheit durch Methodeneinheit.

[53] Ebd., S. 191, Fußnote 201.

[54] HWBStW, S. 754, Sp. 2.

[55] Ebd., S. 727, Sp. 1.

men Wortbegriffes dann die verschiedenen an den jeweiligen Erkenntniszielen orientierten Deutungsbegriffe des Staates zu entwickeln[56].

1.3. Die soziologische Staatsauffassung

Die soziologische Staatsbetrachtung Thomas ist am kausalanalytischen Verfahren der Staatssoziologie Max Webers ausgerichtet. Max Weber begreift den Staat als einen bestimmt gearteten Ablauf tatsächlicher, idealtypisch erfaßbarer sozialer Handlungen. Dieses Staatsverständnis basiert auf Webers soziologischem Realitätsbegriff, für den ausschließlich das individuelle, soziale Beziehungen herstellende Handeln wirklich ist. Demzufolge sieht er es als Aufgabe der ‚verstehenden Soziologie' an, soziales — und das heißt bei ihm — sinnorientiertes Handeln einzelner einer „sinnvollen Deutung" zugänglich zu machen[57].

Sein Verfahren läßt sich dabei kennzeichnen als Rekurs auf das Einzelindividuum und den von ihm hergestellten Handlungszusammenhang. Alles gesellschaftliche Geschehen wird auf das subjektive Verhalten der an ihm beteiligten Individuen zurückgeführt als der letzten Realität und „untersten Einheit". Denn „Begriffe wie ‚Staat', ‚Genossenschaft', ‚Feudalismus' und ähnliches bezeichnen für die Soziologie, allgemein gesagt, Kategorien für bestimmte Arten menschlichen Zusammenhandelns und es ist also ihre Aufgabe, sie auf ‚verständliches' Handeln und d. h. ausnahmslos: auf Handeln der beteiligten Einzelmenschen zu reduzieren"[58].

Daher stellen soziale Gebilde, wie insbesondere auch der Staat „lediglich Abläufe und Zusammenhänge spezifischen Handelns einzelner Menschen (dar), da diese allein für uns verständliche Träger sinnhaft orientierten Handelns sind"[59].

In Anlehnung an diese — hier nur kurz angedeutete — ‚individualistische' Staatskonzeption versteht Thoma konsequent unter dem soziologischen Staatsbegriff nicht die begriffliche Fassung des sozialen Substrats des Staates; denn der Staat als soziale Tatsache im Sinne eines realen Trägers der Rechtsordnung ist und kann in diesem Verständnisrahmen nicht Gegenstand soziologischer Erkenntnis sein. Insoweit bezeichnet die soziologische Seite des Staates nicht dessen empirisches, reales Substrat. So gesehen, gibt es für Thoma in der Tat keinen Staat im juristischen und soziologischen Sinne.

Von diesem Ausgangspunkt her folgt zwingend Thomas Forderung, jene Theorie aufzugeben, daß der Staat „einerseits ein rechtliches, an-

---

[56] Der Begriff, S. 54 ff.

[57] M. Weber, WL, S. 12, Anm. 1, vgl. S. 67.

[58] WL, S. 439.

[59] Wirtschaft und Gesellschaft, S. 10.

dererseits ein soziales Gebilde sei, wobei unter letzterem Begriff ein Gebilde der sozialen Wirklichkeit verstanden werde". Der Staat, konstatiert Thoma, sei gerade kein soziales Gebilde im Sinne einer wirklichen psychologischen Beziehung aller oder der Menschen, die nach dem Staatsrecht zum Staate gehören, und der Soziologe, der den Staat unter seiner Sicht betrachte, stelle daher auch zuallererst fest:

„Ich sehe ihn (den Staat) in *meiner* Welt der sozialen Realitäten nicht und kann ihn mit *meinen* Begriffen nicht als Einheit konzipieren." Was er nämlich sehe, sei „die *Vorstellung* von der unwiderstehlichen Herrschaftsgewalt des in den Anordnungen gewisser als seine Organe geltender Menschen hervortretenden ‚Staates' und die *Vorstellung* davon, daß es ... geraten sei, die Normen des Rechtes zu beachten ..., ich sehe einzelne Menschen, deren Ansichten und Wille den ... Herrschaftsapparat maßgebend bestimmen".
„Aber der Staat als Ganzes gehört nicht dahin. Er faßt soziale Gebilde, die nicht mit ihm identisch sind, teils sie zerschneidend, teils sie übergreifend, zu einer nur normativen Einheit zusammen" und ist insofern „nur ein Gedankengebilde"[60].

Diese Kennzeichnung des Staates als ein ideelles Konstrukt erfolgt in Anlehnung an M. Weber und impliziert die Realität der Vorstellung, nicht die ihres Gegenstandes. Beim ‚Staat' handelt es sich mithin um ein Gebilde, das bloß im ‚Geiste', d. h. als Vorstellung existiert, da in der Empirie nur Phänomene, Erscheinungsformen des Staates wahrnehmbar sind, nicht aber dieser selbst. Gerade dem empirisch-analytischen Vorgehen entzieht sich mithin der Staat als Ganzheit.

Sowenig der Staat als Sozialgebilde und mithin selbständige Größe empirisch existent ist, stellt sich für Thoma das ‚Volk' — als eines der traditionell konstitutiven Elemente des Staates — im „anthropologischen oder kulturellen Sinn" als „reales Substrat" und Element des Staates dar. Denn nicht die bloße Existenz, erst „die Beziehung zur Staatsorganisation selbst (ist es), welche eine menschliche Gruppe zum Volk in hier zu verwendendem Sinne stempelt"[61].

Der organisatorische Bezug schließt so die Vielheit der Volksgenossen zum einheitlichen Staatsvolk zusammen und beruht selber auf dem den Verband bewirkende sinnbezogene Handeln der Individuen[62].

„Wo in der sozialen Realität eine derartige Verknüpfung vorliegt, da reden wir von einem Verband. D. h., auf den Staat angewendet: Wo ein Volk und das von diesem bewohnte, von angebbaren Grenzen umzogene Land unter einer eigenen, planmäßig auf die Dauer angelegten und sich regelmäßig durchsetzenden Herrschaftsorganisation stehen, da ist Staat."

---

60 Der Begriff, S. 55.

61 HWBStW, S. 725, Sp. 2.

62 Ebd., S. 755, Sp. 1; Dazu auch H. J. Wolff, Organschaft und juristische Person I, Neuauflage 1968, S. 322 m. w. Nachweisen, (zit. Wolff I).

In diesem Sinne formuliert Thoma: „Verband und Staat sind also Namen für *Kollektivbegriffe,* wie ja auch schon Volk Name für einen durch das Denken gebildeter Kollektivbegriff ist." Dies bedeutet, daß sich „das menschliche Denken lediglich ein Hilfsmittel geschaffen (hat), um eine durch eine dauernde Zweckverbundenheit verknüpfte Menschengruppe im Wege einer *gedanklichen* Synthese zu einer Einheit zusammenzufassen"[63].

Diese Ausführungen verdeutlichen, daß die Erscheinungsformen staatlicher Wirklichkeit für Thoma in einer Konstruktion des Geistes, der sie untereinander verbindet, zur gedanklichen Synthese zusammengefaßt werden. ‚Staat' in dieser Auffassung ist ein Begriff der Abstraktion und notwendig Resultat eines „synthetischen Denkens"[64]. Dergestalt umschreibt Thomas soziologischer Staatsbegriff kein soziales Objekt, sondern eine bloße Denkkategorie. Insoweit ist der soziologische Staatsbegriff zwar Ausdruck einer „realistischen Erkenntnisweise", selbst aber kein empirischer Begriff.

Diese Auffassung vom Staat als einer bloß gedanklichen Synthese zeigt trotz der verschiedengearteten Ansätze eine bemerkenswerte Affinität zur Staatstheorie Kelsens.

Ähnlich wie dieser den Begriff des Staates auf eine ideelle Rechtssphäre beschränkt sehen möchte, verlagert auch Thoma im Anschluß an Weber den Staatsbegriff in die Welt des rein Geistigen. Unter diesem Blickpunkt verwundert daher nicht, daß Thoma Kelsens Vorwurf an Jellinek teilt, er habe mit seiner „Hypostasierung einer Denkeinheit zu einem realen willensbegabten, machtvollen Wesen"[65] Begriff und Gegenstand verwechselt[66].

Von diesem Verständnishorizont her wird auch deutlich, daß die von Thoma in Anspruch genommene soziologische Betrachtungsweise durchaus nicht mit dem formulierten Staatsbegriff in Widerspruch steht. Denn für Thoma impliziert gerade die soziologische Betrachtung im Sinne Max Webers die Erkenntnis, daß dem Staat entgegen einer vordergründigen und unkritischen Auffassung keine Realität zukomme. Indem die analytische Verfahrensweise den Begriffskomplex ‚Staat' kritisch auflöst und dessen bloß fiktiven Charakter entlarvt, läßt sie zugleich erkennen, was sich in ihm verbirgt: das individuelle Verhalten und seine Motive als das allein Reale[67].

Diese Erkenntnis, daß der Staat in seiner Ganzheit letztlich fiktiv, real nur das Handeln der Einzelindividuen ist, mündet im Rahmen der

[63] HWBStW, S. 753, Sp. 2.

[64] Der Begriff, S. 55; Badura, S. 102 beschreibt dieses Verfahren als „generalisierende Methode".

[65] Kelsen, Staatsbegriff, S. 127.

[66] Diesen Vorwurf macht Wolff I, S. 311 Kelsen selber.

[67] Der Begriff, S. 53, 54.

soziologischen Betrachtungsweise in die Definition des Staates als „historisch konkreter Status von Herrschaftsmitteln in der Hand individueller Machtfaktoren“[68], während er als staatliches Gemeinwesen in der begrifflichen Welt der juristischen Konstruktion verbleibt.

1.4. Die juristische Staatsauffassung

Obwohl Thoma die Notwendigkeit einer soziologisch angeleiteten Staatstheorie postuliert, bleibt sein juristischer Staatsbegriff ohne erkennbaren Bezug zum soziologischen.

Aus der prinzipiellen Verschiedenheit der juristischen und soziologischen Erkenntnisabsicht folgert Thoma, daß sich die rechtliche Erfassung des Staates ausschließlich in der juristischen Dimension zu bewegen hat. Im Banne der strikten Trennung von Normwissenschaft und Seinswissenschaft übernimmt Thoma auf der juristischen Ebene das Dogma von der juristischen Staatsperson und stellt sich damit in die Traditionslinie der „anorganischen Staatslehre“ (Haefelin). Lehnt Thoma auch jede Anknüpfung des juristischen Staatsbegriffes an den soziologischen ab[69], liegt seiner Ansicht nach doch der Gedanke nicht fern, aus der vorgefundenen Vielfältigkeit der Wechselbeziehungen den Staat auch juristisch als ein Verhältnis und zwar als ein Rechtsverhältnis zu begreifen, denn „das, was man abkürzend Staat nennt, stellt sich in der Sphäre der Normen als eine Vielheit aufeinanderbezogener Rechtsverhältnisse zwischen den verschiedenen Amtsinhabern und den Bürgern und zwischen den Amtsinhabern untereinander dar“[70].

Aus diesem Grunde, bemerkt Thoma, lehne er auch jene Auffassung, die den Staat als Rechtsverhältnis begreife, nicht ab. Allerdings seien deren Vertreter, insbesondere Loening, zu dieser Qualifizierung in erster Linie durch ihre radikale Ablehnung der „Irrlehren von der Wesenhaftigkeit des Staates“ motiviert, was sie auch mit Seydel und Duguit verbinde, die ebenfalls nicht müde würden, zu betonen, „daß es doch keine Staatsperson gibt“.

So verdienstvoll und unverzichtbar dieses Bemühen auch sei, würden sie doch verkennen, fährt Thoma fort, daß auf dem Boden dieser Erkenntnis die juristische Konstruktionsaufgabe erst erwachse, nämlich „die unübersehbare Fülle der Rechtssätze, die sich auf die Herrschaftsordnung beziehen, zur gedanklichen Einheit zu ordnen und zu ergründen, unter welche Rechtsbegriffe sich das Phänomen Staat subsumieren lasse“.

Es sei nämlich ein weit verbreiteter Irrtum zu meinen, „daß es nur *eine* richtige juristische Konstruktion des Staates gäbe“[71]. Demgegen-

---

[68] Ebd., S. 55.

[69] So aber z. B. Nawiasky, Staatslehre, S. 59 ff. Vgl. dazu Haefelin, S. 147 f.

[70] HWBStW, S. 747, Sp. 2; vgl. dazu Wolff I, S. 347.

über weist Thoma darauf hin, daß verschiedene Konstruktionen nicht nur denkbar, sondern zu allen Zeiten, je nach der historischen Entwicklungsphase, vertreten worden seien. So habe es beispielsweise der absoluten Monarchie am ehesten entsprochen, den König zum einheitlichen Rechtssubjekt aller öffentlichen Rechtsverhältnisse zu machen, die spätmittelalterliche Jurisprudenz hingegen habe angesichts des dualistischen Ständestaates jene Konzeption durch die Vertragstheorie mit ihren verschiedenen Ausgestaltungen durch Naturrecht sowie die Philosophie ganz ersetzt.

Aus der hier formulierten Einsicht in die zeitgeschichtliche Bedingtheit der Staatskonzeptionen folgt für Thoma, daß die Frage der ‚Richtigkeit' des juristischen Staatsbegriffes weder eine rechtsinhaltliche noch eine logische, sondern ausschließlich eine der theoretischen Ergiebigkeit und Zweckmäßigkeit ist. In dieser Perspektive erweist sich nach Auffassung Thomas „als weitaus am zweckmäßigsten die Behandlung des Staates als Person, die sogenannte Persönlichkeitstheorie"[72].

Mit der Konstruktion des Staates als juristischer Person läßt sich Thoma zufolge vor allem auch das Spannungsverhältnis von Staatsgewalt und Rechtsordnung, „die *crux* aller Staatstheorie", daß der „Staat gleichzeitig als rechtsgebunden und rechtsbeherrschend" erscheint, zureichend lösen. Denn indem die Herrschaftsgewalt auf die juristische Persönlichkeit des Staates bezogen werde, komme einerseits die Beschränkung staatlicher Herrschaft und deren Einordnung in die Rechtsordnung zum Ausdruck, andererseits deren gleichzeitige rechtsstaatliche Legitimation, denn „faktische Macht wird innerhalb der Rechtsordnung zur Rechtsmacht"[73].

Thoma bezeichnet den Staat aber nicht nur allgemein als eine juristische Person, sondern im speziellen als eine Korporation („Staat als Körperschaft des in ihm zusammengeschlossesen Volkes"). Neben der selbständigen Rechtspersönlichkeit ist damit auch die interne korporative Organisationsform des Staates gemeint, die „Herrschende, Gehorchende und Sachapparat zur Einheit zusammenfaßt"[74].

Hier wird der Bezugszusammenhang zum soziologischen Staatsbegriff doch insofern deutlich, als die Verbandseinheit unter juristischem Aspekt als Körperschaft erscheint, deren leitender Wille durch Mitglieder des Verbandes bestimmt wird. Allerdings, führt Thoma aus, wähle er die körperschaftliche Konzeption nicht nur im Hinblick auf den Verbandscharakter, sondern weil sich prinzipiell jeder Staat als Körperschaft konstruieren lasse, wobei indes der Korporationsbegriff

[71] Ebd.

[72] HWBStW, S. 748, Sp. 2.

[73] Zur Selbstbindungslehre vgl. v. Oertzen, S. 130 und Wolff, I, S. 330.

[74] HWBStW, S. 749.

kritisch stets eine spezifische Art der Willensbildung impliziere. Daher könne eigentlich nur der demokratische Staat als Korporation bezeichnet werden, weshalb auch „royalistisch-konservative Autoren“ andere Konstruktionen bevorzugt hätten[75]. Insofern, meint Thoma, ist der Satz, der „Staat ist juristisch betrachtet eine Körperschaft, erst in der Demokratie eine vollkommene Wahrheit“[76]. Die Anwendung des Korporationsbegriffes auf den Staat weise somit in Richtung einer demokratischen Staatsauffassung. Mit dieser Deutung werde allerdings, fügt Thoma sogleich hinzu, „nicht nur positives Staatsrecht konstruiert, sondern Naturrecht gelehrt, das heißt, eine ethisch-politische und national-politische Auffassung von dem, was sein soll, vertreten“[77].

Der andere konstruktive Vorteil dieser Konzeption liegt nach Thoma auch darin, daß alle Inhaber öffentlicher Befugnisse als Organe der Körperschaft handelten, und zwar vom obersten Regenten bis hinunter zum einzelnen Bürger der Demokratie: „Gesetze, Urteile, Verwaltungsakte erscheinen als Funktionen des Staats und als Ausflüsse eines konstruktiv erdachten ‚Willens‘ der Staatsperson“[78].

So gesehen, begreift Thoma die Staatsperson lediglich als Einheitsausdruck für die Zuständigkeitsnormen als konstruierter Beziehungspunkt der staatlichen Willensakte bzw. Staatsorganakte[79]. Entsprechend faßt er auf der normativen Bezugsebene den Staat ausschließlich als „normativen Willen“ und vermag auf diese Weise auch den Begriff der Staatsgewalt in der Staatssouveränität als einen „reinen Rechtsbegriff“ aufzulösen.

Gleichermaßen werden, da die Staatsgewalt allein der Staatspersönlichkeit zusteht, die traditionell antagonistischen Gegensatzpaare von Fürsten- und Volkssouveränität in der Staatssouveränität aufgehoben, „neben der es nicht noch einmal eines besonderen ‚Trägers der Staatsgewalt‘ bedarf“[80].

Die dargelegten Gedankengänge sollten aufweisen, aus welchen Gründen Thoma die Konstruktion des Staates als juristischer Person und Körperschaft „für die Erkenntniszwecke der Jurisprudenz“ am „ersprießlichsten“ hält[81]. In diesem Bezugsrahmen scheint allerdings die Rechtssphäre des Staates gegenüber dem staatlichen Erlebensprozeß hermetisch abgeriegelt. Denn die Inhalte des sozialen Lebens werden in den *Rechts*begriff des Staates nicht aufgenommen. Insoweit ist hier

---

[75] Ebd., S. 249, Sp. 1.

[76] Der Begriff, S. 48.

[77] Ebd., S. 49.

[78] HWBStW, S. 749, Sp. 1.

[79] HWBStW, S. 751, Sp. 2; vgl. dazu Wolff, I, S. 442.

[80] Ebd., S. 749, Sp. 1.

[81] Der Begriff, S. 54.

Thomas methodisches Vorgehen mit dem Ansatz der Staatstheorie Kelsens vergleichbar. Stellt für Kelsen das Staatssubjekt den ideellen Zurechnungspunkt[82] und der Staatsbegriff letztlich ein bloßes Zurechnungsproblem[83] dar, reduziert Thoma den juristischen Staatsbegriff gleichfalls auf eine bloß konstruktive Formel. Der instrumentale Charakter der Begriffsbildung ist insoweit beiden gemeinsam.

1.4.1. Kritik der organischen Staatslehre

Die Staatsauffassung Thomas, die im Traditionszusammenhang der anorganischen Staatslehre steht, impliziert voraussetzungsgemäß eine Absage an alle Versuche, die Staatsperson substantiell zu deuten.

Entsprechend wendet sich Thoma ausdrücklich gegen die sogenannte organische Staatslehre mit ihrem Dogma vom Staat als lebendigem Organismus. Diese auf dem Boden der Romantik gewachsene Staatsanschauung begreife nämlich, wie Thoma ausführt, den juristischen Staatsbegriff nicht bloß als rechtstechnische Konstruktion, die ihren Wert allein in und innerhalb der Jurisprudenz habe, sondern setze vielmehr die juristische Personifizierung real.

Allerdings, meint Thoma einschränkend, werde diese Methode der realen Analogie nur von der „Organologie im engeren Sinne" angewandt. Der Vergleich der staatlichen Gemeinschaft und dem menschlichen Körper mit seinen verschiedenen Teilen und Organen stehe nämlich in der großen Traditionslinie abendländischer Staatsphilosophie. Bereits Plato habe die Parallele von Staat und Mensch gezogen und das Bild vom Staat als einem Menschen im Großen geprägt. Später habe man in Anlehnung ans Biologische die Analogie zwischen Staatskörper und menschlichem Körper weiter verfolgt und beispielsweise vom Staat als dem Körper gesprochen, den sich die Nationalseele geschaffen habe.

Alle diese Anschauungen seien bestrebt gewesen, die Art und Wirkungsweise des konkreten Staates und der Nation zu verdeutlichen, aber stets in dem Bewußtsein, bei dem Verständnis des Staates als eines Organismus handle es sich um einen „heuristischen oder poetischen Vergleich".

Neben diesem organologischen Staatsbegriff im Sinne einer bloßen Analogie habe die Staatslehre auch noch eine Organismuskonzeption als versittlichendes Prinzip gebildet. Mit der Vorstellung des Staates als organischer Einheit habe man das Beziehungsgeflecht von Staat und Bürger nicht mehr als bloßen Zweckverband, sondern als sittliche Mittel-Zweck-Einheit zu denken versucht. Wie jeder Bürger ein dienendes

---

[82] Reine Rechtslehre, S. 120 f.

[83] Ebd., S. 119; zu Kelsen etwa Badura, S. 149.

Glied des Ganzen sei, habe das „Ganze keinen anderen Zweck als den, jedem einzelnen seiner Glieder Entfaltung in Leben und Freiheit und Anteil an den Gütern der Kultur zu verbürgen". Damit sei ein Verständnis formuliert, das „... in überzeugender Weise Individualismus und Transpersonalismus in höherer Synthese vereinigt und einer ... metaphysischen Fundamentierung seines Wertes zugänglich" sei.

Während Thoma diese Spielart organologischer Vorstellungen im Sinne eines regulativen politisch-ethischen Prinzips gelten läßt, verurteilt er die organische Staatslehre, die im Unterschied zu den früheren Organismusvorstellungen den Staat als reale lebendige Wesenheit begreift, als „organologische Gespensterlehre".

Bei der ernst gemeinten Behauptung, menschliche Verbände seien Lebewesen höherer, geistig-sittlicher Ordnung, handle es sich um einen Sprung vom Begreifbaren und Beweisbaren in eine mystische Metaphysik, deren Glaubenssätze irrational, also auch nicht widerlegbar seien[84]. Entsprechend ziele die organische Staatslehre mit ihrem „Begriffsrealismus" weniger auf Erkenntnis denn auf politisch-ethische Wirkung[85].

Daher müssen nach Thoma „soziologische, historische und politische Betrachtung ... den ‚Schleier der Staatspersonifikation' (Kelsen) zerreißen, wenn sie die Wirklichkeit verkennen wollen"[86].

1.4.2. Das ‚Wesen' des Staates

Die organische Staatslehre geht von der Substantialität der Staatspersönlichkeit aus und stellt damit die Frage nach dem Wesen und dem Zweck des Staates in den Vordergrund.

Demgegenüber liegt nach Thomas Theorieansatz die Feststellung einer immanenten Sinnfunktion des Staates außerhalb des rechtswissenschaftlichen Erkenntnisbereiches.

Einmal kann der Staat, da er als Verband kein ‚Wesen' besitzt, sondern lediglich ein Beziehungsgefüge darstellt, nicht substantiell gedacht werden.

Zum anderen setzt eine substantielle Deutung die inhaltliche Bestimmung des Staates nach Ziel und Zweck voraus. Nach Thoma gibt es indes keinen Zweck, für den der Staat sich letztlich nicht verwenden ließe. Aus der Vielzahl der möglichen Zwecksetzungen lassen sich aber

---

84 HWBStW, S. 752.

85 Vgl. z. B. Gierke, der am Schluß seiner Rektoratsrede aus dem Gedanken der realen Verbandspersönlichkeit unmittelbar die Pflicht zur Vaterlandsliebe ableitet. Das Wesen der menschlichen Verbände, Rektoratsrede an der Universität Berlin am 15. 10. 1902, Nachdruck 1954, S. 35 f.

86 HWBStW, S. 745, Sp. 2.

keine wissenschaftlich verbindliche Folgerungen für eine wie auch immer begriffene Wesensbestimmung des Staates ziehen.

Daher kann auch die Frage, was denn der Staat „eigentlich", ‚an und für sich' sei, auf der wissenschaftlichen Ebene nicht beantwortet werden[87], vielmehr läßt sich Thoma zufolge nur deskriptiv auf der Seinsebene als empirischer Befund angeben, daß es „zum begriffswesentlichen Inhalt staatlichen Daseins" gehöre, „daß wirksam befohlen und erzwungen werde".

„Insofern" gelte der Satz: „Staat ist Macht"[88].

Die Frage indes,

> „in den Dienst welcher durch Macht zu erreichenden Zwecke die Betätigung der Staatsorgane zu stellen sei, beantwortet der Jurist dahin, daß dies zu entscheiden den geordneten Organen der Staatskörperschaft anheimgegeben ist"[89].

Im übrigen sei diese Frage in Staatsphilosophie und Politik zu thematisieren und zu erörtern. Auf dieser Ebene der Sollensideen sei der dort vertretenen *Macht*theorien im Sinne Macchiavells eine *Rechts*theorie entgegenzusetzen und Position für den Rechtsstaat zu beziehen, das heiße formell: Ausbau des Verfassungsstaates zum Rechtsstaat, materiell: das Postulat der Gerechtigkeit[90].

Entsprechend den Prämissen Thomas fallen indes jene Aussagen als Ausdruck letztlich subjektiver Wertstandpunkte aus dem Bereich des wissenschaftlich Diskutablen mit der Folge, daß auch die Staatszielbestimmung aus dem Staatsbegriff selber ausgespart wird. Aus ihm können danach keine Folgerungen für die Staatsgestaltung und die Verwirklichung konkreter Staatszwecke abgeleitet werden. Dies bleibt philosophischer und politischer „Spekulation" überlassen[91].

Diese Grundannahme Thomas impliziert notwendig eine theoretische Trennung von Staat und Gesellschaft. Denn wenn die politisch-gesellschaftliche Sphäre dem Staat die Zwecke setzt, bedeutet dies die theoretische Unterscheidung von Staat als Institution und staatlichen Zwecken als den gesellschaftlich gesetzten.

Gleichzeitig wird damit — verfassungstheoretisch gesehen — der Legitimationsaspekt von der Frage der Staatsgewalt abgetrennt.

Dieses Staatsverständnis zeigt deutlich den Einfluß des Weberschen Kategoriensystems. Eine Staatstheorie, die ihre Axiome von dem Staats- und Gesellschaftsbild Max Webers ableitet, muß notwendig von

---

87 Der Begriff, S. 56.

88 HWBStW, S. 755, Sp. 1 (im Orig. gesperrt); widersprüchlich ist aber der nächste Satz Thomas, daß „Macht zu sein primärer und begriffsnotwendiger Zweck des Staates" ist. So zutreffend Wolff I, S. 424, Fußn. 3.

89 Ebd., S. 755, Sp. 1, 2.

90 HWBStW, S. 756, Sp. 1.

91 Der Begriff, S. 56.

allen materialen und inhaltlichen Momenten des Staates zugunsten einer rein formalen und instrumentalen Begriffsbildung abstrahieren. Um dies zu verdeutlichen, soll daher im folgenden Exkurs der für unseren Untersuchungszusammenhang relevante Ansatz Max Webers als Erklärungsrahmen kurz resümiert werden.

1.5. Exkurs: Der Staatsbegriff Max Webers

Am Staatsbegriff Max Webers kann die Eigenart seiner Begriffsbildung paradigmatisch aufgewiesen werden. Gemäß dem neukantianischen Denkansatz, der von jeder Inhaltlichkeit der Denkform abstrahiert, will Weber mit seinen Definitionen weniger die Gegenstände als solche begrifflich adäquat fassen als vielmehr eine Art definitorische Merkmaleinheit aufstellen, die operationalisierbar ist und klassifikatorischen Zwecken dient.

Im Grunde definiert Max Weber nicht die Gegenstände, sondern die Begriffe, unter die er die Dinge faßt[92]. Er fragt lediglich, welche konstitutiven Bedingungen und Faktoren gegeben sein müssen, um von Herrschaft, politischem Verband, Staat etc. sprechen zu können[93]. Dieser Ansatz verwehrt es von vorneherein, den Staatsbegriff von einer inhaltlichen Zweckbestimmung her zu formulieren. Max Weber begreift den Staat daher formal — funktional als einen bestimmt gearteten Ablauf tatsächlicher, idealtypisch erfaßbarer sozialer Handlungen und somit als ein Typus sinnorientierter Handlungszusammenhänge[94].

Wie sich die Individuen in der Zweck-Mittel-Relation bewegen, wird auch der Staat in die Zweck-Mittel-Relation eingestellt. Von daher konsequent, definiert Weber den Staat nicht nach seinen Zielen und Zwecken, sondern allein nach den für ihn spezifischen Mitteln der physischen Gewaltsamkeit: „*Staat* soll ein politischer Anstaltsbetrieb heißen, wenn und insoweit sein Verwaltungsstab erfolgreich das Monopol legitimen physischen Zwangs für die Durchführung der Ordnungen in Anspruch nimmt[95]."

Im Unterschied zur Tradition deutscher Staatslehre mit ihrer Staatsmythologisierung, insbesondere rechtshegelianischer Provenienz, ist Max Webers soziologischer Staatsbegriff weit entfernt von jeder ideologischen Überhöhung des Staates. Insoweit steht er auch konträr zu allen Ansätzen einer wesenhaften und substantiellen Auffassung des

---

[92] Vgl. etwa Lenk, Politische Wissenschaft, S. 105; so wurde Weber von Heller ein extremer Nominalismus vorgeworfen. Vgl. Staatslehre, S. 62.

[93] Vgl. etwa in Wirtschaft und Gesellschaft, S. 157: „‚Herrschaft soll heißen' die Chance für spezifische (oder für alle) Befehle bei einer angebbaren Gruppe von Menschen Gehorsam zu finden."

[94] Ebd., S. 10.

[95] Wirtschaft und Gesellschaft, S. 39.

Staates. Die Legitimitätsfrage wird bei Max Weber weder durch eine Hypostasierung einer Wesen- und Werthaftigkeit des Staates, noch durch Verweis auf einen übergeordneten Staatszweck beantwortet, sondern durch die „Legitimitätsgeltung“: dem subjektiven Glauben der Beherrschten an die Rechtmäßigkeit einer Herrschaft und den Anspruch der Herrschenden, auf einen Befehl hin Gehorsam zu finden[96].

Die Berechtigung, mit Hilfe des Legitimitätsbegriffs Herrschaft zu definieren, begründet Weber mit dem Hinweis auf den „sehr allgemeinen Tatbestand des Bedürfnisses jeder Macht ... nach Selbstrechtfertigung“[97]. Daher suche jede Herrschaft „den Glauben an ihre Legitimität zu erwecken und zu pflegen. Je nach der Art der beanspruchten Legitimität ist auch der Typus des zu seiner Garantie bestimmten Verwaltungsstabes und der Charakter der Ausübung der Herrschaft grundverschieden“[98].

Danach ist die Legitimitätsgeltung herrschaftskonstitutiv und der Staat nicht noch an Zwecken oder Momenten inhaltlicher Art im Sinne einer ‚Herrschaft wofür‘ zu legitimieren.

Sofern er bei Weber überhaupt eine Zweckbestimmung erfährt, dann formal die einer funktionalen Zweckrationalität.

Dies bedeutet, im Verständnis Webers ist der moderne Staat ein bürokratisch organisierter Herrschaftsapparat, dem man jeden beliebigen Zweck unterlegen kann.

In der Weberschen Staatskonzeption erscheint der Staat folglich als Faktum vorgegeben und gleichgültig gegenüber jeder politischen Formbestimmung.

Unter dem für unseren Zusammenhang relevanten verfassungstheoretischen Aspekt lautet daher die Frage, ob Max Weber die Staatsgewalt letztlich in der Bürokratie, nicht aber im Volk fundiert. Denn der Staat ist Weber mehr Resultat des geschichtlichen Rationalisierungsprozesses — und als solcher präexistent — denn Resultat einer aus der Gesellschaft herauswachsenden Willensbildung. Insofern besteht der Staat, definiert als „anstaltmäßiger Herrschaftsverband mit dem Monopol legitimer Gewaltsamkeit“[99] vor und unabhängig von jedem demokratischen Willensbildungsprozeß gewissermaßen als Grundkonstante.

---

[96] Wirtschaft und Gesellschaft, S. 122, 551. Hieraus leitet Weber die „reinen Typen der Herrschaft“ ab. Vgl. dazu G. Winkelmann, Legitimität und Legalität in Max Webers Herrschaftssoziologie, 1952, S. 25 ff. Die Arten der traditionalen, charismatischen und legalen Herrschaft bezeichnen dabei die Form der ‚Hingebung‘.

[97] Ebd., S. 549.

[98] Ebd., S. 157.

[99] Wirtschaft und Gesellschaft, S. 1042.

In diesem Verständnishorizont hat auch Max Webers Option für den Parlamentarismus ihren Platz. Denn im modernen Staat liegt die „wirkliche Herrschaft notwendig und unvermeidlich in den Händen des Beamtentums“[100] und wie anders sollte „die ungeheure Übermacht dieser an Bedeutung stets wachsenden Schicht in Schranken“ gehalten werden können als durch parlamentarische Kontrolle[101].

Dies mag auch eine Erklärung dafür sein, daß bei Thoma im Rahmen des *Staats*begriffs die politische Formbestimmung des Staates keine relevante Rolle spielt. Die damit angeschnittene Frage weist auf eine noch immer aktuelle staats- und verfassungstheoretische Problematik: ist der Staat immer verfassungsmäßig konstituiert zu denken oder gibt es einen von der konkreten Verfassungsordnung lösbaren Staatsbegriff, der idealtypisch definiert werden kann[102].

1.6. Resümee

Die Erkenntnis der Einseitigkeit und Eindimensionalität einer nur rechtspositivistisch verfahrenden Staatslehre hat Thoma dazu motiviert, seinen staatstheoretischen Ansatz an dem soziologischen auszurichten. Auf der Basis des Weberschen Kategoriensystems sucht er einen methodischen Neuansatz zu entwickeln, der von einem einheitlichen und konsensfähigen Staatsbegriff aus den in der rechtspositivistischen Tradition verlorengegangenen Realitätsbezug der Staatswissenschaften wiedergewinnen soll. Er führt dabei seine Konstruktion am Leitfaden einer Unterscheidung von soziologischer und juristischer Betrachtungsweise, die mit dem jeweiligen wissenschaftsspezifischen Erkenntnisinteresse zusammenhängen. Der „juristische Deutungsbegriff“ (Staat als Körperschaft und juristische Person) stellt dabei „den äußersten Pol der synthetischen, der soziologische (Staat = Herrschaft erzeugender Komplex von mannigfaltigen individuellen sozialen Verhaltungsweisen) den äußersten Pol einer analytischen Betrachtungsweise dar“[103].

Beide Betrachtungsweisen versteht Thoma zwar als komplementäre, gleichwohl aber als voneinander unabhängige und autonome, weil kategorial divergente Erkenntnisarten. Wird der Staat unter soziologischer Perspektive in seinem Herrschaftscharakter gesehen, bezieht sich die juristische Betrachtung ausschließlich auf den gegenüber der soziologischen Analyse indifferenten beliebig handhabbaren Begriffsapparat der

---

[100] Ebd., S. 1048.

[101] Ebd., S. 1061.

[102] So zu Recht im Hinblick auf Weber, Schröder in: Juristische Arbeitsblätter ‚Öffentliches Recht‘, 1973, S. 715. Vgl. dazu auch Hesse, Grenzen der Verfassungswandlung, in: Festschrift f. Ulrich Scheuner, 1973, S. 123 ff. Hesse betont, daß es „den Staat“ als abstrakte Größe nicht gebe, sondern nur in der jeweiligen historisch-konkreten Form.

[103] Der Begriff, S. 56.

anorganischen Staatslehre. Wenn aber der Staat unter soziologischem Aspekt in seinen Herrschaftsbeziehungen beschrieben werden muß, auf der juristischen Ebene diese Herrschaftsbeziehungen dem Rechtsbegriff ‚Staat' nicht zurechenbar sind, läßt die Scheidung der beiden Bezugsebenen den Erkenntnisgegenstand ‚Staat' selber nicht unberührt, sondern führt in ihrer methodischen Wirkung zu einer Abtrennung des rechtlichen vom sozialen System. So wenig sich aber — wie Thoma zu Recht betont — die staatliche Wirklichkeit in ihrer rechtlichen Verfaßtheit erschöpft, läßt sich die Rechtswirklichkeit auf ihre bloß juridifizielle Form reduzieren.

Die soziologische Erkenntnis juristisch umzusetzen, verwehrte sich Thoma. Dies allerdings hätte auch dem methodischen Prinzip Max Webers, der den Unterschied zwischen soziologisch-analytischem und juristisch-normativem Verfahren stets aufs schärfste betont hat, widersprochen[104].

Von daher scheint, als sei die von Thoma in Anspruch genommene Überwindung des Jellinekschen Methodendualismus letztlich nur eine terminologische, keine in der Sache.

2. Die Bedeutung der Demokratie in der Entwicklungsgeschichte des modernen Staates

Wir haben im vorigen Abschnitt versucht, anhand von Thomas Staatsbegriff den kategorialen Bezugsrahmen seiner Staatstheorie aufzuzeigen.

Das dargelegte methodische Grundprinzip gibt gleichzeitig auch die Perspektive ab, unter welcher Thoma die historisch-politische Formbestimmung des Staates, seine demokratische Verfaßtheit, thematisiert.

Entsprechend der (aufgewiesenen) Zweipoligkeit seines Ansatzes, des juristisch-normativen und soziologisch-analytischen, sucht Thoma die demokratische Staatsform der Weimarer Republik nicht nur von der „statischen", verfassungsrechtlichen Institutionensicht zu bestimmen und zu beschreiben, sondern gleichermaßen als geschichtliche (genauer sozialgeschichtliche) Kategorie, die er gewinnt aus der „dynamischen" Betrachtung der Entwicklungsgeschichte des modernen Staates.

Während er unter der verfassungsgeschichtlichen Perspektive die „Haupttypen moderner Verfassungsformen" auf verfassungsrechtlicher und vergleichend typologischer Basis untersucht und dabei primär Fragen der organisatorischen und verfassungstechnischen Ausgestaltung konkreter Staatsgebilde thematisiert, befaßt sich die mehr soziologisch orientierte Betrachtung eher mit dem Wandel der Legitimationsformen staatlicher Herrschaft.

---

104 Vgl. etwa Wirtschaft und Gesellschaft, S. 181.

Beide Sichtweisen, deren Aspekte sich teils ergänzen, teils überlagern, münden in ein bestimmtes Demokratieverständnis.

2.1. Unter sozialgeschichtlichem Aspekt

Unter sozialgeschichtlichem Aspekt sieht Thoma die Entwicklungsgeschichte des modernen Staates aufs engste mit dem historischen Prozeß der Realisierung der Demokratie verknüpft. Der „anschwellende Strom des Etatismus“ und die Emanzipationsbewegung der „unterdrückten und unterprivilegierten Klassen“ sind ihm die großen — und vordergründig widersprüchlichen — Themen der modernen Geschichte, die nicht nur die gesellschaftlichen Verhältnisse entscheidend umprägten, sondern gleichermaßen eine veränderte Staatsstruktur bedingten und somit an die Schwelle der Demokratie führen.

Denn im Zuge des kapitalistischen Industrialisierungsprozesses und der damit verbundenen Heraufkunft der kleinbürgerlichen und proletarischen Volksmassen sind soziale Konflikte virulent geworden, die auf Inanspruchnahme des Staates drängten und damit einen beträchtlichen staatlichen Aufgabenzuwachs mit sich brachten. Dieser manifestiert sich in der „Intensivierung, Rationalisierung, Bürokratisierung des Staatsbetriebes und seines Präzision und Unwiderstehlichkeit erstrebenden Militär-, Finanz-, Justiz- und Polizeiapparates“[105].

Andererseits griff die soziale Dynamik auf den Staat selber über. Das sich in Massenorganisationen, Gewerkschaften und Parteien zusammenschließende Proletariat bemächtigte sich des demokratischen Legitimitätsprinzips und erzwang mit dem allgemeinen und gleichen Wahlrecht die Beteiligung an der politischen Macht[106].

Diese beiden parallel verlaufenden Entwicklungslinien bewirken nach Thoma jenes eigentümliche Phänomen, daß dem ungeheuren Machtzuwachs des Staates auf der einen Seite, auf der anderen ein Herrschaftsaufbau korrespondiert, der „aus dem Staat rechtlich unabsetzbarer Erbobrigkeit“ einen von „legitim auswechselbaren Regierungen“ gemacht hat.

So ist

> „aus dem Staate abgestufter, im erblichen Herrscherprivileg gipfelnder, geburtsständischer und plutokratischer Privilegien ... der das politische Privileg verneinende Staat des allgemeinen und gleichen Wahlrechts und Stimmrechts geworden. Über das Privileg hat die Rechtsgleichheit, über die Autokratie hat die Demokratie, über die potentielle Verknechtung hat die potentielle Freiheit der breiten Massen der Staatsbürger weitgehend den Sieg davongetragen“[107].

---

[105] HWBStW, S. 730, Sp. 2, 729.

[106] Ebd., S. 743, Sp. 2; HdbDStR I, S. 190.

[107] HWBStW, S. 729, Sp. 2.

Im Lichte dieser Entwicklung bedeutet Demokratie nichts anderes, als „daß man es im 19. und 20. Jhdt. gewagt hat, den modernen Staat, der bis dahin eine Domäne der besitzenden Klassen gewesen war, auf die Basis des allgemeinen und gleichen Wahlrechts zu stellen". „Man hat es gewagt", fährt Thoma nicht ohne Pathos fort, „die Ackerknechte, Handwerksgesellen, Domestiken und Fabrikarbeiter, die Tagelöhner und Bettler, kurz die Mühselig und Beladenen aller Art ... zu gleichberechtigten, mitgestaltenden Genossen der Staatskörperschaft zu machen[108]."

Dementsprechend ist Demokratie der „Name für das welthistorisch epochemachende Wagnis der abendländischen Zivilisation, die handarbeitenden Klassen trotz oder wegen ihrer gewachsenen, ja vielleicht alle anderen Klassen und Gruppen überwachsende Zahl zu gleichem Recht in den Staat hineinzunehmen"[109].

Markiert so die politische Durchsetzung des allgemeinen und gleichen Wahlrechts das entscheidende und strukturbestimmende gesellschaftspolitische Geschehen, begreift Thoma Demokratie im historischen Prozeß ihres Werdens deskriptiv als Resultat der „politische(n) Emanzipation der ökonomischen und sozialen Unterschicht"[110].

Von daher wird bei Thoma das allgemeine und gleiche Wahlrecht die zentrale Kategorie zur Kennzeichnung des modernen, demokratisch verfaßten Staates und gleichzeitig das maßgebliche Unterscheidungskriterium zwischen demokratischen und nicht demokratischen Staatsformen.

Danach sind den Staaten mit demokratischer Legitimationsbasis die ‚Privilegienstaaten' gegenüberzustellen:

> „Privilegienstaaten sind alle Staaten mit Sklaven- oder Hörigenwirtschaft, und im übrigen alle Staaten, von der absoluten Erbmonarchie bis zur beinahe demokratischen Republik mit modernem Zensus- oder Klassenwahlrecht und einschließlich der ‚Diktatur des Proletariats', die einen Privilegienstaat mit umgekehrten Vorzeichen schafft[111]."

2.2. Unter verfassungsgeschichtlichem Aspekt

Ist danach die Entwicklungsgeschichte des modernen Staates auf der realhistorischen Ebene als Prozeß der „politische(n) Emanzipation der ökonomischen und sozialen Unterschicht"[112] zu beschreiben, ist auf der

---

108 Über Wesen und Erscheinungsformen der modernen Demokratie (zit. Über Wesen), Bonn 1948, S. 6, 7.

109 HdbDStR I, S. 181.

110 Über Wesen, S. 7. Allerdings führt Thoma dort neben dieser „sozialrevolutionären" Komponente eine religiöse, philosophische und eine der politischen Taktik an, welche indes in diesem Zusammenhang keine Bedeutung besitzen (vgl. S. 10 ff.).

111 Der Begriff, S. 44.

112 Über Wesen, S. 7.

verfassungsinstitutionellen Ebene nach Thoma ein Formenwandel vom „konstitutionellen Obrigkeitsstaat" zur ‚parlamentarischen Regierungsform' zu verzeichnen[113].

Dieses polare Begriffsschema dient ihm als Klassifikationsmerkmal für die typologisierende Darstellung verschiedener verfassungsgeschichtlicher Entwicklungsstufen europäischer staatlicher Herrschaftsformen und -organisationen.

Dabei bleibt er nicht bei der Beschreibung des verfassungsinstitutionellen Rahmens im Sinne einer Institutenlehre stehen, sondern sucht die verfassungsrechtlichen institutionellen Gegebenheiten mit den realen politischen Bedingungen und Gestaltungskräften rückzukoppeln.

Der konstitutionelle Obrigkeitsstaat ist nach Thoma ein autokratisches System — „autocratic government" — zu dessen Kennzeichnung es gehöre, daß „eine in ihrer obersten Spitze stabile, in legitimer Weise nicht absetzbare Obrigkeit den Staat regiert"[114]. Außerdem sei er „eine Erscheinungsform des Privilegienstaates"[115].

Im Gegensatz dazu lasse sich das parlamentarische System unter verfassungsrechtlichem Aspekt als ‚Herrschaft auf Zeit', „responsible government" definieren. Denn die verfassungsrechtlich gegebene Möglichkeit des Wechsels der Regierenden könne für diese Staatsform als typusbestimmend angesehen werden, ja, die „Abschaffung aller stabilunabsetzbaren Obrigkeit" habe geradezu als deren verfassungshistorischer Sinngehalt zu gelten. In diesem Bedeutungszusammenhang lasse sich begrifflich dem Obrigkeitsstaat auch der Parteienstaat entgegensetzen, da Demokratien „notwendig immer irgendein Parteienstaat" seien[116].

Unter diesen Leitgedanken entfaltet Thoma die seiner Auffassung nach wesentlichen und für die staatliche Entwicklung bedeutsamen Bestimmungsmerkmale des konstitutionellen, autokratischen Obrigkeitsstaats sowie die Gründe, die zu seiner Auflösung führten.

Die Charakteristiken dieses Verfassungstyps sind danach neben der dargelegten verfassungsmäßigen Unabsetzbarkeit des Monarchen insbesondere das erstmals in England verfassungsgeschichtlich in Erscheinung getretene Nebeneinander von Monarch und einem als „Volksvertretung" entstandenen Parlament[117].

> „Der ausgeprägte Dualismus dieser realen Gewaltenteilung hat allenthalben zu einem Kampf um die Suprematie geführt, und dieser Kampf hat nahezu überall in kurzer Zeit mit einem Siege des Parlaments geeendigt

113 HWBStW, S. 730 ff.

114 HWBStW, S. 731 ff.

115 Der Begriff, S. 44.

116 Ebd., S. 45.

117 HWBStW, S. 730 Sp. 2.

und demnach mit der Ausbildung eines sog. parlamentarischen Regierungssystem, in dem der Dualismus überwunden ist."

Allerdings habe, fährt Thoma fort, in den Monarchien deutscher Nation „dieser dualistische monarchische Konstitutionalismus eine Reihe von Jahrzehnten standgehalten" und „... ein juristisch unüberbrücktes Nebeneinander und z. T. Gegeneinander von ‚Krone und Landtag' gezeigt"[118].

Schließlich habe sich aber die Entwicklung vom „konstitutionell dualistischen Obrigkeitsstaat" zum „monistischen Parteienstaat, ... in welchem die Harmonie zwischen Regierung und Parlament in jedem ernsten Konfliktfall erreicht wird", nicht aufhalten lassen. „Damit war ein Verfassungstyp entstanden, ... der in der Folge, mannigfach variiert, von den meisten Monarchien und mehreren Republiken übernommen worden ist[119]."

Da die bestehenden parlamentarischen Verfassungssysteme in ihrer konkreten Ausgestaltung erheblich differieren, teilt sie Thoma in typisierender Betrachtungsweise unter organisatorischem Aspekt in drei Hauptformen ein: in parlamentarische Monarchie, parlamentarische Republik und den konstitutionellen (gewaltenteilenden) republikanischen Parteienstaat.

Während er den Verfassungstyp der parlamentarischen Monarchie am englischen Modell orientiert, „welches das Vorbild der wesentlichen Verfassungseinrichtungen sämtlicher anderer noch bestehender europäischen Erbmonarchien" darstelle[120], sieht er in Frankreich die parlamentarische Republik verwirklicht. Allerdings zeige Frankreich dabei das Bild eines zwar nicht „unechten", wie Redslob meine, jedoch einen „auf die Spitze getriebenen, gegengewichtslosen Parlamentarismus".

Demgegenüber sei dem amerikanischen Verfassungssystem, dem Montesquieus gewaltenzerteilendes System der check and balances als höchste Weisheit und die im englischen Mutterland bereits begonnene Unterwerfung der Exekutive unter die Legislative, als Entartung und Parteiendespotismus der Parlamentsmehrheit erschien, der Typ des konstitutionellen republikanischen Parteienstaat zuzuordnen.

Historisch gesehen, sei indes „aus der großen Republik sehr bald der ausgeprägteste aller Parteienstaaten und eine, allerdings höchst irrational durchgeführte Demokratie geworden"[121].

Schließlich sei als das bedeutendste Beispiel die Weimarer Reichsverfassung zu nennen, „die verschiedene Verfassungselemente vereinige"

---

118 HWBStW, S. 731, Sp. 1.

119 Ebd., S. 732, Sp. 2.

120 Ebd., S. 733, Sp. 2.

121 HWBStW, S. 735, Sp. 2.

und eine „aus repräsentativ-parlamentarischen und plebiszitären Elementen gemischte Demokratie" begründe. Dabei habe man versucht, „planmäßig eine durchdachte Demokratie unverfälschter Mehrheitsentscheidungen (zu) schaffen und dabei mit einer grundsätzlich monistisch-parlamentarischen Verknüpfung von Legislative und Exekutive ein originelles System konstitutioneller Gegengewichte, also eine neuartige ‚Gewaltenteilung' (zu) verbinden".

Die deutsche Verfassung habe das „typisch englisch-französische System der parlamentarischen Kabinettsbildung in den beherrschenden Mittelpunkt" gestellt und gleichzeitig „vier Gruppen von Hemmungen" eingebaut, die es „nach verschiedenen Richtungen vor Entartung bewahren sollen"[122].

Die eine liege „in dem moralisch-politischen Gewicht eines volksgewählten Präsidenten", die andere, föderalistische, im „Reichsratseinspruch gegen Gesetze", die dritte sei enthalten „in wichtigen Rechten der durch das Verhältniswahlrecht zu voller Geltung gebrachten Minderheit", als vierte schließlich sei die „Möglichkeit der direkten Volksgesetzgebung durch Volksbegehren und Volksentscheid" zu nennen[123].

Neben diesen drei beschriebenen Hauptformen von Verfassungsmodellen nennt Thoma der Vollständigkeit halber noch den Typ der unmittelbaren Demokratie, die allerdings lediglich in Zwergstaaten realisierbar, im übrigen nur „als moderierendes Element einer ‚gemischten' Verfassung ... verwertbar und erträglich" sei[124].

Hat Thoma die bislang dargestellten Differenzierungskriterien seiner Staatsformentypologie an der Verfassung als Organisationsform der Herrschaftsbestellung und -ausübung orientiert, ergibt sich für ihn eine weitere Möglichkeit der Einteilung von Staatsverfassungen aus der Frage der gebietlichen Machtgliederung.

Unter diesem Blickpunkt ist herkömmlicherweise der Einheitsstaat vom Bundesstaat, oder wie Thoma sagt, der konzentrierte Staat vom dekonzentrierten zu unterscheiden. Allerdings glaubt Thoma im Rahmen des Bundesstaatsbegriffes eine weitere Untergliederung vornehmen zu müssen, da dieser Begriff „Gebilde von ganz heterogener juristischer und politischer Struktur" zusammenfasse. Eine „lehrreiche Gruppierung" lasse sich „durch die hier erstmals aufgestellte Unterscheidung zwischen dem Bundesstaat des rechtlich befestigten, stabilen und dem rechtlich nicht befestigten, labilen Föderalismus"[125] gewinnen.

---

[122] Ebd., S. 736, Sp. 1.
[123] Ebd., S. 736, Sp. 2.
[124] HWBStW, S. 737, Sp. 2.
[125] Ebd., S. 738, Sp. 1.

Dem ‚stabilen' Föderalismus ordnet Thoma insbesondere die Verfassung der Vereinigten Staaten von Amerika und die schweizerische Bundesverfassung zu.

„In Amerika wie in der Schweiz beruht der Bundesstaat realiter auf der Bereitschaft seiner Bürger, ihn zu konstituieren und seine verfassungsmäßigen Anordnungen zu respektieren."

Wenn auch diese Bereitschaft im 19. Jhdt. ins Wanken geraten sei, sei inzwischen doch das individualpsychologische Fundament dieser dekonzentrierten Demokratien längst allumfassend geworden[126].

Im Gegensatz dazu könne die föderalistische Dekonzentration in der Weimarer Reichsverfassung nicht stabil genannt werden. Deshalb hätten auch mehrere Autoren das Reich als Einheitsstaat bezeichnet, was es aber nicht sei, aber legitimerweise *werden* könne, so daß die Konzentration nur ein potentielle sei.

Allerdings kenne die neue Reichsverfassung „keinerlei endgültige partikulardemokratische Trübungen des nationaldemokratischen Mehrheitsprinzip. Insofern ist sie rein unitarisch, was nicht identisch ist mit zentralistisch. Ihr Föderalismus ist jurstisch labil[127]."

3. Der Demokratiebegriff

3.1. Die Mehrdeutigkeit des Begriffs Demokratie und die Problematik der Begriffsbildung

Die im Rahmen der historisch-soziologischen Betrachtungsweise von Thoma deskriptiv-analytisch beschriebenen Kriterien der Demokratie sollten deutlich gemacht haben, daß für Thoma Demokratie die dem gesellschaftlichen Entwicklungsprozeß entsprechende politische Formbestimmung darstellt.

Ganz in diesem Sinne diagnostiziert er, daß die demokratische Idee zur epochalwirksamen Legitimationsform von Herrschaft geworden ist:

„Die gegenwärtige Epoche steht in dem Maße unter der Herrschaft einer Art von demokratischen Legitimismus, daß selbst die antidemokratischen Oppositionen, ja sogar die herrschenden Diktaturen ihre Rechtfertigung suchen in der Behauptung, sie seien Verkörperung des ‚wahren' Mehrheitswillens der Nation oder politische und pädagogische Wegbereiter der wahren Demokratie[128]."

Obwohl die demokratische Idee mithin zum Signum der „verfassungspolitischen Gesamtlage" geworden ist, ist ihr Begriff kontrovers und kennt viele Inhalte.

„Es gibt keine positivrechtlich festgestellte Definition des Demokratischen und auch in der Staatstheorie und im Sprachgebrauch des praktischen Lebens schillert der Begriff seit alters in verschiedenen Bedeutungen und

---

[126] Ebd., S. 738/739, Sp. 1.

[127] HWBStW, S. 739, Sp. 2 und 740, Sp. 1.

[128] HWBStW, S. 730, Sp. 1.

Abschattungen, kann er mehr Form oder mehr Inhalt, mehr ein Minimum oder mehr ein Optimum oder Pessimum bedeuten[129]."

Im Verständnis der Demokratie wirken nämlich die ideengeschichtliche Tradition wie die Entwicklung der gesellschaftlichen Verhältnisse gleichermaßen fort:

Demokratie ist

„eine Resultante mannigfaltigster Komponenten und Entwicklungen, unter denen, wenn nicht das schwerste, so doch auch nicht das leichteste Gewicht der Entfaltung der Idee der Freiheit, Gleichheit und brüderlichen Verbundenheit zukommt[130]."

Mit diesen

„ideologischen, zutiefst in der Erhöhung des Individuums durch das christliche Dogma und die christliche Ethik wurzelnden Antrieben und dem Erwachen des politischen Willens in den sozialen Unterschichten vereinigen sich nationalpolitische Notwendigkeiten, das gesamte Volk ... in den Kreis der politisch Berechtigten hineinzunehmen; ferner taktisch politische Wahlrechtserweiterungen ...; endlich ein sozialreformatorischer und ein resignierender (also zu rechtzeitigem Einlenken oder zur Demokratie als dem kleineren Übel ratender) Demokratismus[131]."

Alle jene Momente, die das geschichtliche Werden der Demokratie bestimmen, zeigen nach Thoma die Komplexität des Begriffs ‚Demokratie' und die Schwierigkeit, sie auf eine definitorische Formel zu bringen.

Zwar, fährt Thoma fort, ist das „gemeinsame Ethos aller demokratischen Ideen" beschlossen

„in dem Wunschbild einer die Freiheit, Menschenwürde und Vervollkommnung ihrer Bürger bezweckenden Gemeinschaft, die sich konstituiert als ein Staat, den politische Freiheit im Sinne der Ausschließung jedes autokratischen Elements, Gleichheit im Sinne der Ausschließung jeder Privilegierung oder Disqualifizierung in Bezug auf das Wahlrecht ... im Sinne allgemeiner Verbreitung einer lebendigen nationalen und sozialen Gesinnung zu einer sich selbst regierenden Genossenschaft, zum ‚Volksstaat' zu erheben".

Wollte man indes jene Ideale der Freiheit und Gleichheit geradezu zum demokratischen Maßstab erheben, dann, meint Thoma, hätten „freilich wenige Staaten — vielleicht kein einziger — volles Anrecht auf diesen Namen".

Allerdings, fügt er hinzu, wäre ein hieraus gewonnener Demokratiebegriff „noch ein weit umfassenderer im Vergleich zu anderen Begriffsbestimmungen, die insbesonders in der deutschen Literatur eine Rolle spielen"[132].

Dort lassen sich Thoma zufolge namentlich zwei dominante Strömungen des Demokratieverständnisses unterscheiden, nämlich der Demo-

---

[129] HdbDStR I, S. 189.

[130] HdbDStR I, S. 189/190.

[131] HWBStW, S. 740, Sp. 1.

[132] HWBStW, S. 741, Sp. 1.

kratismus radikaler, egalitärer Prägung einerseits und der liberaler, antiegalitärer Prägung andererseits.

Den für diese beiden ‚Ideenkomplexe‘ konstitutiven Gegensatz von Freiheit und Gleichheit formuliert Thoma folgendermaßen:

> „Die Grundtendenz des liberalen Demokratismus ist antiegalitär. Er fordert Gleichheit der Rechte als Grundlage eines staatlichen und gesellschaftlichen Lebens, in dem die natürliche Ungleichheit der Menschen an Charakter und Fähigkeiten sich nun erst voll solle auswirken können, ungestört durch Privilegien der Geburt oder des Reichtums[133].“

Bis in die Gegenwart hinein, konstatiert Thoma, erscheine hingegen der Typ der radikalen, unmittelbaren Demokratie, der in der Traditionslinie von Aristoteles bis Rousseau stehe und als Voraussetzung für Demokratie die unmittelbare und reale Repräsentation des Volkes fordere, als die allein echte Form der Demokratie, als „*die* Demokratie schlechthin“.

Eine solche Verengung des Demokratiebegriffs auf das Vorhandensein radikaldemokratischer Institutionen verbietet sich Thoma in zweierlei Hinsicht: einmal entspreche er nicht dem herrschenden Sprachgebrauch, sei „längst nicht mehr weltläufig“; aus gutem Grunde, denn er könne nicht als Erkennungszeichen einer Demokratie herhalten, da sein Maßstab, Herrschaft des Volkes, nur als Ideal und nirgends als Realität erscheine und daher „alle großen Volksstaaten der Gegenwart aus der Reihe der Demokratie streichen würde“[134].

Gleichzeitig trage er auch ideologische Züge: denn die

> „Beteuerung, daß die Wirklichkeit dieser Idee entspreche, ist die der Selbsterhaltung dienende Legende (M. Weber) der Demokratie so wie die Behauptung der Herrschertugenden und der Überparteilichkeit des Landesvaters die Legende der Monarchie ... ist“[135].

Zum anderen sieht Thoma in der Aufstellung eines solchen ‚idealen‘ Demokratiebegriffes eine ‚politisch-strategische‘ Begriffsbildung, gerichtet gegen die Weimarer Republik mit der Tendenz,

> „entweder den Radikalgesinnten bestehende Institutionen als scheindemokratisch verächtlich zu machen oder umgekehrt, den Demokratismus vor dem Urteil Gemäßigter zu diskreditieren“[136].

Aus diesen Gründen hält es Thoma für geboten nach dem nun einmal eingebürgerten Sprachgebrauch, dem sich seiner Meinung nach auch

---

[133] Der Begriff, S. 40/41 sowie HdbDStR I, S. 191: Als seine Philosophen nennt Thoma Kant und Fichte. Er betont aber in diesem Zusammenhang, daß er das Wort ‚liberal‘ nicht im Gegensatz zu sozialistisch verstehe; gerade der Sozialist Steffen habe das Prinzip des Demokratismus liberaler Prägung treffend mit den Worten gekennzeichnet: „Ein in der Tiefe wurzelnder Aristokratismus ist das Salz eines lebenskräftigen Demokratismus.“

[134] Der Begriff, S. 40, HWBStW, S. 741, Sp. 2.

[135] HWBStW, S. 741, Sp. 1.

[136] Der Begriff, S. 40.

und gerade die Wissenschaft anzupassen hat, soll „ihre Terminologie nicht abseitig und verwirrend wirken“[137], die Demokratie liberaler Prägung als ebenso echt demokratisch anzuerkennen wie die Radikaldemokratie, „wenn nur das Fundament des Ganzen das demokratische Stimmrecht ist“[138].

Denn, hebt Thoma hervor, „diesem Sprachgebrauch“ komme es nicht darauf an,

> „ob ein wirkliches Herrschen ... des Demos stattfinde ... oder ob *alle* Institutionen rein demokratisch sind oder ob etwa in der Bevölkerung eine demokratische Struktur oder demokratische Sitten oder gar eine demokratische Weltanschauung vorherrsche oder ein gewisses Maß gleichmacherischer Wirtschafts- und Unterrichtsgesetzgebung bestehe ...“[139],

sondern allein darauf, „daß in einem Staate responsible government auf der alleinigen Grundlage allgemein und gleichen Wahlrechts bestehe“[140].

In diesem Argumentationszusammenhang manifestiert sich das bereits vorne aufgewiesene methodische Grundprinzip der Begriffsbildung Thomas. Auch bei der wissenschaftlichen Klärung dessen, was mit dem Wort Demokratie gemeint ist, insistiert Thoma auf die wissenschaftliche und soziale Konsensfähigkeit des Demokratiebegriffs.

Thomas Prämisse ist, daß jedes Demokratieverständnis an unterschiedliche ökonomische und soziale Interessenlagen und politische Positionen anknüpft, auf verschiedene Gesellschaftsbilder zurückweist und so dem Liberalen anders erscheinen muß als dem Konservativen oder dem Sozialisten. Eine inhaltliche Definition von Demokratie wäre also letztlich politisch standortgebunden und widerspräche dem wissenschaftlichen Postulat von Objektivität und Allgemeingültigkeit. Einen objektiven und allgemeingültigen Begriff von Demokratie aufstellen, heißt daher für Thoma nichts anderes als einen allgemein geltenden und allgemein anerkannten.

Ist man in diesem Sinne auf die universale Geltung eines Begriffes aus, kann man seine konstitutiven Kriterien nicht aus einer (idealen) Sollensqualität deduzieren, sondern muß die Ebene der empirischen Geltung betreten und sich eines expliziten Maximalkonsenses versichern. Deshalb rekurriert Thoma zur Bestimmung des Demokratiebegriffes auf die umgangssprachliche Konvention und die positiven Verfassungen. Diese beiden, einander korrespondierenden Bezugspunkte können seiner Ansicht nach allein maßgebend sein, weil sie feststehend und nicht kontrovers sind.

---

137 HWBStW, S. 741, Sp. 2.

138 Der Begriff, S. 41.

139 HWBStW, S. 741, Sp. 2.

140 HWBStW, S. 742, Sp. 2; vgl. auch HdbDStR I, S. 190, Der Begriff, S. 41.

3.2. Die wissenschaftliche Definition der Demokratie als „Rechtsformbegriff"

Die Bezugnahme auf die bestehenden Verfassungen leistet, daß sich hieraus als der einzig feststehenden Form von Demokratie verbindliche Charakteristika benennen lassen, indem nur jene Merkmale der Demokratie als konstitutiv gewertet werden, die sich in der Verfassung niedergeschlagen haben.

Dementsprechend faßt Thoma Demokratie als reinen Rechtsformbegriff[141]. In diesem Erklärungsrahmen schält sich dann als Kern des demokratischen Prinzips das allgemeine und gleiche Wahlrecht heraus[142], der verfassungsförmige Ausdruck des soziologischen Tatbestandes der „Emanzipation der sozialen Unterschicht".

„Demokratie in diesem Sinne ist", definiert Thoma,

> „ein Staat in dem Maße, als sein Staatsrecht alle Schichten des Volkes zum gleichen Wahl- und eventuell Stimmrecht beruft und alle Herrschaftsgewalt unmittelbar oder mittelbar auf dieser Grundlage aufbaut, was Freiheit der Presse, der Versammlung und der Vereinigungen notwendig in sich schließt"[143].

Unzweifelhaft findet auch bei Thoma der demokratische Gedanke in ethisch-politischen Maximen letztlich seine Legitimationsgrundlage[144], aber auf der *wissenschaftlichen Ebene* kann der Demokratiebegriff an jenen Legitimationsvorstellungen nicht festgemacht werden. Die Distinktion von Wissenschaft und Politik artikuliert sich hier in der Formalisierung der Begriffswelt; sie ist der Preis, um den allein wissenschaftliche Objektivität erreichbar erscheint. Folgerichtig fällt im Verständnis Thomas die verfassungsrechtliche Beschreibung der Demokratie mit ihrer Formalisierung zusammen[145].

Demokratie als Verfassungsbegriff bleibt dergestalt positivistisch indifferent gegenüber dem gesellschaftlichen Substrat und ihre Bestimmungskriterien sind entsprechend inhaltsneutral.

Demokratie als gesellschaftliches Strukturprinzip kann Thoma nicht denken, denn sie implizierte eine inhaltliche Beschreibung mit der notwendigen Folge der Parteinahme, die dem positivistisch zugeschnittenen Prinzip wissenschaftlicher Rationalität zuwiderliefe. Entspricht es daher diesem Verständnis, daß Demokratie nie mehr sein kann als sie ist, identifiziert Thoma auch umgekehrt die gesellschaftlichen Ver-

---

141 Der Begriff, S. 42: „Es kommt alles an auf gewisse Verfassungsnormen, und die Wissenschaft kann mit keinem anderen Begriff der Demokratie arbeiten als mit einem Rechtsbegriff." Vgl. auch HWBStW, S. 741, Sp. 2.

142 Kritisch dazu heute etwa: Narr / Naschold, Theorie der Demokratie, 1971, S. 92 ff. m. w. Nachweisen.

143 HdbDStR I, S. 190 (im Original gesperrt gedruckt).

144 Vgl. Besprechung v. Mendelssohn-Bartholdy, S. 580, sowie Über Wesen, S. 10 ff.

145 Vgl. etwa Der Begriff, S. 42; HWBStW, S. 741, Sp. 2.

hältnisse nicht mit Demokratie schlechthin[146]. Er konzipiert vielmehr die Demokratie als ein formales Ordnungsmodell, welches den freien und gleichberechtigten Zugang *aller* Schichten und Klassen zur staatlichen Machtausübung garantiert[147].

In dieser Konzeption der wertneutralen Demokratie stellt das formaldemokratische „Spielregelsystem"[148] den Rahmen bereit, innerhalb dessen die sozialen und politischen Konflikte ausgetragen werden können. Diese Reduktion der Demokratie auf eine bestimmte Methode der Herrschaftsbestellung liegt in der Konsequenz des — nicht zuletzt erkenntnistheoretisch fundierten — Prinzips der Gleichrangigkeit und Gleichberechtigung aller Wertstandpunkte, demzufolge die Auseinandersetzung um inhaltlich divergente Gesellschaftsprogramme der politischen Eigendynamik, dem ‚Spiel der freien Kräfte' überlassen bleibt[149].

Der Gegensatzbegriff zur Demokratie ist für Thoma folgerichtig daher der faschistische wie bolschewistische Privilegienstaat, der bestimmte Gruppen und Klassen ausschließt[150].

3.3. Verfassungstypologie

Die Erhebung des allgemeinen und gleichen Wahlrechts zum konstitutiven Merkmal von Demokratie hat nach Thoma weitreichende Konsequenzen. Denn hieraus folge, so Thoma, daß die Demokratie „keine Staatsform unter anderen" sei und mithin auch nicht verfassungstheoretisch in eine Typenreihe von Staats- und Regierungsformen eingeordnet werden könne. Die Demokratie könne nämlich

> „die Staatsform der parlamentarischen Monarchie und die verschiedenartigsten republikanischen Staatsformen annehmen, ja auch diejenige des Caesarismus, solange nur tatsächlich die Macht des führenden Demagogen entscheidend vom Plebiszit abhängt und nicht in sich selbst ruht"[151].

Dies bedeutet nach Thoma aber auch, die überkommene Unterscheidung zwischen Monarchie und Republik als das maßgebliche Klassifikationsmerkmal der Verfassungstypen weitgehend fallen zu lassen und an seiner Stelle das Schlüsselinstitut der allgemeinen und gleichen Wahl als entscheidendes Differenzierungskriterium der Verfassungsformen einzuführen.

---

146 Die ‚Offenheit' des politischen Standpunktes für Demokratisierungstendenzen wird namentlich von I. Maus, S. 47 f. hervorgehoben.

147 Vgl. etwa Der Begriff, S. 58: Die Demokratie privilegiert „keinerlei Schicht oder Gruppe oder Klasse mehr rechtssatzmäßig". Vgl. auch HWBStW, S. 742, Sp. 1.

148 Zur Frage der Leistung von Verfahren vgl. Luhmann, Legitimation durch Verfahren, 1969, insb. 20 ff., 148. Zur Frage deren ‚Zielneutralität' von Verfahren allgemein vgl. F. Naschold, Organisation und Demokratie, 1969.

149 Zu den Auswirkungen auf den Verfassungsbegriff siehe unten.

150 Vgl. etwa HWBStW, S. 729, Sp. 2 („schroffe Privilegienstaaten") und S. 742, Sp. 1.

151 Der Begriff, S. 45.

Denn dieses ist nach Ansicht Thomas „allumfassend" und hat den Vorzug,

„den in der gegenwärtigen Epoche des Industriekapitalismus und der Klassenspaltung politisch und soziologisch wichtigsten Unterschied (politische Emanzipation oder politische Unterjochung des Proletariats) zum Haupteinteilungsgrund (zu machen)"[152].

Innerhalb der demokratischen Verfassungen lasse sich dann, fährt Thoma fort, als weiteres typologisierendes Merkmal die Lösung jenes „verfassungstechnischen Grundproblems" nennen, welches darin bestehe, wie „die sog. Staatsidee" ihren organisatorischen Ausdruck finde. Diese ‚Staatsidee' identifiziert Thoma mit der materiellen „nicht nur Ordnung, sondern ‚gerechte' Ordnung fordernden Rechtsidee", welche als Maßstab und Richtschnur für die Gewinnung des Allgemeininteresses zu dienen habe.

Nach Thoma sind bisher drei Wege vorgeschlagen worden, wie man verfassungsorganisatorisch einen herrschenden nicht von Sonderinteressen abgelenkten Träger der Staatsidee konstruieren könne: zwei realisierbare und eine utopische.

Die eine sei jene auf Plato zurückgehende aus jedem „persönlichen und klassenmäßigen Wirtschaftsinteresse herausgehobene Wächter- und Archonten-Aristokratie ..., modern gesprochen: eine autokratisch regierende ..., wissenschaftlich und praktisch geschulte Bürokratie." Die zweite sei die von Hobbes „rational begründete Methode des schlechthin absoluten Erbkönigs", wo persönliches und Staatsinteresse identisch gedacht würden.

Schließlich sei die Rousseausche Utopie der volonté générale auf der Basis der radikalen, unmittelbaren Demokratie zu nennen, eine Verfassung, die „mehr für Götter oder Engel als für Menschen geeignet ist".

Zu all diesen Modellen steht indes nach Auffassung Thomas jede Art von Parteienstaat in diametralem Gegensatz. Denn in der Parteiendemokratie wird „der Staat gesellschaftlichen Gruppen überlassen". Man verzichtet hier auf die „Schaffung eines Trägers der Staatsidee" und erhofft sich „die Wahrung des Staatsinteresses" teils vom „Zwang der Verhältnisse und der objektiven nationalen Solidarität der Gruppen und Schichten", teils vom „Anstand, Pflichtbewußtsein und Ehrgeiz der vor dem Urteil der Geschichte stehenden führenden Staatsmänner, teils von der aus dem Nebeneinander in das Nacheinander verlagerten Gewaltenteilung und gegenseitigen Hemmung der wechselnd herrschenden Parteien und Parteigruppen"[153].

---

[152] HWBStW, S. 742, Sp. 1/2.

[153] HWBStW, S. 742/743.

Diese Ausführungen machen deutlich, daß für Thoma Demokratie nicht soziale Homogenität voraussetzt und der stete Ruf nach einem die gesellschaftlichen Interessengegensätze überwölbenden Staat nach Thomas Ansicht das Verfassungsprinzip des demokratischen Parteienstaates grundlegend verkennt[154].

Damit umreißt Thoma nicht nur implizit die Funktionsweise der Weimarer Parteiendemokratie, sondern formuliert auch gleichzeitig die Richtung seiner eigenen verfassungstheoretischen und -politischen Argumentation.

Lipphardt hat zutreffend darauf hingewiesen, daß Thoma sich hier — namentlich mit der letzten Formel — an das angelsächsische Demokratiemodell anlehnt, welches Mehrparteienstaat, Gewaltenteilungsprinzip und Demokratiebegriff in einen systematischen Zusammenhang stellt[155]. Ähnlich dem ‚westlichen' Demokratieverständnis, welches auf der Grundannahme basiert, daß die Virulenz gesellschaftlicher Konflikte sich allein durch ihre Institutionalisierung entschärfen läßt und Konkurrenz und Kompromiß als die tragenden Integrationsprinzipien begreift[156], sieht Thoma das Spezifikum der Weimarer Verfassungsordnung darin, daß hier die Demokratie und das ihr immanente formale Gleichheitsprinzip durch ein ‚kunstvolles' Gleichgewichtssystem verfassungsrechtlicher Institutionen und verfassungspolitischer Kräfte ergänzt wird.

Gerade die ‚check and balance'-Demokratie beruht nach seiner Überzeugung auf dem Vertrauen, daß sich aus dem verselbständigten Kräftespiel pluraler Interessengruppen und Parteien schließlich als Resultate nationale Einheit und Handlungsfähigkeit des Staates ergibt.

So korrespondiert der Verschränkung demokratischer Volkssouveränität und rechtsstaatlicher Gewaltenteilung auf der Verfassungsebene, die Konkurrenz pluraler Gruppen und Parteien auf der gesellschaftlichen Ebene. Die Anerkennung gesellschaftlicher Interessendifferenzen ist mithin die Ambiance des verfassungsrechtlichen Gleichgewichtssystems.

Unschwer lassen sich hier Ansätze zu einer Pluralismustheorie erkennen. Welchen Stellenwert und welche Funktion sie bei Thoma haben, soll im nächsten Kapitel, welches die Parteien- und Parlamentarismusdiskussion thematisiert, näher untersucht werden[157].

---

154 Vgl. dazu den nächsten Abschnitt.

155 H. R. Lipphardt, Die Gleichheit der politischen Parteien vor der öffentlichen Gewalt, 1975, S. 78 f.

156 Vgl. z. B. Fraenkel, Kollektive Demokratie, in: Th. Ramm (Hrsg.), Arbeitsrecht und Politik, 1966, S. 79 ff.

157 Auf die Ansätze und die Problematik der Pluralismustheorien kann im Rahmen der Arbeit nicht näher eingegangen werden. Vgl. dazu etwa die zusammenfassende Darstellung von Eisfeld: Pluralismus zwischen Liberalismus und Sozialismus, 1972.

III. Parlamentarismus und Parteienstaat

1. Die Parlamentarismusanalyse Carl Schmitts

Demokratie und parlamentarisches System, deren Identifizierung heute zum weitgehend unbestrittenen Gemeingut demokratietheoretischer Paradigmata geworden ist, gehörten in der Weimarer Zeit nicht zwingend zusammen und wurden im Kreuzfeuer der staats(rechts)-wissenschaftlichen Auseinandersetzung eher als antinomische Prinzipien diskutiert.

Zentrale Bedeutung gewann im Spektrum der demokratietheoretischen Positionen vor allem die Parlamentarismuskritik Carl Schmitts, dessen Theoreme über Jahrzehnte hinweg die Problemebene der Auseinandersetzung bestimmte[1].

In seiner Schrift über „Die geistesgeschichtliche Lage des Parlamentarismus", die in erster Auflage 1922 erschien und eine ausführliche kritische Würdigung durch Thoma gefunden hat[2], fundierte er seine Kritik am Parlamentarismus mit dem Verweis auf die heterogene geistesgeschichtliche Abkunft des parlamentarischen und demokratischen Prinzips.

C. Schmitts zentrale These lautet, daß die Strukturveränderungen von Staat und Gesellschaft, die Entwicklung zur „modernen Massendemokratie", dem parlamentarischen System die reale Grundlage entzogen hätten. Dieser Prozeß erweise aber nicht nur die Funktionsunfähigkeit des Parlamentarismus, sondern gleichermaßen die prinzipielle Divergenz von „liberal-parlamentarischen und massendemokratischen

---

[1] So hat beispielsweise Leibholz, dessen Parteitheorie nach 1945 großteils Eingang in die Rechtssprechung des BVerfG gefunden hat, von Carl Schmitt die Theorie übernommen, daß die Demokratisierung seit dem 19. Jhdt. der „liberal-repräsentativen, parlamentarischen Demokratie" den Boden entzogen hat. An ihre Stelle sei der ‚moderne Parteienstaat' als Surrogat der direkten Demokratie getreten (vgl. Strukturprobleme der modernen Demokratie, 1974, S. 93). Und E. Fraenkel, der „Vater" der Pluralismustheorie, entwickelte in der Auseinandersetzung mit C. Schmitt bereits zur Weimarer Zeit auf der Basis der idealtypischen Gegenüberstellung von plebiszitärer und repräsentativer Demokratie seine Theorien von der „Dialektischen Demokratie". („Um die Verfasung" [1932], jetzt in: Zur Soziologie der Klassenjustiz und Aufsätze zur Verfassungskrise 1931 - 32, 1968). Vgl. im übrigen hier auch den Sammelband von Heinz Rausch, Hrsg., Zur Theorie und Geschichte der Repräsentation und Repräsentativverfassung, Darmstadt 1968).

[2] Zur Ideologie des Parlamentarismus', in: ASWS 53 (1925) S. 211 ff.; jetzt auch in dem Sammelband „Parlamentarismus", hrsg. v. Kurt Kluxen, 1967, S. 54 - 59.

Ideen"[3]. Durch die Freilegung der geistesgeschichtlichen Grundlagen des Parlamentarismus und das heißt, seines liberalen Kerns, sucht C. Schmitt „den letzten Kern der Institution des modernen Parlaments zu treffen"[4].

Nach C. Schmitt basiert die Legitimitätsvorstellung des Parlamentarismus im wesentlichen auf den liberalen Prinzipien der freien Diskussion und Öffentlichkeit.

„Durch Öffentlichkeit und Diskussion allein glaubte man die bloß tatsächliche Macht und Gewalt — für liberal-rechtsstaatliches Denken das an sich Böse, the way of beasts, wie Lode sagte, überwinden und den Sieg des Rechts über Macht herbeiführen zu können[5]."

Das Parlament sollte das Forum sein, auf dem mit rationalen Argumenten in öffentlicher Diskussion gemeinsam das Allgemeinvernünftige und Nützliche ermittelt wird.

Denn nach liberalem Selbstverständnis entstehe im freien Kampf der Meinungen die Wahrheit „als die aus dem Wettbewerb von selbst sich ergebende Harmonie"[6].

Jener liberale Glaube habe aber zur Voraussetzung, daß im Parlament keine tieferen sozialen Interessengegensätze existieren, sondern nur Meinungsverschiedenheiten, die durch rationale Diskussion zu überwinden sind: „kontradiktorische Gegensätze (heben) den Parlamentarismus auf", denn „seine Diskussion setzt eine gemeinsame, nicht diskutierte Grundlage voraus"[7].

Unter den Bedingungen der modernen Massendemokratie sind aber nach C. Schmitt jene „ideellen Voraussetzungen des Parlamentarismus" obsolet geworden.

Denn der Sieg des allgemeinen Wahlrechts habe die Homogenitätsbasis des klassischen Parlamentarismus zerstört. Die Folgen sind:

„Die Parteien ... treten heute nicht mehr als diskutierende Meinungen, sondern als soziale oder wirtschaftliche Machtgruppen einander gegenüber, berechnen die beiderseitigen Interessen und Machtmöglichkeiten und schließen auf dieser faktischen Grundlage Kompromisse und Koalitionen[8]."
„Die Fraktionen treten einander mit einer nach ihrer Mandatsziffer genau berechneten Härte gegenüber; an ihrer interessen- und klassenmäßigen Festlegung vermag eine öffentliche parlamentarische Diskussion nichts mehr zu ändern."

Auch der repräsentative Charakter von Parlament und Abgeordneten ist entfallen:

---

[3] C. Schmitt, Die geistesgeschichtliche Lage des heutigen Parlamentarismus, 2. Aufl., 1926, S. 6 (zit. Die geistesgeschichtliche Lage).

[4] Ebd., S. 30.

[5] Ebd., S. 61.

[6] Ebd., S. 46.

[7] Ebd., S. 58.

[8] C. Schmitt, S. 11.

„Die wesentlichen Entscheidungen werden außerhalb des Parlaments getroffen. Das Parlament fungiert dabei als Bureau für eine technische Umschaltung in den staatlichen Behördenapparat[9]."

In der modernen Massendemokratie wird daher

„das Parlament aus dem Schauplatz einer einheitsbildenden freien Verhandlung freier Volksvertreter, aus dem Transformator parteilicher Interessen in einen überparteilichen Willen, zu einem Schauplatz der pluralistischen Aufteilung der organisierten gesellschaftlichen Mächte"[10].

C. Schmitt zufolge muß das Parlament mit Herausbildung tiefer sozialer Gegensätze in der Gesellschaft notwendig zum Ort von Klassen- und Interessenkämpfen werden und damit aufhören, politische Einheit zu repräsentieren.

Im gleichen Maße wie danach der Parlamentarismus seine Repräsentationsfähigkeit und d. h. auch Integrationsfähigkeit verloren hat, habe das demokratische Prinzip den Siegeszug angetreten. In Antithese zum parlamentarischen Prinzip der liberalen Repräsentation bedeutet für C. Schmitt Demokratie Identität von Regierenden und Regierten, Staat und Volk[11].

Denn Demokratie sei keine bloß politische Organisationsform, sondern ein substantieller Begriff[12]. „Zur Demokratie gehört also notwendig erstens Homogenität und zweitens — nötigenfalls — die Ausscheidung oder Vernichtung des Heterogenen." Denn „die politische Kraft einer Demokratie zeigt sich darin, daß sie das Fremde und Ungleiche, die Homogenität Bedrohende zu beseitigen oder fernzuhalten weiß"[13].

Dieser Argumentationszusammenhang macht deutlich, daß für C. Schmitt Demokratie in erster Linie die auf substantieller Gleichheit und Homogenität des Volkes beruhende politische Einheit bedeutet.

C. Schmitt formuliert so seinen substantiellen Demokratiebegriff als polemische Antithese zur parlamentarisch-parteienstaatlich verstandenen Demokratie. Liegt dieser eine pluralistische Staatskonzeption zugrunde, welche die (antagonistischen) gesellschaftlichen Interessengegensätze und soziale Konflichte anerkennt und den Staat nicht primär als Gegenpol, sondern vielmehr als Ausdruck gesellschaftlicher Kräfte versteht[14], beruht C. Schmitts Demokratieverständnis, das die Wesens-

---

9 Verfassungslehre, 1928, 5. Aufl., 1970, S. 319.

10 Der Hüter der Verfassung, 2. Aufl., 1969, S. 89.

11 Die geistesgeschichtliche Lage, S. 35.

12 Ebd., S. 33.

13 Ebd., S. 14; in dieser Bestimmung ist C. Schmitts Freund-/Feind-Formel bereits enthalten. Vgl. dazu z. B. Wolfgang Schluchter, Entscheidung für den sozialen Rechtsstaat, 1968, S. 222 f.

14 Auf dieser Grundannahme beruht der sog. Verfassungstyp „westliche Demokratie". Dazu z. B. Fraenkel: Deutschland und die westlichen Demokratien, 4. Aufl., 1968.

merkmale der Demokratie durch eine „Reihe von Identitäten“[15] bestimmt sieht, auf der Vorstellung vom Staat als einer die gesellschaftlichen Interessengegensätze negierenden politischen Einheit.

Denn nach C. Schmitt kann es

„keinen Staat geben, der *nur* ein pluralistischer Parteienstaat wäre. Außer den rein parteimäßigen Kräften muß es immer auch andere, unparteiische und überparteiliche Kräfte geben, wenn die staatliche Einheit sich nicht in einem pluralistischen Nebeneinander sozialer Machtkomplexe auflösen soll“[16].

Hier wird deutlich, daß C. Schmitt das mit der Weimarer Republik aufgetretene Problemverhältnis von ‚Massendemokratie‘ und staatlicher Einheit als Krise des Parlamentarismus reflektiert.

Dieses Spannungsverhältnis wird von C. Schmitt als Krise des Parlamentarismus reflektiert, da das Parlament mit dem Verlust seiner sozialen Homogenitätsbasis auch seine einheitsstiftende Funktion einbüßte.

Aus seiner Sicht muß das Parlament, zur Tribüne der Auseinandersetzung „organisierter sozialer Machtkomplexe“ geworden[17], letztlich die Desintegration des Staates bewirken.

Denn:

„Das Parlament hört immer mehr auf, Repräsentant der politischen Einheit zu sein. Es wird zu einem Exponenten der Interessen und Stimmungen von Wählermassen ... (Dies führt dazu) eine unmittelbar vom Vertrauen der Massen getragene politische Führung und Leitung zu suchen. Gelingt es, eine solche Führung zu finden, so ist eine neue kraftvolle Repräsentation geschaffen. Das ist dann aber eine Repräsentation gegen das Parlament[18].“

2. Die Kritik Thomas

Die dergestalt von Carl Schmitt propagierte „geistesgeschichtliche Todeserklärung des Parlamentsstaats“[19] findet durch Thoma eine entschiedene Ablehnung.

Die kritischen Bemerkungen Thomas stellen zwar mehr eine ausführliche Rezension als eine systematische Abhandlung dar, gleichwohl vermitteln sie doch ein Bild über die Tiefe des Gegensatzes zu C. Schmitt.

---

15 Die geistesgeschichtliche Lage, S. 35.

16 Hüter der Verfassung, S. 100; Hervorhbg. v. C. Schmitt. Mit dieser Staatsauffassung steht C. Schmitt in der rechtshegelianischen Tradition, welche die Trennung vom Staat als der „Wirklichkeit der sittlichen Idee“ und Gesellschaft als „das System der Bedürfnisse“ zur spezifisch deutschen Staatsmythologisierung führte, die bekanntlich Thomas Mann in seinen „Betrachtungen eines Unpolitischen“ treffend mit ‚General Dr. von Staat‘ ironisierte. Die verfassungsrechtliche Zuordnung sah C. Schmitt im Notverordnungsrecht des Reichspräsidenten — Art. 48 II WRV —.

17 Begriff des Politischen, 1963, S. 105.

18 Verfassungslehre, S. 314.

19 So Thoma: Zur Ideologie des Parlamentarismus, S. 216.

Versucht C. Schmitt auf dem Wege der ideengeschichtlichen Verortung des Parlamentarismus dessen historische Überfälligkeit und Funktionsunfähigkeit unter den Bedingungen der modernen Massendemokratie nachzuweisen, nimmt Thoma vorbehaltlos Partei für die parlamentarisch-parteienstaatlich verstandene Demokratie.

Die Weimarer Demokratie und ihre parteienstaatliche Wirklichkeit dienen Thoma als Leitlinie seiner Gegenargumentation, motivieren ihn zur Zustimmung wie zur Ablehnung der Schmittschen Theoreme.

So zollt Thoma C. Schmitt „hohes Lob", soweit er die „unleugbare Evidenz der demokratischen Legitimität" konstatiert, und schränkt es sogleich wieder ein, wenn C. Schmitt diese identitär (als Reihe von Identifikationen) faßt[20]. Thoma stellt auch nicht in Abrede, daß sich im Zuge des tiefgreifenden gesellschaftlichen Umwälzungsprozesses die Funktion des Parlaments grundlegend verändert und daß der „relative Rationalismus des parlamentarischen Denkens" gewiß an Evidenz verloren hat, „ja mehr als das, er hat alle Evidenz verloren"[21], im Gegensatz zu C. Schmitt begreift er aber jenen Übergang vom klassisch-liberalen Honorationen-Parlament zur parteienstaatlichen Massendemokratie nicht als Zerfallserscheinung parlamentarisch-liberaler Prinzipien, sondern als notwendigen, aus dem veränderten Verhältnis von Staat und Gesellschaft resultierenden, Strukturwandel.

Parteienstaat bedeutet Thoma so weniger Ablösung des Parlamentarismus als die einzig reale Form seiner Verwirklichung.

Wenn C. Schmitt daher die geistesgeschichtlich getarnte These aufstelle, der Parlamentarismus habe unter den Bedingungen der modernen Massendemokratie seine Legitimationskraft eingebüßt, repetiere er damit nur „den literarischen Schein der Dinge" und verkenne, daß „Wert und Lebendigkeit einer politischen Einrichtung keineswegs allein ... von der Güte und Überzeugungskraft der Ideologien, die literarisch zu ihrer Rechtfertigung vorgebracht worden sind" abhänge[22]. Schließlich müsse jeder,

> „wenn er wirken will, positiv reden, optimistische Illusionen erwecken, ja schließlich selber an diese glauben, solange er im Kampfe steht. Wenn nachher die Illusion sich als fragwürdig erweist, ist deshalb das Institut noch lange nicht geistesgeschichtlich erledigt"[23].

C. Schmitts These vom Funktionsverlust des Parlamentarismus erscheint Thoma bereits im methodischen Ansatz suspekt. Nach seiner Meinung gewinnt C. Schmitt seinen kritischen Maßstab durch den Rückgriff auf eine „in der Tat ... gänzlich verschimmelte ‚geistesgeschichtliche Grundlage des modernen Parlamentarismus' ".

---

20 Ebd.

21 Ebd., S. 215.

22 Zur Ideologie des Parlamentarismus, S. 214.

23 Ebd., S. 215.

C. Schmitt unterschlage nämlich, daß die ideelle Grundlage des Parlamentarismus als ein politisches — und das heißt für Thoma lebendiges — Formprinzip sich nicht auf *eine* „Rechtfertigungsideologie" reduzieren lasse. Entsprechend könne man schwerlich aus einer ideengeschichtlichen Traditionslinie eines politischen Instituts Folgerungen für dessen Funktionsfähigkeit ziehen. Man brauche hierzu nur die Schriften und Reden von Max Weber, Hugo Preuß, Friedrich Naumann zu lesen. Deren politische Argumente, „mit denen sie die Reform des Reichstags und eine verfassungsrechtliche Machtverschiebung zu seinen Gunsten gefordert haben", seien „vollkommen andere und, ideell und rechtspolitisch, noch durchaus lebendige".

Vor allem aber übersehe der ausschließlich geistesgeschichtlich orientierte Erklärungsrahmen der Untersuchung jenes grundlegende Faktum, daß „jede Institution ‚lebend sich entwickelt' und Zweckmetamorphosen und Strukturwandlungen durchmacht"[24].

Den „stärksten Ausdruck" jenes Prozesses sieht Thoma „praktisch" darin, daß über die „jeweils politisch wichtigsten Haltungen der Nation faktisch nicht erst das Parlament, sondern schon der Wahlausgang entscheidet", und „geistesgeschichtlich" in der

„allgemeingewonnenen Einsicht der Theorie, daß die Entscheidungen der Politik immer voluntaristischer, niemals intellektualistischer Art sind. Der Schritt vom Glauben an die Diskussion zum ‚Dezisionismus' ist geistesgeschichtlich längst vollzogen. Das Problem unserer Tage ist, ob die Dezision bei einer stabilen Minderheit liegen soll (Obrigkeitsstaat, extrem: Diktatur), oder bei einer labilen jeweiligen Mehrheit (Parteienstaat); ob an der Mehrheitsbildung alle Staatsangehörigen gleichmäßig beteiligt sein sollen (Demokratie) oder gewisse soziale Schichten, seien es die Proletarier oder die Bourgeois, auszuschließen oder zu bevorzugen seien (Privilegienstaat)"[25].

Hier wird deutlich, daß Thoma die ‚Schicksalsfrage' der Republik grundlegend anders stellt und beantwortet.

Aus dieser Sicht der Dinge muß Thoma naturgemäß auch den demokratietheoretischen Ansatz C. Schmitts kritisieren, der auf der Folie eines aus der politischen Ideengeschichte destillierten Parlamentarismusmodells das demokratische Prinzip mit dem parlamentarischen konfrontiert, um diesem seine Funktionsfähigkeit abzusprechen. Zwar konstatiert auch Thoma den Funktionswandel des Parlamentarismus und begreift Parlamentarismus und Demokratie als historisch divergente Prinzipien, er stellt sie im Unterschied zu Carl Schmitt aber nicht kontradiktorisch gegenüber im Sinne einer gegenseitigen Negation, sondern stellt sie in notwendige Wechselbeziehung[26].

---

24 Zur Ideologie des Parlamentarismus, S. 214.

25 Ebd., S. 215.

26 Vgl. dazu unten den Abschnitt über die Parteien.

Dieses Verständnis liegt in der Konsequenz eines Demokratiebegriffes, der, wie dargelegt, auf die konkrete Verfassungslage der Weimarer Republik bezogen ist. Entsprechend der verfassungsmäßigen Verschränkung des demokratischen Prinzips der Volkssouveränität mit dem des parlamentarischen Rechtsstaates, deutet er daher beide als komplementäre Elemente.

Im Lichte dieser Erkenntnis muß das Identitätspostulat C. Schmitts, an welchem er seinen Demokratiebegriff festmacht, notwendig auf Thomas Widerspruch stoßen. Thoma wirft Schmitt hier vor allem eine eindimensionale Begriffsbildung vor. Idem er nämlich den Bedeutungsgehalt der Demokratie auf eine Reihe von Identifikationen verkürze, verwechsle er „Definition und rechtfertigende Ideologie" und greife „unter den verschiedenen demokratischen Rechtfertigungen wieder nur eine einzige heraus, die zwar literarisch die lauteste, historisch aber keineswegs die wichtigste unter den Komponenten der europäischen Demokratisierung gewesen ist". „Realpolitisch wichtiger als Freiheits- und Gleichgewichtsideen" seien „nationalpolitische, machtpolitische ..., faktische (Disraeli, Bismarck), sozialpolitische Argumente der Demokratisierung" gewesen[27].

Nach Thoma ist dieses „monistische" Vorgehen von antiliberalen Prämissen bestimmt und Ausdruck der „Sympathie" C. Schmitts für „die Irrationalität des Mythischen"[28].

In der Tat artikuliert sich in C. Schmitts — im Ergebnis antidemokratisch gewendeten — identitären Demokratiekonzept jene der konservativen Tradition entstammende mythologische Vorstellung vom Staat „als einer über den Niederungen der Gesellschaft schwebenden Wesenheit" (Lenk).

Im Namen eines substantiellen Begriffs von Volk und Demokratie votiert er gegen Pluralismus und Parteienstaat.

Unter der überkommenen Prämisse des konträren Gegensatzes von Staat und Gesellschaft erscheint C. Schmitt der die politische Einheit repräsentierende Staat von vornherein mit der prosaischen Sphäre des gesellschaftlichen Interessenpluralismus unvereinbar. Aus diesem Grunde hat sich gegenüber der Gesellschaft in Gestalt politischer Parteien und sozialer Machtgruppen die substantielle Einheit des Staates zu konstituieren, die sich allein dem politischen Ganzen verpflichtet weiß. C. Schmitt entwirft mit seinem Demokratiemodell, in welchem auf plebiszitärer Legitimationsbasis die partikularen Sonderinteressen in die wiedergewonnene und neu errungene Homogenität aufgenommen und

---

27 Zur Ideologie des Parlamentarismus, S. 216.

28 Ebd., S. 217.

aufgehoben sind, ein politisches Gegenbild zur parteienstaatlichen Realität der Weimarer Republik[29].

Gegenüber einem „Staat", der „zur Selbstorganisation der Gesellschaft" geworden ist[30], plädiert er für den „echten Staat".

„Ein solcher Staat läßt in seinem Inneren keinerlei staatsfeindliche, staatshemmende oder staatszerspaltende Kräfte aufkommen. Er denkt nicht daran, die neuen Machtmittel seinen eigenen Feinden und Zerstörern zu überliefern und seine Macht unter irgendwelchen Stichworten, Liberalismus, Rechtsstaat oder wie man es nennen will, untergraben zu lassen. Ein solcher Staat kann Freund und Feind unterscheiden. In diesem Sinne ist, wie gesagt, jeder echte Staat ein totaler Staat[31]."

3. Demokratie als Parteienstaat

Wie wir sahen, orientiert Thoma in scharfem Gegensatz zu Carl Schmitt seine verfassungstheoretischen und -politischen Überlegungen an der positiven Verfassungsordnung der Weimarer Republik.

Sie stellt für ihn die angemessene Form einer Gleichheit und Freiheit gleichermaßen verbürgenden Demokratie dar.

Die Weimarer Verfassung mit ihrem Kompromißcharakter[32] ist im Verständnis Thomas nicht lediglich die — je nach Standpunkt abzulehnende oder anzuerkennende — verfassungsmäßige Spiegelung der Weimarer Verhältnisse, sondern zugleich auch Modell einer verfassungsrechtlichen und verfassungstechnischen Ausbalancierung gesellschaftlicher Interessendifferenzen.

Denn, für Thoma ist gerade jener in der Weimarer Publizistik und auch der Staatslehre oft als ‚Kompromißlertum' denunzierte Ausgleich politischer und sozialer Interessengegensätze auf eine für alle tragbaren und daher erträgliche mittlere Linie die fundamentale Voraussetzung für die Lebens- und Funktionsfähigkeit einer Demokratie.

Daher löst Thoma das — in der Weimarer Parlamentarismusdiskussion angesprochene — Spannungsverhältnis von staatlicher Einheit und

---

[29] Vgl. Hasso Hofmann: Legitimität gegen Legalität. Der Weg der politischen Philosophie Carl Schmitts, 1964, S. 242. Dazu auch: Jürgen Fijalkowski: Die Wendung am Führerstaat, 1958.

[30] C. Schmitt, Hüter der Verfassung, S. 78.

[31] Weiterentwicklung des totalen Staats in Deutschland (Januar 1933), in: Positionen und Begriffe im Kampf mit Weimar, Genf—Versailles 1923 - 1939, 1940, S. 186.

[32] Zur Kompromißformel vgl. Bauer, S. 58. Karl-Dietrich Bracher, Die Auflösung der Weimarer Republik, 1955, S. 25. Neumann, S. 55 ff. In Weimar sprach Kirchheimer von der Weimarer Verfassung als ‚Verfassung ohne Entscheidung', vgl. Otto Kirchheimer, Weimar — und was dann? Analyse einer Verfassung, in: Politik und Verfassung, 1964, S. 52 ff. Der politische Kompromiß wurde ausgehandelt zwischen Mehrheitssozialdemokraten, Liberalen und Zentrum. Den sozialen Kompromiß enthielt die Stinnes-Legien-Vereinbarung vom Oktober 1918, die von der Parität von Kapital und Arbeit ausging.

pluralistischer Gesellschaftsstruktur[33] nicht einseitig in Richtung auf die Einheit und Handlungsfähigkeit des Staates auf, sondern benennt das politische Konkurrenzprinzip der Parteiendemokratie als die zentrale Voraussetzung aller Einheitsbildung und Integration der „Wählermassen".

Denn:

„von einer Krise des modernen Staats mag man wohl sprechen. Seine Aufgaben wachsen ihm über den Kopf und seine Bürger wachsen ihm über den Kopf, indem sie sich immer machtvoller zusammenschließen zu großen, einheitlich geleiteten Korporationen der Industriekonzerne, Arbeitgeberverbände, Gewerkschaften ..."[34].

Aber „gleichzeitig ist es ein Faktum, daß in den modern-komplizierten Verhältnissen ... der Privilegienstaat die sozialen Spannungen nicht mehr meistern" kann, daß vielmehr

„die Demokratisierung mit ihrem Gleichheits- und Mehrheitsprinzip die heutige Methode der ‚Domestikation' der Massen, also die der Gegenwart adäquate Form des Staates, also seine Rettung und Konservierung"[35]

ist.

Nicht in der Aufhebung konkurrierender Gruppenwillen und -interessen sieht Thoma die Vorbedingung für die Bildung des Staatswillens, sondern in der Anerkennung der politischen und sozialen Kräfte, die in Form der Parteien vom Parlament Besitz ergriffen haben.

Die Heterogenität der Gesellschaft wird dabei als Faktum und mithin als Basis des politischen Geschehens gesehen. Daher sind auch die in Weimar virulent gewordenen gesellschaftlichen und sozialen Konflikte nicht im Namen einer Staatshypertrophie aus dem staatlichen Bereich zu verbannen, sondern anzuerkennen und in die verfassungstheoretische und -rechtliche Reflexion miteinzubeziehen[36].

Die Aufgabe der staatlichen und politischen Einheitsbildung läßt sich daher für Thoma nicht jenseits der realen Konfliktsträchtigkeit der Gesellschaft bewältigen, sondern nur auf deren Boden. Dementsprechend plädiert Thoma für eine Entmythologisierung des Staatsbegriffs, nicht zuletzt in der Absicht, den Parteien als der institutionalisierten Form gesellschaftlicher Interessen gerecht zu werden.

Denn, stellt Thoma fest,

„in der Demokratie ist jener einheitliche Status der Macht ..., den einstens Dynastien und Gefolgschaften aufgebaut hatten, endgültig zerschla-

---

[33] Thoma, Der Begriff, S. 64.

[34] Sinn und Gestaltung, S. 112.

[35] Der Begriff, S. 61.

[36] Zu den „politischen und historischen Vorbelastungen" (Fraenkel) des ‚deutschen Sonderwegs' grundlegend: Fraenkel: Deutschland und die westlichen Demokratien. K. D. Bracher, Staatsbegriff und Demokratie in Deutschland, in: PVS 9 (1968), S. 2 ff.; Th. Ellwein, S. 27 ff.; W. Bauer, insb. S. 25 ff. mit weiteren Nachweisen.

gen, um einer flukturierenden Vielheit freigebildeter Gruppen den Platz zu räumen, die sich einzeln oder in Koalitionen das Szepter der Macht streitig machen: die politischen Parteien"[37].

Zwar ist auch bei Thoma angesichts der geistigen und politischen Polarisierung der Weimarer Verhältnisse das liberale Vertrauen auf eine gesellschaftliche Ordnungsautomatik weitgehend geschwunden, aber es „werden die Gefahren des Pluralismus und der Lähmung der Staatsgewalt in Kauf genommen, um den Gefahren des Monismus und seiner Entartung zum Despotismus zu entgehen"[38].

Denn während in der Demokratie „nur die Mehrheit über die Minderheit herrscht und diese eines Tages in die Mehrheit kommen kann", herrscht „im ausgeprägten Privilegien- und Obrigkeitsstaat eine Minderheit definitiv über die Mehrheit" und die „Nichtdemokratie (kann) infolgedessen dem sozialistischen Vorwurf, ein Klassenstaat zu sein, kaum jemals entgehen"[39].

Hingegen besteht in der parlamentarischen Demokratie mit ihrer Vielzahl von Parteien wenigstens die „Chance, nicht ‚Klassenstaat', sondern klassenüberbrückende, ausgleichende Macht zu sein. Dann nämlich, wenn der Zwang zur Arbeit eine gemäßigt proletarische mit einer bürgerlichen Mittelpartei zusammenspannt"[40].

Die Vielzahl der politischen Parteien hat sonach für Thoma letztlich eine integrative Wirkung, da sie die Notwendigkeit einer Koalitionsregierung begründet. Das bringt einerseits die Gefahr „lendenlahmer Kompromißpolitik, andererseits eine Bürgschaft außen- und innenpolitischer Stetigkeit"[41].

Nur in der Bejahung des Parteienpluralismus und der Anerkennung der „flukturierenden Vielheit der Gruppen" sieht Thoma die Kontinuität des bürgerlich-liberalen Staates gegen radikale Mehrheiten von links oder rechts verbürgt.

Denn nach seiner Überzeugung geht die künstliche Homogenisierung einer nicht homogenen Gesellschaft — ein typusbestimmendes Merkmal aller Privilegien- und Obrigkeitsstaaten — mit der Preisgabe liberaldemokratischer Prinzipien und damit dem Verlust der Freiheit einher.

In dieser Perspektive ist für ihn die parlamentarisch-parteienstaatlich verfaßte Demokratie die einzige Staatsform, welche in der Zeit wechselnder sozialer Heterogenität das Zusammenwirken und den Wechsel an sich konfligierender Gruppen verfassungsmäßig ermöglicht und da-

---

37 Der Begriff, S. 61.

38 HdbStR II, S. 112.

39 Sinn und Gestaltung, S. 126.

40 Der Begriff, S. 61; vgl. auch Über Wesen, S. 17 ff.

41 Sinn und Gestaltung, S. 112.

mit allein auch in der Lage, die zunehmenden Polarisierungstendenzen in gesellschaftlich-politischem Bereich abzufangen:

„Es ist Sinn und Funktion der parlamentarischen Demokratie, unter den sozialen Gegebenheiten unserer Epoche einen vermittelnden Kompromiß darzustellen zwischen einseitig extremen Verfassungsformen".

Wie überhaupt, fährt Thoma fort, die

„Demokratie als freie nationale Genossenschaft der gleichberechtigten Staatsbürger den Mittelweg bildet zwischen den mannigfaltigen Klassenstaaten der politischen Besitzbürgerprivilegierung und dem bolschewistischen Klassenstaat der Proletarierprivilegierung"[42].

3.1. Die konstitutive Bedeutung der Parteien für die parlamentarische Demokratie als Repräsentation des Volkswillens und Führungsinstrumente

Steht nach diesen Ausführungen die Lebensfähigkeit einer nach liberalen Prinzipien geformten Demokratie in unmittelbarem Zusammenhang mit der Existenz einer Parteienvielfalt, nimmt es nicht wunder, daß Thoma auch verfassungsrechtlich den Parteien einen zentralen Stellenwert beimißt[43].

Der Unvermeidlichkeit gesellschaftlicher Gruppenbildung korreliert hier die Unentbehrlichkeit der Parteien. Sie sind im Verständnis Thomas die entscheidenden politischen Kräfte, welche den diffusen Volkswillen formieren und artikulieren und somit allererst in den politischen Entscheidungsprozeß einbringen.

Die konstitutive Bedeutung der Parteien erhellt der Umstand, daß im Prozeß massendemokratischer Meinungs- und Willensbildung die ‚Stimme des Volkes' unabhängig von Organisationen und Parteien, von denen sie mobilisiert und integriert wird, kaum politische Relevanz behält.

Daher sind die Parteien

„in der Demokratie die frei aus der Gesellschaft erwachsenen unentbehrlichen Säulen des ganzen Staatsgebäudes. Ihre Programme ... leisten der Nation den unentbehrlichen Dienst, wenigstens den größten Teil des Flugsandes der Wählermillionen zu aktionsfähigen Gruppen zusammenzuschließen. Ohne sie würde die Demokratie eine Beute niederer Demagogie werden ..."[44].

Die „Parteien (sind) nicht etwa ein ‚notwendiges Übel', sondern ... ein wichtiges Aktivum der staatlichen Zivilisation. Die moderne Demokratie könnte gar nicht leben ohne Parteien"[45]. Sie sind die entscheidenden Instrumente der politischen Willensbildung.

Allerdings, fügt Thoma hinzu, in der Hand derer, die über den Parteiapparat bestimmen. Denn realpolitisch, meint Thoma, ist der ‚Volks-

---

[42] Vgl. z. B. HWBStW, S. 744 ff.; Der Begriff, S. 60 ff.; Sinn und Gestaltung, S. 104 ff.; HdbStR I, S. 195 ff.; Über Wesen, S. 17 ff.

[43] Sinn und Gestaltung, S. 105.

[44] Der Begriff, S. 63.

[45] Ebd., S. 62.

wille' eine Fiktion, sofern „unter ,Volkswille' eine bewußte positive Initiative verstanden werden soll".

In diesem Sinne sei „das Volk ,derjenige Teil der Nation, der nicht weiß, was er will' (Hegel) oder bestenfalls in einigen Angelegenheiten weiß, was er . . . nicht will".

„Wollen ist Sache der wenigen politisch Aktiven, die breite Masse der Stimmberechtigten ist ihnen gegenüber lediglich das zu organisierende, zu überzeugende, zur Wahlurne zu rufende Material suggestiver Bearbeitung, das ,Objekt einer psychotechnischen Maschine' (Schumpeter)[46]."

Diese nicht gerade hohe Meinung über den demokratischen Souverän dürfte Ausdruck jener vor allem auf Max Weber zurückgehenden Vorstellung von der „lebenswichtigen Tatsache der Führung" (Schumpeter) sein[47].

Max Weber hat bekanntlich das Parlament primär unter dem Gesichtspunkt der Führerauslese betrachtet. Sein Ausgangspunkt ist, daß unter den Bedingungen der Massendemokratie die wirkliche Macht nicht beim Volk, sondern bei dessen politischen Führern liegt, und die politische Macht des Volkes sich auf deren Bestellung und Abberufung beschränkt[48].

Unter diesem Blickwinkel erscheinen die politischen Parteien notwendig in erster Linie als Kreationsorgane politischen Führertums.

---

[46] Max Weber: „Denn nicht die politisch passive ,Masse' gebiert aus sich den Führer, sondern der politische Führer wirbt sich Gefolgschaft und gewinnt durch ,Demagogie' die Masse." Gesammelte politische Schriften, hrsg. v. J. Winkelmann, 1971, S. 401.

[47] Vgl. z. B. Wirtschaft und Gesellschaft, S. 1073 ff. Bereits 1908 schrieb Weber an Robert Michels: „Begriffe wie ,Wille des Volkes', wahrer Wille des Volkes seien für ihn nichts als Fiktion." Zit. nach Mommsen: Max Weber und die deutsche Politik, 1959, S. 420. Zu dem problematischen und in seinen ,Nachwirkungen' äußerst kontroversen Begriff der Weberschen „plebiszitären Führerdemokratie" grundlegend Mommsen, ebd., S. 151 ff. Vgl. auch Mommsen, Max Weber, Gesellschaft, Politik und Geschichte, 1974, S. 44 mit weiteren Nachweisen. Dort stellt Mommsen zutreffend fest, daß dieses Theorem Ausdruck der Haltung M. Webers sei, die mehr der individualistisch-aristokratischen als der naturrechtlich-egalitären Traditionslinie zuzurechnen sei. Dieses „herrschaftliche Moment" in seinem Denken motivierte Weber wohl auch zu seiner Option für den volksgewählten Reichspräsidenten der WRV. Zu Webers Stellungnahmen und Beitrag hierzu vgl. Mommsen; Max Weber und die deutsche Politik, S. 356 ff. Dazu auch: Nolte, Max Weber vor dem Faschismus, in: Der Staat 2 (1963), S. 1 ff.

[48] Diese Formel ist insbesondere in der Definition Schumpeters über „die demokratische Methode" Gemeingut der politologischen und demokratietheoretischen Literatur geworden (vgl. Josef Schumpeter, Kapitalismus, Sozialismus und Demokratie, 2. Aufl., 1950, S. 427 ff.). Zur Kritik der Demokratie als Methode vgl. insb. J. Habermas, Reflexionen über den Begriff der politischen Beteiligung, in: Friedeburg u. a., Student und Politik, 1961, S. 13 ff. Nach 1945 wurde in der Politologie dieser Ansatz in Richtung einer Theorie demokratischer Eliteherrschaft weiterentwickelt. Vgl. dazu etwa ,Demokratische' Elitenherrschaft, hrsg. v. W. Röhrich, 1975, sowie P. Bachrach, Die Theorie demokratischer Elitenherrschaft, 1967.

Ihre Aufgabe ist es, potentielle Führergruppen herauszubilden und sich mit ihnen um die Stimmen des Wählerpublikums zu bewerben.

Auch Thoma spricht den Parteien diese Auslesefunktion zu[49]. Allerdings bleibt nach Thoma die „sehr heikle Frage, ob in Wirklichkeit dem deutschen Partei- und Parlamentswesen diese ‚Kraft der freien Selbstauslese' (Hugo Preuss) innewohnt“[50]. Gleichviel, meint Thoma, jedenfalls bestehe das Faktum, „daß die ‚Herrscher' in der modernen Demokratie die Häupter der politischen Parteien sind“. Die Parteien verfolgten daher den Zweck, und sollten ihn im Sinne der Verfassung auch verfolgen, „die Herrschaft in die Hand ihrer Führer zu bringen, und damit die papierenen Verfassungssätze, die nicht von den Parteien zu berichten wissen, zu realem Leben zu erwecken“[51].

In diesem Sinne stellt Thoma in Anlehnung an Max Weber fest:

„Eine eigentliche politische Willensbildung findet statt bei den Führern der politischen Parteien. Sogenannter Volkswille beherrscht also die Demokratie nur insofern, als im Großen auf die Dauer nichts aufrechterhalten werden kann, was die Mehrzahl der Wählermassen ablehnt und nichts eingeführt, von dessen Richtigkeit oder wenigstens Duldbarkeit eine Mehrheit zu überzeugen, mißlungen ist.“

Die Herrschaft des Volkes konzentriert sich daher auf die Legitimation der Regierenden durch den Akt der Wahl. Darüberhinaus aber „herrscht nicht der ‚Volkswille', sondern in der oberen Herrschaftsstufe der Gruppenwille der Regierenden . . ., in der unteren die Bürokratie“[52].

Mit Alfred Weber, nach dem „jede Entoligarchisierung moderner Demokratie ein Unding ist“[53], teilt Thoma die resignative Erkenntnis, daß „herrschen in jedem Sinne nur wenige können“. Insofern ist, registriert Thoma, „Demokratie ‚oligarchische Massenorganisation auf demokratischer Basis“ (A. Weber) und ‚Gruppenherrschaft' (Radbruch)“[54].

Aus dem empirischen Befund der faktischen Unmöglichkeit von Volksherrschaft ergibt sich für Thoma der unlösliche Zusammenhang des Begriffes der Selbstregierung des Volkes mit dem Parteibegriff. Idealer Volkswille und Wille der jeweils herrschenden Parteimehrheit fallen so realiter zusammen[55].

Aus dieser Einsicht heraus, fordert Thoma, daß

„jede über die Rechtsformen hinaus zu den Realitäten vordringende Untersuchung der Herrschaftsform und des politischen Gehalts der Demokratie ihren Ausgang nehmen (muß) von einer Analyse der politischen Parteien und ihres Verhältnisses zu den Wirtschaftsverbänden“[56].

[49] So etwa in: Über Wesen, S. 18.

[50] Sinn und Gestaltung, S. 108.

[51] Der Begriff, S. 61.

[52] HWBStW, S. 744.

[53] Alfred Weber, Die Krise des modernen Staatsgedankens in Europa, 1925, S. 137.

[54] HWBStW, ebd.

[55] Der Begriff, S. 63.

3.2. Verhältniswahlrecht und Parteienpluralismus

Neben die fundamentale Bedeutung der Parteien stellt Thoma das Verhältniswahlrecht als die unabdingbare Voraussetzung für die reale „Durchsetzung der Demokratie“.

Das Verhältniswahlsystem ist unverzichtbarer Bestandteil des der Demokratie immanenten Mehrheitsprinzips[57].

Nur auf seiner Grundlage vermögen nämlich die Parteien ihre ‚Transformationsaufgabe‘ zu erfüllen, da nur so das gewählte Parlament wenigstens annähernd als eine „Miniaturausgabe des Volkes“ (Eschenburg) gelten kann.

Zwar sieht Thoma, daß die Verhältniswahl die Parteien verfestigt und ihre „Vervielfältigung befördert“, doch wird hiermit

„auf jeden Fall vermieden, daß Minderheitsparteien die Mehrheit im Parlament erobern und große Volksgruppen unvertreten bleiben, was beides bei Mehrheitswahlrechten unvermeidlich ist. Das demokratische Postulat, daß die Macht der Legislative ein Mittel sein soll, um die Mehrheit des Volkes zur Geltung zu bringen, kann allein durch Verhältniswahlen erfüllt werden. Erst die Verhältniswahl und nur die Verhältniswahl läßt darauf hoffen, daß so, wie es das Prinzip der Demokratie erfordert, hinter jeder Mehrheit von Reichstagsabgeordneten wenigstens der Idee und der Möglichkeit nach eine Mehrheit von Aktivbürgern steht, die diesen Abgeordneten Stimme und Vertrauen gegeben haben“[58].

Indes garantiert Thoma zufolge das Verhältniswahlsystem nicht nur einigermaßen ein Spiegelbild des Volkswillens, sondern bietet auch potentiell die Gewähr dafür, daß nicht radikale und extremistische Mehrheiten von rechts oder links das parlamentarisch-demokratische System sprengen.

Entgegen der auf der „Linie der Zeittendenz“ (Bracher) liegenden Kritik an der Parteienzersplitterung sieht Thoma — und dies ist von zentraler Bedeutung für ihn — in dem auf der Verhältniswahl beruhenden Vielparteiensystem geradezu die verfassungstechnische Sicherung gegen die Gefahr, daß „im Doppelangriff von den Extremen her die ‚Mitte‘ aufgelöst“ wird[59].

„Denn praktisch bilden sich unter modernen sozialen Verhältnissen vor allem eine proletarische, mehr oder minder entschiedene sozialreformatorische oder sozialistische Arbeiterpartei und eine bürgerliche sozialkonservative oder sozialreaktionäre Partei, die das Parlament, wenn keine vermittelnden Zwischenparteien hinzutreten, zur Stätte eines erbitterten Klassenkampfes machen und den Staat bei jedem Mehrheits- und Regierungswechsel eine Art von legitimer Revolution ausliefern würden.“

---

[56] Bereits 1923 sieht Thoma die verfassungspolitische Relevanz und Brisanz der Parteienfinanzierung; vgl. HWBStW, S. 745.

[57] Vgl. z. B. Sinn und Gestaltung, S. 102; HdbDStR I, S. 195, 510.

[58] Sinn und Gestaltung, S. 103.

[59] So treffend Christian Graf v. Krokow, Die Entscheidung, Stuttgart 1958, S. 52; dazu auch Bauer, S. 290 f.

Daher würde nach Ansicht Thomas die in Weimar auch von Befürwortern der parteienstaatlichen Demokratie geforderte Ablösung des Verhältniswahlrechts nicht zur Stabilisierung und Effektivierung demokratischen Regierens beitragen, sondern nur die politische Polarisierung zementieren. „Das Zweiparteiensystem ist keine Wünschbarkeit, sondern ein Unheil, und das Vielparteiensystem kein Unglück, sondern geradezu die Rettung von Staat und Gesellschaft[60].“

Noch in der Auflösungsphase der Weimarer Republik erklärt Thoma:

„Seine Abschaffung würde die Demokratie zerstören. Sie würde durch die künftige Aufzwingung eines Zweigruppensystems die Klassenspaltung vertiefen und eine etwaige sozialistische Reichstagsmehrheit in die Versuchung einer proletarischen, eine etwaige bürgerliche Reichstagsmehrheit in die Versuchung einer faschistischen Diktatur führen[61].“

Thomas entschiedenes Eintreten für den Parteienpluralismus ist motiviert von der politischen Hoffnung, daß es gelinge, durch den „Zwang zum Kompromiß“ keine „Tendenz total werden“ zu lassen[62]. Die politische Intention seiner Verteidigung des pluralen Parteiensystems zeigt sich nicht zuletzt darin, daß Thoma nach dem 2. Weltkrieg angesichts einer veränderten verfassungspolitischen Situation und Parteienlandschaft für ein Zweiparteiensystem plädiert hatte[63].

Im historischen Rückblick auf Weimar drängt sich in diesem Zusammenhang die Frage auf, ob Thoma die integrative Funktion der Wahlmethode nicht doch überschätzt und daher die Gefahren des Vielparteiensystems unterschätzt hat. Denn die Existenz der Splitterparteien schwächte gerade die im Mittelfeld stehenden Parteien Zentrum, Liberale und Mehrheitssozialdemokraten[64].

Allerdings verkennt Thoma durchaus nicht die „Schattenseiten“ des Verhältniswahlrechts und seine Reformbedürftigkeit[65].

So hat er bereits 1925 den Vorschlag unterbreitet, das geltende Wahlverfahren in Richtung auf eine personalisierte Verhältniswahl zu modifizieren: jeder Wähler soll 2 Stimmen erhalten, von denen eine für den Wahlkreiskandidaten, die andere für die Reichsliste bestimmt ist.

---

60 Sinn und Gestaltung, S. 104.

61 HdbDStR I, S. 195.

62 Vgl. Über Wesen, S. 25; Sinn und Gestaltung, S. 105.

63 Thoma votiert für ein „System der zwei Großparteien“. Vgl. Über Wesen ..., S. 20.

64 Vgl. Klaus v. Beyme, Die parlamentarischen Regierungssysteme in Europa, 1970, S. 262 ff. Abgesehen davon dürfte gerade die Verfassungsentwicklung erwiesen haben, daß die Stabilität eines pluralistisch-demokratischen Systems nicht nur eine verfassungstechnische Dimension hat, sondern auch auf den gesellschaftlich-politischen Konsens in den Grundfragen des Verfassungslebens angewiesen ist.

65 Sinn und Gestaltung, S. 106.

Außerdem plädiert er für eine Verkleinerung der Wahlkreise, um die innerparteiliche Willensbildung zu demokratisieren und der Entfremdung der Parteispitze von der Basis entgegenzuwirken[66].

Es gilt hier festzuhalten, daß Thoma gegenüber dem parteienfeindlichen Klima[67] des Weimarer Zeitgeistes Verhältniswahlrecht und Parteienpluralismus als die entscheidenden Grundpfeiler der modernen Demokratie verteidigt[68].

In seinem Verständnis sind „Koalitionsschwierigkeiten" und „Koalitionsspaltungen" nicht primär Zeichen der Instabilität des demokratischen Systems, sondern Ausdruck jenes notwendigen Integrationsprozesses, den eine pluralistische Gesellschaft zu durchlaufen hat[69]. Noch wenige Jahre vor dem Ende der Republik, als der durch den Reichsinnenminister Wirth vorgelegte Wahlgesetzentwurf die Stellung der Parteien und das Wahlrecht erneut zum Zentralthema erhob, bleibt es vor allem Thoma überlassen, auf der Staatsrechtslehrertagung 1931 für den Parteienstaat und insbesondere das Verhältniswahlrecht als genuine demokratische Errungenschaft einzutreten[70].

In der vornehmlich durch außerkonstitutionelle Faktoren bedingten permanenten ‚Situation der Krise', in der die neue Demokratie weder ideal funktionierte[71] noch bei weiten Kreisen — auch innerhalb der Staatsrechtslehre[72] besonderen Anklang fand, bezeichneten Parteienstaat und Pluralismus als Synonyme von Interessenanarchie und Parteihader das Negativbild der damaligen Verhältnisse.

Die Konfliktsträchtigkeit der in Klassen und unversöhnliche politische Lager gespaltenen Gesellschaft motivierte eine breite Strömung der Weimarer Staatsrechtslehre auf ihrer Suche nach der Einheit von Staat und Volk, nach der „Synthese über den Antinomien der Wirk-

---

66 Ebd., und ‚Die Reform des Reichstags' in der Zeitung Germania vom 30. 4. / 1. 5. 1925.

67 Einen allgemeinen Überblick gibt hierzu: Lenk-Neumann, Theorie und Soziologie der politischen Parteien, 1968. Neuausgabe 1974. Vgl. auch H. R. Lipphardt, S. 589 ff. und H. Ehmke, Grenzen der Verfassungsänderung, 1953, S. 110 ff. Eine detailliertere Darstellung oder gar Analyse des Weimarer Meinungsspektrums kann im Rahmen dieser Arbeit naturgemäß nicht erfolgen.

68 Selbst grundsätzliche Befürworter der Parteien standen dem geltenden Verhältniswahlrecht kritisch gegenüber. Vgl. dazu Lenk-Neumann, S. XLVIII, Lipphardt, S. 589 ff.

69 Sinn und Gestaltung, S. 104.

70 Vgl. Lenk-Neumann, S. LI; Diskussionsbeitrag Thomas auf der Staatsrechtslehrertagung 1931, VVDStRL Heft 7 (1932), S. 200/201.

71 Die Zeit des funktionierenden Parlamentarismus war im Grunde — wenngleich sich die Weimarer Republik in den Jahren 1924 - 29 infolge der Stabilisierung der Währung, des Dawes-Planes und der Aufhebung des militärischen Ausnahmezustandes stabilisierte — bereits mit der Wahlniederlage der ‚Weimarer Koalition' im Juni 1920 zu Ende.

72 Vgl. Sontheimer, S. 69 ff.; Bauer, S. 206 ff.

lichkeit“[73] zum Rückgriff auf organische, ständische oder autoritär-plebiszitäre Staatsmodelle.

„So kam es, daß die stereotypen Gegensätze von ‚echter Gemeinschaft und bloßer Gesellschaft, von ‚Kultur‘ und technischer ‚Zivilisation‘ zu einer irrationalistisch getönten Kritik an den aus rationalem Willen geborenen sozialen Einrichtungen wie den Parteien führte, die besonders in der Weimarer Zeit den Parteienstaat als eine ‚deutschem Wesen‘ fremde Ausgeburt westlicher Dekadenz denunzierte[74].“

Naturgemäß war in diesem letztlich dem Obrigkeitsstaat entstammenden Denken für nüchterne Parteiinteressen kein Raum. Die Option galt vielmehr dem überparteilichen Staat, jener — nach dem berühmten Wort Radbruchs — „Lebenslüge des Obrigkeitsstaats“[75].

Obgleich die Parteien de facto als entscheidende Gestaltungskräfte des politischen Lebens aus der Verfassungswirklichkeit nicht hinweggedacht werden könnten, blieb ihnen auf der verfassungsrechtlichen Ebene weitgehend die Anerkennung versagt.

In dem tradierten antithetisch gefaßten Begriffsschema von Staat und Gesellschaft wurden die Parteien als gesellschaftliche Gebilde dem Staat entgegengesetzt. Prototypisch kann hierfür die Position Triepels gelten, der zwar unter den „Gesichtspunkten politischer Dynamik“ die Parteien als „Staatsorgane“ qualifiziert, hingegen „vom Standpunkt des formalen Rechts“ aus nur als „extrakonstitutionelle Erscheinung“ wertet und sie unter diesem Blickwinkel als einen dem „Staatsorganismus fremden sozialen Körper“ bezeichnet[76].

Nach seiner Auffassung stehen die politischen Parteien und der Staat in einem „Wesensgegensatz“ (Kelsen). Das Wesen der politischen Parteien ist mit dem des Staates unvereinbar, da der Staat seiner Natur nach nicht auf sozialen Gebilden, wie es die Parteien sind, aufbauen kann.

Insofern liegt in der Tat, wie Triepel ausführt, „in dem Gedanken des Parteienstaates ein schwer auflösbarer Widerspruch“[77]. Triepel löst allerdings diesen Widerspruch für sich durch „eine Abkehr vom Parteienstaat“.

---

[73] Bauer, S. 136.

[74] So Lenk-Neumann, S. XXIV. Diese antidemokratische — und antiparlamentarische Einstellung konnte auf das gesicherte Traditionsgut des vordemokratischen ‚deutschen Konstitutionalismus‘ zurückgreifen; dazu Beyme, S. 239 ff. Zur Analyse konservativer Denkmuster allgemein: Martin Greifenhagen, Das Dilemma des Konservatismus in Deutschland, 1971; vgl. i. ü. FN 36.

[75] Radbruch, Die politischen Parteien im System des deutschen Verfassungsrechts, in: HdbDStR I, S. 289.

[76] Heinrich Triepel, Die Staatsverfassung und die politischen Parteien, 2. Aufl. 1930, S. 29 ff.

[77] Triepel, S. 29.

„Parteiherrschaft und Parteienstaat“ stellen sich ihm nämlich „als das Symptom einer Krankheit“, als „eine Entartung des staatlichen Körpers[78]“ dar.

„... Eine sichere Schutzwehr gegen das Vordringen des Parteienstaates wird (aber) erst dann aufgerichtet sein, wenn die atomistisch-individualistische Staatsauffassung, aus der er geboren ist, aufgegeben und durch eine organische ersetzt worden ist“, wenn der Staat „zum echten Organismus geworden (ist), wo ‚alles sich zum Ganzen webt, eins in den anderen wirkt und lebt‘“[79].

Kelsen hat in scharfer Polemik zu den Thesen Triepels die allerorten übliche Gegenüberstellung von Staat und Parteien als ideologisch schlecht verhüllte Feindschaft gegen die Demokratie selbst entlarvt[80].

Die Fragwürdigkeit der ganzen gegen die politischen Parteien gerichteten Argumentation zeige sich bereits, meint Kelsen, wenn man die organische Staatskonzeption daraufhin hinterfrage, was denn real hinter dem Begriff des organischen Staates stehe, welche andere soziale Gruppen denn an Stelle der Parteien als Faktoren zur Staatswillensbildung treten sollen.

Hier bleibe dann nämlich fast nicht viel anderes übrig als den berufsständischen Gruppen diese Rolle zuzuweisen.

„Der Interessencharakter dieser Gruppen ist (sicher) nicht geeignet, ja womöglich noch stärker als der der politischen Parteien, da es sich dort nur um materielle Interessen handeln kann[81].“

Thomas Kritik zielt in dieselbe Richtung. Durch die „so vielfach empfohlene Ersetzung des Parlaments“ durch eine „Repräsentative der Berufsstände, d. h. der wirtschaftsegoistisch gebildeten Gruppen“, werde das Problem der staatlichen Einheitsbildung nicht gelöst, vielmehr führe dies geradezu zu einer „vollkommene(n) Preisgabe des Staatsgedankens zugunsten rivalisierender ... Wirtschaftsinteressenten“. Die Forderung nach einem Berufsständeparlament involviere den „Konstitutionalismus mit selbständig regierender Bürokratie“. Man müsse, so Thoma, „beides wollen oder auf beides verzichten“[82]. Es liegt auf der Hand, daß für Thoma in der Tradition Webers die Bürokratie kein Garant für die Wahrung liberaldemokratischer Grundprinzipien darstellen konnte.

---

78 Ebd., S. 28, 29.

79 Ebd., S. 31.

80 H. Kelsen, Willensbildung in der modernen Demokratie, in: Lenk / Neumann (Hrsg.), I, S. 151 ff. (154): Man kann „ernstlich nicht bezweifeln, daß die von der politischen Theorie und der Staatsrechtslehre der konstitutionellen Monarchie beliebte Diskreditierung der politischen Parteien ein ideologisch maskierter Stoß gegen die Realisierung der Demokratie war“. Gegenüber dem gegen die Reine Rechtslehre erhobenen Vorwurf des Formalismus, meint Kelsen, wende sich die antipositivistische Staatslehre und insb. Triepel *dem* Leben zu, das ihnen sympathisch sei. (136) Zu Triepel vgl. auch Hollerbach, Zu Leben und Werk Heinrich Triepels, in: AöR 91 (1966), S. 434 ff., insb. 436 f.

81 Kelsen, ebd., S. 137.

82 HWBStW, S. 743.

4. Der Parteibegriff im Spannungsverhältnis ‚Elite — Masse'

Resümierend können wir feststellen, daß für Thoma die politischen Parteien unverzichtbare Bestandteile einer demokratischen Verfassungsordnung darstellen. Anders als die in Weimar vorherrschende Einschätzung der Parteien konfrontiert Thoma die Parteien als Exponenten von Sonder- und Partikularinteressen nicht dem das Gemeinwohl verkörpernden Staat, sondern nimmt sie aus dieser Gegensatzbildung heraus und weist ihnen eine entscheidende Vermittlungsfunktion von Staats- und Gesellschaftssphäre zu.

Allerdings bleibt bei Thoma in diesem Zusammenhang unklar, ob den Parteien, die er als gesellschaftliche Gebilde beschreibt, gleichzeitig Staats- bzw. Verfassungsorganqualität zukommt[83].

Dementsprechend obliegt es den Parteien, den Volkswillen, die gesellschaftlichen Interessen, zum Staatswillen, der politischen Entscheidung, zu organisieren. Im Rahmen dieses Prozesses haben die Parteien im Verständnis Thomas vor allem die Aufgabe, die amorphen Wählermassen zu lenken und zu leiten und sie als Anhänger — „Gefolgsleute" — einer Partei und namentlich ihres Führers zu formieren und zu integrieren.

Dieses Aufgabenverständnis wirkt im Demokratieverständnis Thomas weiter. Ähnlich Schumpeter, der bekanntlich Demokratie als „politische Methode" und „Konkurrenzkampf um die Stimmen des Volkes" definiert[84], spricht Thoma von der „Eroberung der staatlichen Betriebsdirektion mit den gesetzlich erlaubten Mitteln des Zusammenschlusses und der Stimmenwerbung"[85].

Dieser Max Weber entlehnten Definition demokratischer Herrschaft liegt das gleichsam als Naturgesetzlichkeit registrierte Faktum zugrunde, daß „Regieren immer nur die Elite kann"[86].

In der Verbindung des Theorems von der Partei als Stätte der Führerauslese mit einem pluralistischen Konfliktsmodell der Gesellschaft kann, wie Albertin nicht zu Unrecht bemerkt, der Versuch gesehen werden, die „traditionelle Idee des Liberalismus vom Parlamentarismus als System der Führerauslese" unter den veränderten Verhältnissen zu differenzieren[87].

---

[83] Ein Indiz dafür, daß Thoma die Parteien dem Staatsbereich mit zurechnet, ist seine Auffassung, daß die Parteien im Organstreit antragsbefugt und parteifähig sind. Vgl. Die Staatsgerichtsbarkeit, S. 179. Im übrigen thematisiert er diese Frage, soweit ersichtlich, nicht. Neben Radbruch forderte auch Kelsen nachdrücklich die „verfassungsmäßige Verankerung der politischen Parteien" als „Organe der Staatswillensbildung". Vgl. Vom Wesen und Wert der Demokratie, 2. Aufl., S. 19 f.

[84] J. Schumpeter, S. 428, 429.

[85] Der Begriff, S. 58.

[86] HdbDStR I, S. 191.

[87] Albertin, S. 433; vgl. auch Theodor Schieder, Die Krise des bürgerlichen

Dieser „Versuch“ mündet in eine formale Bestimmung der Demokratie als Methode, die inhaltlich darauf hinausläuft, daß Demokratie begriffen wird, als „die Herrschaft konkurrierender, durch freie Wahlen abrufbarer Eliten im Interesse des Volkes, aber ohne Mitwirkung der herrschaftsunterworfenen Massen“[88].

Dies führt zu der Frage, ob Thoma mit seinem auf die Auslesefunktion restringierten Parteibegriff, der in der Perspektive dieses Demokratieverständnisses liegt, verfassungsrechtlich die Mitwirkung der politischen Parteien bei der staatlichen oder genauer politischen Willensbildung des Volkes zureichend erfaßt.

Denn hier wird die Aufgabe der Parteien vornehmlich darin gesehen, das Volk als Wählerpotential zu mobilisieren und die jeweilige Partei in ihrer Führungsrolle zu bestätigen. Demgegenüber bleibt die Dimension der Parteien, „Sprachrohr des Volkes“[89] zu sein, die Interessen der Bürger zu artikulieren und ihnen somit allererst die notwendige politische Relevanz und Chance der Durchsetzbarkeit zu geben, weitgehend ausgespart.

Mag Thomas Funktionsbeschreibung der Parteien auch eine zutreffende Realanalyse darstellen, wird sie doch äußerst problematisch, soweit sie über das analytische Interesse hinausgeht und in eine Funktions*bestimmung* mündet.

In der Ausklammerung der Seite der gesellschaftlichen Interessenvertretung durch die Parteien schlägt letztlich das liberal-elitäre Leitbild des ‚aristokratischen Individualismus‘ Max Webers durch. Auch nach Etablierung der Demokratie verliert in diesem Verständnis das Volk, der verfassungsmäßige Souverän der neuen Ordnung, nicht seinen Objektcharakter.

In dieser Einschätzung verbindet sich das liberale Vertrauen auf die ausgleichende und mithin integrative Wirkung der Parteienkonkurrenz mit dem Ressentiment gegen die ‚irrationalen Massen‘. Die Vernachlässigung des Aspektes der Interessenorganisation und -artikulation liegt stringent auf der Linie des liberalen Selbstverständnisses, welches den Schwerpunkt auf die individuelle politische Betätigung der großen verantwortlichen Persönlichkeit legt und ‚kollektivistische‘ Bestrebungen eher perhorresziert[90].

Liberalismus, in: Staat und Gesellschaft im Wandel unserer Zeit, 1958, S. 65: „Der Weg von Tocqueville über Mill zu Max Weber spiegelt auf höchster Ebene die geistige Entwicklung des Liberalismus wider.“

[88] Döring, S. 223.

[89] So die auf Leibholz zurückgehende berühmte Formel des BVG vgl. BVerfG E 1, S. 208 ff. (223).

[90] Die Ergänzung, ja Ersetzung des liberalen Prinzips durch das kollektivistische vertritt insb. Fraenkel. Er weist darauf hin, daß die politische Mitwirkung der Bürger am Willensbildungsprozeß auf autonome Kollektivorganisationen angewiesen ist. Vgl. Kollektive Demokratie, in: Th. Ramm Hrsg., Arbeitsrecht und Politik, 1966, S. 80 ff.; ähnlich argumentierte Fraenkel bereits in der Weimarer Zeit.

Von der entsprechenden individualistischen Prämisse des Demokratiebegriffs her kommt so der Massencharakter der Demokratie der Industriegesellschaft vor allem als politisches Stabilitätsproblem, als Problem der Integration und „Domestikation" der Massen in die „nationale Volksgemeinschaft" in den liberalen Blick[91].

Dies impliziert die Gefahr, daß in diesem Verständnishorizont dem Demokratieprinzip nur allzuleicht die Reduktion auf einen formalen Regelmechanismus der freien Auswahl ‚tüchtiger Eliten' durch die ‚gewöhnlichen Massen' widerfährt.

Die Aussage Mommsens, daß Max Weber geneigt war, „das Problem demokratischer Herrschaft weniger vom Standpunkt der Beherrschten als dem der Herrschenden" zu betrachten[92], dürfte in diesem Zusammenhang auch Thoma treffen.

---

[91] So Thoma, Der Begriff, S. 61.

[92] Mommsen, Max Weber, Gesellschaft, Politik, Geschichte, S. 65.

IV. Die Weimarer Verfassung als System der ‚checks and balances'

1. Gewaltenteilung und Gewaltenkonzentration

Hat bislang unser Interesse vornehmlich den verfassungstheoretischen und -politischen Gedanken Thomas gegolten, soll nunmehr der im engeren Sinn verfassungsrechtliche Problemkreis seiner Schriften beleuchtet werden.

Das für die Weimarer Verfassung charakteristische komplizierte System der Gewaltenbalance hält Thoma für das bestimmende Strukturprinzip dieser Verfassung. Ihr Leitbild ist die Vorstellung eines ausbalancierten Gleichgewichtssystems zwischen den Staatsgewalten mit letzter Entscheidungskompetenz des Volkes in Konfliktfällen[1].

Das Prinzip demokratisch-repräsentativer Parlamentsherrschaft wird dabei durch den Freiheitsgedanken der Gewaltenteilungslehre gebunden oder in der Terminologie Thomas: es sind „Hemmungen der Mehrheitsherrschaft (eingebaut), die ein Demokratismus liberaler Prägung aus idealistischen Beweggründen zum Schutze der bürgerlichen und politischen Freiheit und im Dienste der Rechtsstaatsidee sich selber freiwillig auferlegt"[2].

Der „plan of government", d. h. die „Organisation der Herrschaftsgewalt" stellt das Parlament, die „Repräsentativversammlung ‚Reichstag'" als zentrale (politische) Vermittlungsinstanz und (verfassungsrechtliches) Legitimationsorgan in den beherrschenden Mittelpunkt[3]. Das Parlament repräsentiert das Volk und macht es real handlungsfähig, indem es aus seiner Mitte die Regierung bildet ..."

Damit ist gleichzeitig das Verhältnis von Regierung und Parlament als ein Kernproblem des parlamentarischen Systems thematisiert. Denn eine Gewaltenteilung zwischen Legislative und Exekutive im Sinne der klassischen Gewaltenteilungslehre ist hier abgeschafft. Demzufolge spricht Thoma in diesem Zusammenhang von der „monistischen Ge-

---

1 Vgl. Scheuner, Über die verschiedenen Gestaltungen des parlamentarischen Regierungssystems, in: AöR NF 13 (1927), 331 f. Dieses Modell dürfte wesentlich auf den Einfluß der Vorstellung Redslobs von einem „echten Parlamentarismus" zurückzuführen sein, der, konstitutionellem Denken verhaftet, die Aufteilung der Herrschaftsgewalt des Parlaments vertrat. Vgl. ders., Die parlamentarische Regierung in ihrer wahren und ihrer unechten Form, 1918.

2 HdbDStR I, S. 198.

3 Ebd., S. 194.

waltenvereinigung" als einem bestimmenden Wesensmerkmal des parlamentarischen Regierungssystems[4].

Hier sei nämlich „eine in die Tiefe gehende ‚Gewaltenteilung' zwischen Legislative und Exekutive beseitigt und eine Harmonie zwischen Parlamentsmehrheit und regierendem Kabinett verbürgt"[5].

Mit der etwas mißverständlichen Formel von der ‚monistischen Gewaltenvereinigung' — die bezogen auf das gesamte Gewaltenverteilungssystem sicherlich unzutreffend ist — will Thoma in erster Linie im Blick auf das Verhältnis Regierung—Parlament den Gegensatz des parlamentarischen Verfassungsprogramms zu dem dualistischen des monarchischen Konstitutionalismus pointiert hervorheben.

Die „Einheitlichkeit von Legislative und Exekutive" ist im Verständnis Thomas ein ‚Kontrastprogramm' zu der „im spezifischen Sinne konstitutionellen Gewaltenzerteilung", womit er die reale Gewaltenteilung zwischen Staatsregierung und Repräsentationsversammlung des Kaiserreiches meint[6].

In diesem Bezugszusammenhang denkt Thoma Gewaltenteilung und Parlamentarismus als Gegensatz.

Bezogen auf das gesamte System der Staatsgewalten hingegen formuliert er: die Weimarer Demokratie ist „zugleich eine in origineller Weise gewaltenteilende Demokratie, welche dem Nationalparlament ein ganzes System von Gegengewichten gegenüberstellt"[7].

Entsprechend billigt er an anderer Stelle auch die Kennzeichnung des parlamentarischen Regierungssystems als eine „gewaltenverbindende Demokratie"[8].

Mit dieser, sich vordergründig widersprechenden Typisierung sucht Thoma dem Wandel vom konstitutionellen Trennungsdenken zum Weimarer Gleichgewichts- und Balancedenken begrifflich einzufangen. Worauf es ihm daher in diesem Zusammenhang entscheidend ankommt, ist, daß in Weimar die klassische Dreiteilung der Gewalten in Exekutive, Legislative und Judikative durch ein ausbalanciertes System von Kontrollen und Gegengewichten ergänzt worden ist, in der Absicht, den im Parlament verkörperten ‚Gewaltenmonismus' vor der Gefahr einer Entartung zum Parlamentsabsolutismus zu bewahren[9].

---

[4] HdbDStR I, S. 196; Sinn und Gestaltung, S. 100 ff.; Der Begriff, S. 46; Scheuner, S. 221 faßt die Vorstellung Thomas mißverständlich mit dem Begriff monistische Demokratie.

[5] Rezension von Hasbach: Die parlamentarische Kabinettsregierung, in: AöR Bd. 40 (1 NF) (1921), S. 228 ff. (235).

[6] HdbDStR I, S. 196; Sinn und Gestaltung, S. 100/101.

[7] HdbDStR I, S. 194.

[8] So Hasbach, der die gewaltenverbindende der gewaltenzerteilenden Demokratie gegenüberstellt. Dazu Thoma, Rezension von Hasbach, S. 235; vgl. hierzu auch Kimminich, Das Staatsoberhaupt in der parlamentarischen Demokratie, in: VVDStRL (25) 1967, S. 2 ff. (22).

[9] HdbDStR I, S. 196.

Das dargelegte verfassungsrechtliche Organisationsprinzip der Gewaltenbalance könnte allerdings, wie Thoma bemerkt, dadurch grundlegend in Frage gestellt sein, daß die Weimarer Verfassung das für das parlamentarische System genuine Repräsentationsprinzip, das auf der Kategorie des Vertrauens basiert, durch die Möglichkeit plebiszitärer Korrekturen ergänzt hat. Mit dem Einbau plebiszitärer Elemente (Volkswahl des Reichspräsidenten, Volksbegehren und Volksentscheid) sollte dem Legitimationsprinzip der Volkssouveränität in besonderem Maße Rechnung getragen werden.

Thomas Interesse richtet sich in diesem Zusammenhang auf zwei seiner Meinung nach verfassungsrechtliche Fundamentalfragen: einmal auf das Verhältnis von Volksentscheid zum Repräsentativorgan Reichstag, zum anderen auf das des Reichspräsidenten zu Parlament und Reichsregierung.

2. Durchbrechung des Gewaltenteilungsprinzips durch das plebiszitäre Korrektiv des Volksentscheides?

Die verfassungsrechtliche Verankerung des Volksentscheides veranlaßt Thoma zur Untersuchung der Frage, ob nicht die verfassungsrechtliche Zusammenordnung der divergenten Prinzipien der parlamentarischen Repräsentation mit der ihr inhärenten Funktionenteilung und der plebiszitär-unmittelbaren Demokratie den Verfassungsmechanismus der Ausbalancierung der Gewalten aus den Angeln hebt. Die Frage lautet demnach, ob

> „im Volksentscheid die Aktivbürgerschaft als ein alle Gewalten in sich vereinigender Souverän hervortritt oder ob es sich nur um eine Duplizierung der Legislative handelt, deren Kompetenz diejenige des Parlaments grundsätzlich nicht überschreitet".

Müßte man die gestellte Frage im ersteren Sinn bejahen, dann wären die Staatsfunktionen nicht nur „im Prinzip", sondern auch „in Ausübung" vereinigt.

Gleichermaßen müßte einem im Volksentscheid beschlossenen Gesetz ein höherer Rang zugesprochen werden als einem ‚Parlamentsgesetz'.

Diese Fragestellung ist keine nur rhetorische, wie man vermuten möchte. Zwar, führt Thoma aus, lasse der Verfassungstext den Volksentscheid nicht als fundamentales, sondern nur als akzessorisches Institut erscheinen, das auf Ausnahmefälle zugeschnitten, aber nicht dazu bestimmt sei, den Reichstag aus seiner beherrschenden Stellung zu verdrängen. Von daher habe er bisher wie Anschütz und C. Schmitt auch die Auffassung vertreten, das im Volksentscheid und das im Reichstag beschlossene Gesetz sei rechtlich gleichrangig und könne folglich vom Reichstag auch jederzeit abgeändert werden.

Diese „Lehre von der Gleichordnung" sei aber nicht haltbar. Einmal habe der Verfassungsausschuß sehr deutlich zum Ausdruck gebracht, daß mit der „direkten Volksgesetzgebung eine Art letzte und höchste Instanz der Demokratie“ installiert werden solle, die das „Volk als einen souveränen Gesetzgeber über alle anderen Organe setze.

Zum anderen habe sich diese Absicht wenigstens an einer Stelle positiv-rechtlich niedergeschlagen: „Wenn der Reichstag durch verfassungsänderndes Gesetz die unmittelbare Volksgesetzgebung (Art. 73) abschaffen oder beschneiden würde, so wäre hiergegen immer noch die Anrufung des Volksentscheides möglich.“ ... Hingegen gebe es gegen ein im Volksentscheid beschlossenes verfassungsänderndes Gesetz keine weitere Appellation. Hieraus folge, daß „ein gewisser Vorrang des volksbeschlossenen Gesetzes vor dem reichstagsbeschlossenen“ anzunehmen sei.

Allerdings führe dies nicht notwendig auch zur Bejahung einer völligen Überordnung des Volksentscheides. Denn eine solche Lehre trüge notwendig „in ihrem Schoße die Sanktionierung eines ‚radikaldemokratischen Prinzips‘ der Gewaltenvereinigung“.

Damit aber wäre das fundamentale Dogma des deutschen Staatsrechts, daß die „Souveränität der Reichskörperschaft sich in einem Zusammenspiel von mehreren Organen entfalte“, preisgegeben.

Nach Thoma ist diese Auffassung zwar diskutabel, doch fügt er hinzu, „nach geltendem Verfassungsrecht (vereinigt) die abstimmende Aktivbürgerschaft des Reichs nicht alle Rechte der Staatsgewalt in sich. Eine Lehre von der absoluten Vollgewalt des Volksentscheids würde dem Geist und der Gesamtintention der Verfassung nicht gerecht werden.“ Auf diesem Wege pervertierte „die von der Reichsverfassung gewollte Repräsentativdemokratie in Richtung auf eine unmittelbare Demokratie“[10].

Aus dem Umstand, daß die Weimarer Reichsverfassung die plebiszitären Komponenten zugunsten der repräsentativen verkürzt hat, folgt Thomas Ansicht nach für die Lösung des Rangproblems zwischen dem konkurrierenden Volks- und Parlamentsgesetz, daß der von Jacobi vertretene Mittelweg einzuschlagen ist:

> „Für den zur Zeit des Volksentscheids bestehenden Reichstag ist das im Volksentscheid beschlossene Gesetz unantastbar. Jeder später gewählte Reichstag darf es aufheben oder abändern[11].“

Auf diese Weise, meint Thoma, würden plebiszitäres und repräsentatives Legitimierungssystem verfassungsrechtlich in Einklang gebracht.

---

[10] HdbDStR I, S. 114/115.

[11] Ebd., S. 116.

3. Die parlamentarische Regierungsform und die Stellung des Reichspräsidenten

Bekanntlich war die Machtverteilung zwischen Reichspräsident, Reichskanzler und Reichstag ein zentrales verfassungspolitisches Problem der Weimarer Republik.

Es liegt daher auf der Hand, daß sich Thoma für die rechtliche Bestimmung von Art und Funktionsweise des parlamentarischen Systems vor allem die Problematik der Zusammenordnung der den einzelnen Staatsorganen zugewiesenen Kompetenzen aufgedrängt hat. Namentlich die in der Weimarer Staatsrechtslehre nicht unumstrittene Stellung des Reichspräsidenten[12] wird ihm zum Angelpunkt der Betrachtung.

Nach Thoma waren sich die Schöpfer der Weimarer Reichsverfassung darin einig, „daß dem Parlamentarismus der neuen deutschen Reichsverfassung durch einen plebiszitären Reichspräsidenten ein Gegengewicht gesetzt werden müsse“[13].

Im Verlauf der Weimarer Republik hat sich allerdings die von Thoma konstatierte Intention, mit der Installierung eines volksgewählten Reichspräsidenten ein bloßes Gegengewicht im System der Gewaltenbalance zu schaffen, immer mehr in Richtung auf eine politische Gegenmacht zu Reichskanzler und Reichsregierung verschoben. Dieser Entwicklung dürfte es zuzuschreiben sein, daß sich bei Thoma, was die Beurteilung der Machtbefugnisse des Reichspräsidenten betrifft, ein gewisser Auffassungswandel vollzogen hat. Hat er noch 1921 beklagt, daß die Stellung des Reichspräsidenten „zu schwächlich“ ausgestattet sei[14], sieht er sich gegen Ende der Weimarer Republik veranlaßt, in verstärktem Maße darauf hinzuweisen, daß die Verfassung die Republik als parlamentarisches System, nicht als Präsidentschaftsrepublik ausgestaltet habe[15].

Der Bedeutungs- und Funktionswandel des ‚Instituts‘ des volksgewählten Reichspräsidenten läßt Thoma klar erkennen, daß die „Zusammenfügung der Reichszentralgewalt aus zwei Elementen“ sich als ein gewalthemmender Dualismus darstellt, der gefährliche Konflikte in seinem Schoße birgt[16]. Zutreffend spricht er daher im Hinblick auf die

---

[12] HdbDStR I, S. 508; Thoma stellt hier fest, daß selbst der Behandlung der Befugnisse des Reichspräsidenten innerhalb des ‚Handbuches‘ divergente Auffassungen zugrundeliegen.

[13] Rezension von Hasbach, S. 230; vgl. dazu auch Loewenstein, Verfassungslehre, 1954, S. 90 ff. Bracher, Die Auflösung, S. 26 ff.; S. 43 ff. Eschenburg, S. 53 ff. Scheuner, Über die verschiedenen Gestaltungen des parlamentarischen Regierungssystems, S. 331.

[14] Rezension von Hasbach.

[15] HdbDStR I, S. 508.

[16] Ebd., S. 505; vgl. z. B. die Äußerung Pohls HdbDStR I, S. 31, Reichstag und Reichspräsident bildeten zusammen die Verkörperung der Volkssouverä-

Rolle des Reichspräsidenten davon, daß die Weimarer Republik „in gewissem Sinne wiederum unter der Regierungsgewalt einer Art von ‚Dyarchie‘“ stehe[17].

Eingedenk der in diesem Sinne dualistisch angelegten Verfassungsstruktur macht Thoma stets deutlich, daß die Bestimmung des Kompetenzbereichs des Reichspräsidenten aus dem verfassungsrechtlichen Bezugsrahmen des parlamentarischen Regierungssystems zu erfolgen und daher davon auszugehen hat, daß die Verfassung den Reichspräsidenten (das volksgewählte Staatsoberhaupt) als Institut der Gewaltenbalance, nicht aber im Sinne einer Verlagerung der Staatsgewalt vom Parlament auf das Staatsoberhaupt indendiert hat.

Von diesem Verständnis her wendet sich Thoma gegen alle Strömungen, die versuchen, dem Reichspräsidenten eine besondere Machtstellung zuzusprechen, indem sie ihn als den pouvoir neutre und wahren Repräsentanten der Nation dem durch Parteiegoismen gekennzeichneten Parlament gegenüberstellen[18].

Thoma zufolge erfolgt nach dem Willen der Verfassung die „Integration des Reiches von Rechts wegen in der Weise des parlamentarischen Regierungssystems“[19]. Daher müssen die verfassungsmäßige Stellung und die politischen Befugnisse des Reichspräsidenten eingebunden in das parlamentarische System gedacht werden und darin Inhalt wie Grenzen finden.

Parlamentarisches System bedeutet für Thoma hier aber nichts anderes als daß „mindestens in der Regel und für die Dauer das Staatsoberhaupt von der Regierung abgedrängt und diese ein von der jeweiligen Mehrheit des Parlaments gestützten Ministerium anvertraut wird“[20]. In diesem Verständnisrahmen beschreibt Thoma die verfassungsrechtlichen Befugnisse des Reichspräsidenten gegenüber Reichstag, Reichskanzler und Reichsregierung.

Hervorzuheben sei hier zunächst, führt Thoma aus, die Befugnis, die Reichsregierung zu ernennen und zu entlassen mit der Verpflichtung, nur solche Persönlichkeiten zu Reichskanzlern und Ministern zu ernennen, die die Zustimmung der Mehrheit des Reichstages erhalten.

---

nität. Dagegen Wittmayer, Die Weimarer Reichsverfassung, 1922, S. 355 f.: der Reichspräsident sei „das seltsamste politische Lebewesen, das je die deutsche Erde betreten hat“. Vgl. dazu insgesamt Apelt, Geschichte der Weimarer Verfassung, 2. Aufl. 1964, S. 198 ff.

[17] HdbDStR II, S. 118; dazu Fraenkel, Die repräsentative und die plebiszitäre Komponente der Demokratie, in: Deutschland und die westlichen Demokratien, S. 101 ff.; 105 ff.

[18] Ob Thoma von einer Ebenbürtigkeit von Reichspräsident und Reichstag ausging, geht aus seinen Ausführungen nicht klar hervor, entsprach aber wohl der h. M. Dagegen z. B. Hoffmann, in: AöR Bd. 7, S. 271 zit. nach Kimminich, S. 49.

[19] HdbDStR II, S. 119, FN 24.

[20] HdbDStR I, S. 503.

Allerdings sei dem Reichspräsidenten auch die Befugnis zuzusprechen, damit die Auflösung des Reichstags in der Weise zu verbinden, daß erst der Wahlausgang darüber entscheidet, ob dieses Kabinett das ‚Vertrauen‘ einer Mehrheit findet[21].

Was die verfassungsrechtliche Kompetenz des Reichspräsidenten angehe, Reichstagsmitglieder in die Reichsregierung zu berufen, sei zu beachten, daß der Ernennung der Minister formell der Vorschlag des Reichskanzlers vorgeschaltet sei. An die Vorschläge des Reichskanzlers sei der Reichspräsident auch insofern gebunden, als er niemanden ernennen könne, der nicht vorgeschlagen werde. „Insofern erscheint der Reichskanzler ‚als der eigentliche Bildner der jeweiligen Reichsregierung‘[22].“

Nur in den Fällen könne sich der persönliche Wille des Reichspräsidenten auswirken, in denen dem Reichspräsidenten eine gewisse Wahl bleibe zwischen mehreren für das Reichskanzleramt in Betracht kommenden Persönlichkeiten oder Exponenten von Parteikombinationen. Hier kann er sich dann „für *den* Politiker entscheiden, dessen ‚Richtlinien der Politik’ seinen eigenen Anschauungen am nächsten stehen“. Im übrigen gebe es in keinem Falle eine Verantwortlichkeit der Reichsregierung vor dem Reichspräsidenten[23].

Aus diesem Grunde halte er auch jene Auffassung, das Verhältnis des Reichspräsidenten zum Reichskanzler entspreche dem „‚Vertrauensverhältnis des Oberführers zum selbständigen Führer‘ de lege lata“ für ebenso unzutreffend wie die Annahme, der Außenminister und der Wehrminister hätten wegen Art. 45 und Art. 47 „den ‚Einwirkungen‘ des Reichspräsidenten ‚in besonderem Maße‘ zugänglich zu sein“. Zu diesen Bestrebungen, die Kompetenzen des Reichspräsidenten extensiv auszulegen, bemerkt Thoma klarsichtig,

> „daß eine Überhöhung der Stellung des Reichspräsidenten zwar sicher zu einer Schwächung des Reichskanzlers und Spaltung der Reichsspitze führt, aber nicht ebenso sicher zu einer Stärkung des Reichspräsidenten.
> Das Resultat könnte auch sein eine Stärkung der Ministerialbürokratien und der Kommandostellen, die statt zwei Herren zu *dienen*, den einen gegen den anderen ausspielen. In einem gutgefestigten Staate, hat Friedrich der Große gesagt, müssen die Zügel des Dreigespanns Politik, Militär und Finanz fest in *einer* Hand liegen. Diese Hand ist nach dem Gebot unserer Reichsverfassung normalerweise die des Reichskanzlers“[24].

Nach „Geist und System der Reichsverfassung“ ist es nach Ansicht Thomas Aufgabe und Funktion des Reichspräsidenten, als ein

> „parlamentarisch regierendes Staatsoberhaupt auf das Zustandekommen und Funktionieren verfassungsmäßiger Mehrheitskabinette hinzuwirken

21 Ebd., S. 506.

22 Zitat von Anschütz, ebd., S. 506.

23 HdbDStR I, S. 507.

24 Ebd., S. 509.

und die ihm vorbehaltenen Funktionen in den Dienst der Politik des Reichskanzlers zu stellen, den er ernannt und der ... das Vertrauen der Mehrheit besitzt. Insofern stellt die Reichsverfassung den Reichspräsidenten nicht so sehr in Opposition gegen, als vielmehr in Hilfstellung hinter das ‚Parlamentarische Regierungssystem' für den Fall eines Versagens des letzteren"[25].

Zusammenfassend können wir feststellen, daß für Thoma der Wandel der Verfassungsstruktur vom konstitutionellen Obrigkeitsstaat zum parlamentarisch-demokratischen Regierungssystem die klassische Form der Gewaltentrennung zwar weitgehend durchbrochen hat, daß aber deren „verfassungspolitisches Prinzip", die prinzipielle Verteilung staatlicher Macht auf einzelne Funktionsträger auch im neuen System der Gewaltenbalance trotz des Einbaues der plebiszitären Elemente bewahrt ist.

Entsprechend resümiert Thoma, daß „statisch gesehen", d. h. unter verfassungsjuristischem Aspekt, die Weimarer Verfassung durch ein äußerst kompliziertes system of checks and balances gekennzeichnet ist, „dynamisch betrachtet", d. h. verfassungspolitisch, hingegen ist ihr spezifisches Charakteristikum der „gewaltenvereinigende parlamentarische Monismus"[26].

4. Die Prinzipien der ‚gemischten Verfassung'

Nach Thoma besteht das gewaltenhemmende System der Weimarer ‚check and balance-Demokratie' im wesentlichen in sechs verfassungsmäßig festgelegten Instituten:

Unter verfassungsorganisatorischem Aspekt wird das repräsentative Legitimierungssystem der Parlaments- und Parteiherrschaft durch die plebiszitären Korrektiven von Volksbegehren und Volksentscheid ergänzt.

Neben dem föderalistischen Gegengewicht, verkörpert im Reichsrat, stelle sodann insbesondere die Installierung des volksgewählten Reichspräsidenten „ein origineller und also kühner Entwurf" dar. Eine umfassende inhaltliche Determinierung und Legitimierung erfahre die Republik schließlich vor allem im Katalog der Grundrechte und Grundpflichten, der gleichzeitig ein „wichtiges Element der Umhegung der parlamentarischen Gewalten" bilde.

Die ‚Grundrechte und Grundpflichten' sind nach Thoma unter rechtssystematischem Aspekt gleichermaßen den Instituten des Minderheitenschutzes wie des Rechtsstaates zuzuordnen. Bei beiden Prinzipien handle es sich um konstitutive Elemente der parlamentarischen Gewaltenbalance. Der Minderheitenschutz sei zwar — entgegen der Ansicht Kel-

---

25 HdbDStR II, S. 119.

26 Ebd., S. 117.

sens — nicht dem demokratischen Prinzip an sich immanent, wohl aber dem „Demokratismus liberaler Prägung“ und realisiere sich dort vor allem im Verhältniswahlrecht.

Der Minderheitenschutz erhält Thoma zufolge seine entscheidende verfassungsrechtliche Kraft dadurch, daß hinter dem durch Art. 76 WRV errichteten Wall der ⅔-Mehrheit nicht nur verfassungsorganisatorische, sondern auch eine „Fülle materiellrechtlicher Sätze ... geborgen sind“[27].

Was schließlich das Rechtsstaatsprinzip angehe, verbürge es die „Gesetzmäßigkeit des Staatslebens“ durch die Unabhängigkeit der Gerichte und sichere damit den Freiheitsraum des einzelnen institutionell ab.

Grundlegend für die rechtliche Struktur sowie für die Beschränkung der parlamentarischen Mehrheitsherrschaft hält Thoma letztendlich die Einrichtung des Staatsgerichtshofes sowie die verfassungsmäßige Verankerung der Rechte des Berufsbeamtentums[28].

Damit sind die verfassungsrechtlichen Determinanten des parlamentarischen Systems grob umrissen. Dieser Überblick benennt aber nicht nur die konstitutiven Elemente des Weimarer Verfassungsmodells, sondern thematisiert auch zugleich die wesentlichen von Thoma behandelten Verfassungsfragen, die nicht nur im Zentrum der rechtswissenschaftlichen Diskussion, sondern auch im Licht der politischen Auseinandersetzung um die junge Republik standen.

Die Erörterung der einzelnen Prinzipien, ihr gegenseitiges Beziehungs- und Spannungsverhältnis ergibt auch den weiteren Fortgang unserer Untersuchung. Das Problem der Zusammenordnung der heterogenen Prinzipien von Demokratie und Rechtsstaat ist Kern der geführten Auseinandersetzung um die Frage der Grenzen der Verfassungsänderung, des Umfanges des richterlichen Prüfungsrechts und der Bedeutung und Funktion der Verfassungsgerichtsbarkeit.

Die gemeinsame Behandlung dieser Fragen erscheint mir auf Grund ihrer sachlichen Konvergenz — ihrer die Parlamentssouveränität begrenzenden Funktion — gerechtfertigt.

---

27 HdbDStR I, S. 196.

28 Ebd., S. 196 ff.

V. Gesetzgebung und Rechtsstaat

1. Das Spannungsfeld von demokratischem und rechtsstaatlichem Prinzip

Die rechtsstaatlich gebundene demokratische Parlamentsherrschaft ist für Thoma ein wesentliches Strukturmerkmal des liberal-demokratischen Verfassungsmodells.

Steht auf der einen Seite das Dogma von der unumstößlichen Autorität des im Gesetz ausgedrückten Volkswillens als einem Fundamentalprinzip der Demokratie, schlägt sich auf der anderen Seite die Erkenntnis nieder, daß auch demokratische Herrschaft Gefahren der Macht ausgesetzt ist, die ihre Beschränkung und rechtsstaatliche Umhegung erfordern.

Das Beziehungs- und Spannungsverhältnis jener sich gegenseitig beschränkenden Verfassungsprinzipien führen Thoma zu der grundsätzlichen Fragestellung nach dem Verhältnis von Gesetzgebung und Verfassung, Legislative und Judikative.

Das Problem ihrer Zuordnung und ihrer ‚Synchronisation' zentriert sich für Thoma in der Frage der „justiziellen Grenzen der Autonomie" des Parlaments[1]. Dieser Ansatz läßt notwendig die Rolle des Gesetzgebers in den Vordergrund treten.

Seine Argumentation widerspiegelt dabei ein Legalitätsverständnis, welches den historischen Kontext der bürgerlich-liberalen Rechtsstaatstradition nicht verleugnen kann[2], für welche der Gesetzgeber nicht Feind der bürgerlichen Freiheitsrechte, sondern in erster Linie deren Garant darstellte[3].

Wie im Folgenden auszuführen sein wird, weist in diesem Bezugsrahmen der schmale Grat zwischen der ungebundenen Parlamentssouveränität und der materiellen Bindung des Gesetzgebers an die Verfassung die Richtung der Argumentation Thomas.

---

1 Th. Maunz, Deutsches Staatsrecht, 5. Aufl. 1956, S. 241.

2 Vgl. Thomas formellen Rechtsstaatsbegriff, vor allem das Kapitel über die Grundrechte, VI. 4.

3 Die „Herrschaft des Gesetzes" wurde auch durch die Unabhängigkeit der Gerichte gesichert, welche die ausschließliche Bindung des Richters an das Gesetz zum Inhalt hatte. Die Rechtsprechung wurde nur als Gesetzes-vollziehung, der Richter als ‚Mund des Gesetzes' verstanden.

2. Der Verfassungsbegriff

Die Weimarer Diskussion über die anstehenden Verfassungsfragen war entscheidend bestimmt durch die Frontstellung von Rechtspositivismus und materialer Verfassungslehre. Entsprechend markieren Thomas Ausführungen eine dezidierte Gegenposition zu allen antipositivistischen Tendenzen seiner Zeit. Die Analyse seiner Position läßt daher auch die Prämissen und Motive einer positivistischen Verfassungskonzeption und des Plädoyers für den Gesetzgebungsstaat[4] demonstrieren.

Entsprechender Ausgangspunkt bildet die seinen Überlegungen zugrundeliegende Annahme, daß die Gespaltenheit der Gesellschaft in konfligierende Interessen und Wertsysteme nicht nur eine soziale Realität der entwickelten Industriegesellschaft darstellt, sondern sich auch auf der verfassungsrechtlichen Ebene im Kompromißcharakter der Verfassung von Weimar widerspiegelt. Diese begreift Thoma im Gegensatz zur materialen Verfassungslehre weniger als ein ideelles Sinnsystem wie etwa Smend[5] oder als politische Grundentscheidung im Sinne C. Schmitts, denn als bloße Addition von Verfassungsnormen, die den politischen Kompromiß gesellschaftlicher Kräfte rechtlich fixiert haben.

In der in diesem Verfassungsbegriff implizierten Negierung eines qualitativen Unterschieds zwischen Verfassung und Gesetz dürfte auch das konstitutionelle Rechtsstaatsdenken fortwirken, welches unter Verfassung lediglich ein erschwert abänderbares Gesetz verstand. In dieser Perspektive liegt folgerichtig ein absolut wertfrei gedachter, formaler Verfassungsbegriff-Korrelat der wertneutralen Konzeption der Demokratie als Spielregelsystem.

Positivistisches Verfassungsverständnis und pluralistisches Gesellschaftsbild stehen so in einem Beziehungs- und Verständniszuammenhang[6].

Wie im Liberalismus die Vorstellung vom neutralen und agnostischen Staat vorherrscht, der Wirtschafts- und Sozialgestaltung dem autonomen Gesellschaftsprozeß überläßt, beinhaltet für Thoma die Verfassung eines demokratischen Parteienstaates in erster Linie ein technisch-formales Organisationsschema, welches lediglich das Wie, nicht aber das Was regelt, da der zwischen differenten Gesellschaftsprogrammen auszutragende Kampf nicht von Verfassungs wegen entschieden werden, sondern der gesellschaftlichen Eigendynamik und dem politischen Kompromiß vorbehalten bleiben soll[7].

---

[4] Gesetzgebungsstaat soll hier terminologisch die uneingeschränkte Parlamentssouveränität bezeichnen. Polemisch zugespitzter Gegenbegriff ist der ‚Justizstaat'.

[5] Smend, Verfassung und Verfassungsrecht, 1928, S. 77.

[6] Vgl. oben Demokratieabschnitt II. 3.2.

Als Transmissionsriemen fungieren hierbei die politischen Parteien als die Organe der demokratischen Willensbildung.

Von daher gesehen, vermag folgerichtig allein der positivistische Verzicht auf eine materiale Deutung der Verfassung, deren inhaltliche Wertung Parteilichkeit impliziert, die Offenheit des Verfassungssystems nach *allen* Seiten hin zu garantieren. Die inhaltliche Neutralität der Verfassung stellt daher für Thoma ein konstitutives Moment dar[8]. Wie für Anschütz ist nämlich auch für ihn die „Gleichberechtigung aller Gesellschaftsklassen" mit Demokratie nahezu identisch[9].

Man sieht, diese Verfassungskonzeption enthält auch ein Votum für die souveräne Gestaltungskompetenz des demokratischen Gesetzgebers: ihm, nicht der Verfassung, soll die Staatszielbestimmung obliegen.

Da jede inhaltliche Verfassungsentscheidung den Kompetenzumfang der Legislative beschneidet, stellt Thoma die — durch positive Verfassungsbestimmungen widerlegbare — Vermutung der unbeschränkten Souveränität des Parlaments auch gegenüber der Verfassung auf.

Mit dieser Maxime ist die Richtung der Argumentation in der Auseinandersetzung um die nun im einzelnen zu betrachtenden Fragen gewiesen.

3. Der Funktionsbereich der gesetzgebenden Gewalt und die Grenzen der Verfassungsänderung

Im Unterschied zum Bonner Grundgesetz enthielt die Weimarer RV bekanntlich keine ausdrücklich normierte Unantastbarkeitsgarantie fundamentaler Verfassungsgrundsätze.

Von daher versteht es sich, daß in Weimar die Frage der Grenzen der Verfassungsänderung ein verfassungstheoretisches und -politisches Problem ersten Ranges darstellte[10].

Thomas Ausgangspunkt bei der Behandlung der Frage der Grenzen der Verfassungsänderung ist, daß die Legitimität der WRV allein auf der verfassungsgebenden Gewalt des deutschen Volkes beruht.

Dies bedeutet für ihn, daß das Volk seine Verfassungsordnung selbst bestimmt und damit auch den Umfang künftiger Verfassungsänderung. Da die WRV keine unantastbaren Verfassungsvorschriften positiviert hat, gibt es nach Auffassung Thomas auch keine Grenzen der Befugnis zu Verfassungsänderungen.

---

7 Vgl. hierzu und zum Folgenden: J. Maus, S. 21 ff.

8 Zum Begriff der neutralen Verfassung vgl. K. Loewenstein, Verfassungslehre, Tübingen 1959, S. 146; Maus, S. 61.

9 Anschütz, Die Verfassung des Deutschen Reiches v. 11. 8. 1919, Ein Kommentar für Wissenschaft u. Praxis, 14. Aufl. 1933, S. 12.

10 Sedes materiae ist Art. 76 WRV: „Die Verfassung kann im Wege der Gesetzgebung geändert werden."

In Antithese zu C. Schmitt, der zwischen dem Verfassungsgeber und dem verfassungsändernden Gesetzgeber unterschieden und hieraus einen der verfassungsändernden Kompetenz der Legislative entzogenen Kernbestand der Verfassung abgeleitet hat[11], folgt für Thomas aus der verfassungsgebenden die verfassungsändernde Gewalt. Beide werden als komplementäre Ausdrucksform der Volkssouveränität gesehen. Sicherlich, führt Thoma aus, hätte es dem Verfassungsgeber freigestanden, „dem Reichstag und der im Volksentscheid beschließenden Aktivbürgerschaft nur eine begrenzte Kompetenz zu Verfassungsänderung zu übertragen" oder unantastbare Verfassungsprinzipien zu statuieren, ... „indes hat die Nationalversammlung weder das eine noch das andere getan! Sie hat, mag man dies auch bedauern, ... ein offenes System bevorzugt, das ... die Fortbildung und wenn sie der überwiegenden Mehrheit erstrebenswert scheinen sollte, Umgestaltung des Verfassungssystems zur Disposition der Reichslegislative stellt." Der Gesetzgeber besitzt daher für Thoma eine „plenitudo potestatis der Verfassungsänderung"[12].

Der Einwand, meint Thoma, die Souveränität des Gesetzgebers könne doch nicht omnipotent sein, „man könne doch wohl nicht ‚wirklich in Weimar sich für ein System scheinbar legalisierter Methoden des Staatsstreiches entschieden' haben", verkenne die „vielleicht gewagte, aber in ihrer Folgerichtigkeit großartige Erfassung der Idee der freien demokratischen Selbstbestimmung", „... welche die Gefahren aufwiegt, die alle Freiheit mit sich bringt"[13].

Von dieser Grundüberzeugung her lehnt Thoma jeden interpretatorischen Versuch ab, bestimmte Verfassungsbestandteile als Kernbereiche der Verfassung materiell abzusichern, um sie damit der legislatorischen Gestaltungskompetenz zu entziehen.

Nach dem Prinzip der ‚offenen Verfassung' steht die Gesellschaftsordnung zur Disposition des demokratischen Gesetzgebers. Daran, so Thoma, könne kein Enthusiasmus (etwa für Republik, Freiheitsrechte oder sonstige Inhalte der Weimarer Verfassung) und keine Angst (etwa vor einer Zweidrittelmehrheit der Sozialdemokratischen Partei) etwas ändern[14].

---

[11] Vgl. Verfassungslehre, S. 103; C. Schmitt unterscheidet hier scharf zwischen Verfassungsgeber und Verfassungsgesetzgeber.

[12] HdbDStR II, S. 153, 154; in seiner Argumentation verwechselt Thoma offensichtlich den pouvoir constitué und den pouvoir constituant. Maus (S. 111) weist in diesem Zusammenhang auf die allgemeine Verständnislosigkeit des Weimarer Rechtspositivismus gegenüber der Theorie des pouvoir constituant hin.

[13] HdbDStR I, S. 193; II, S. 154.

[14] Diese Position hat Thoma nach den Erfahrungen der NS-Zeit offensichtlich relativiert. Vgl. Über Wesen, S. 39, wo er zu einer Unantastbarkeitsnorm in der Verfassung positiv Stellung nimmt. Dazu auch Jahrreiß in der Thoma-Festschrift S. 89.

Die gegenteilige Auffassung, welche die „angebliche juristische Begrenztheit des verfassungsändernden Gesetzes" postuliere, finde in der Verfassung keine Stütze. Namentlich C. Schmitts These der materialen Schranken der Verfassungsänderung geht nach Auffassung Thomas auf eine Verfassungstheorie zurück, die nicht aus der Verfassung entwickelt, sondern von außen an sie herangetragen wird.

Die eigentliche Intention dieser Verfassungskonzeption und der Formel vom pouvoir constituant sieht Thoma folgerichtig darin, durch die Annahme einer inhaltlichen Verfassungsentscheidung den Kompetenzbereich der Legislative zu beschneiden.

Wie wir sahen, liegt es für Thoma aber gerade im Sinn demokratischer Selbstbestimmung, den Gesetzgeber von verfassungsmäßigen Schranken freizuhalten, wenn, wie in Weimar, die Verfassung schweigt.

Daher, folgert Thoma konsequent, besage auch der Umstand, daß jede Kompetenz regelmäßig äußerste rechtliche Grenzen habe, keineswegs, wie C. Schmitt etwa vertrete, daß diese Regel auch auf den „Urheber aller Kompetenzen, den Verfassungsgeber selber Anwendung findet[15]."

Grenzen der Verfassungsänderungen können sonach nur durch den Verfassungsgeber selber konstituiert werden. Fehlt es aber an einer positiven Normierung, stellt jede verfassungsinterpretatorische Beschränkung der legislativen Kompetenz in den Augen Thomas eine unzulässige Durchbrechung des demokratischen Prinzips der Volkssouveränität dar.

Vom positivistischen Verfassungsverständnis her gesehen, das unter ‚Verfassung' vornehmlich den Inbegriff der in der Verfassungsurkunde positivierten Rechtssätze versteht, kann es mithin weder „verfassungsimmanente, im materialen Zusammenhang der Verfassung begründete Grenzen der Verfassungsänderung"[16] geben, noch ist Raum für die verfassungsrechtliche Unterscheidung von pouvoir constituant und pouvoir constitué[17].

Daher erscheinen Thoma auch die Paradigmata, die aus dem materialen Gehalt und dem Gesamtbild der Verfassung eine Schranke der legislativen Änderungskompetenz ableiten, methodisch als unzulässiger „Sprung in Naturrecht und Metaphysik". Denn der „materiale Gehalt" ist nicht mehr aus dem positiven Verfassungsrecht heraus begründbar, sondern in *vor*-verfassungsmäßigen Grundsätzen eines „nur durch Einstimmigkeit abänderbaren contrat social oder unabänderlichen ordre

---

15 HdbDStR II, S. 154.

16 Ehmke, Grenzen der Verfassungsänderung, 1953, S. 99.

17 Diese Unterscheidung geht auf Emmanuel Sieyès zurück. Er verstand den pouvoir constituant als revolutionäres Prinzip. Vgl.: Was ist der dritte Stand?

naturel" zu suchen, denen der Gesetzgeber selber unterworfen wird. Entsprechend konstatiert Thoma, daß hier weniger Verfassungsdenken denn politisches Wunschdenken am Werke sei, das einem außerrechtlich motivierten Mißtrauen gegen den Gesetzgeber entspringe[18].

Mit Thomas These von der ‚plenitudo potestatis' des Gesetzgebers zur Verfassungsänderung ist allerdings erst der eine Bezugspol seiner Überlegungen benannt. Der Befund, daß der Gesetzgeber im Bereich der Normativität „de lege lata souverän"[19] ist, darf Thoma zufolge nämlich nicht zu der Annahme verleiten, ihm sei ein Freibrief für den Erlaß beliebiger, ja willkürlicher Gesetze ausgestellt. Denn, betont Thoma, das „rechtliche Können" sei nicht mit dem „rechtlichen Dürfen" zu verwechseln.

Es gehe zu weit, zu sagen, der Gesetzgeber dürfe jede Anordnung treffen. Denn nach außen beständen für ihn die Schranken des Völkerrechts, nach innen treffe ihn der „Imperativ der Rechtsordnung", sich an Gerechtigkeit und am Gemeinwohl zu orientieren[20].

Zwar hat Thoma zufolge eine den

> „Staatsgedanken verteidigende Staatsrechtslehre meist viel dringenderen Anlaß, die Kompetenzen des Gesetzgebers ... positiv zu betonen und seine sog. juristische Allmacht oder formale Omnipotenz gegenüber gesellschaftlichen Mächten zu verteidigen, welche sich hinter irgendwelchen Philosophemen, Theologismen oder Historismen verschanzen".

Gleichwohl aber darf die „Verteidigung der anderen Front" nicht vergessen werden: „die Front der Rechtsidee, welche der Gesetzgebung die Rechtspflicht zur Gerechtigkeitstendenz in das Gewissen schreibt".

Auf der einen Seite steht so die rechtliche Omnipotenz der Legislative, auf der anderen eine vage, nicht näher konkretisierte materiale Rechtsidee, die gewissermaßen als kategorischer Imperativ die gesamte Rechtsordnung beherrscht.

Diese Rechtsidee vermag allerdings eine verfassungs*rechtliche* Bindung des Gesetzgebers nicht zu begründen, denn sie hat im Verständnis Thomas allenfalls die Qualität eines *sozialmoralischen Appells:* obwohl die Legislative ‚von Rechts wegen' nicht willkürlich statuieren *darf*, so „*kann* sie es doch in dem Sinne, daß sie eine Rechtsnorm ... erzeugt"[21].

Die Entgegensetzung vom ‚rechtlichen Können' und ‚rechtlichen Dürfen' repetiert hier das positivistische Dilemma der Disparität von Legalität und Moralität.

Unter der Formel vom ‚rechtlichen Können' versteht Thoma nichts anderes als die verfassungsmäßige Legalisierung der Normen: alles ist

[18] Thoma, HdbDStR II, S. 154.
[19] HdbDStR II, S. 155.
[20] Ebd., S. 140.
[21] HdbDStR II, S. 141.

Recht, was der Gesetzgeber positiv als Recht festsetzt, das nur der Gesetzgebungsakt, nicht der Nachweis der Gerechtigkeit, Sittlichkeit oder Vernünftigkeit einer Norm, „die sich ein Rechtsphilosoph oder eine politische oder soziale Gruppe erdacht haben“[22] Recht schafft.

Auf der positivistisch verstandenen Ebene der Normativität können voraussetzungsgemäß die Normen nicht auf ihre inhaltliche ‚Richtigkeit‘ und Rechtfertigung hin hinterfragt werden, da Rechtsideen als materiale Gerechtigkeitspostulate selber nicht Bestandteil des positiven Normensystems sind.

Die Frage nach der Gerechtigkeit muß aus diesem (positivistisch verengten) Blickwinkel notwendig außerhalb der Rechts- und Verfassungsordnung stehen und kann allenfalls als metajuristischer, sozialmoralischer Appell verfassungspraktische Relevanz entfalten[23].

In der Beschreibung des Verhältnisses von rechtlichem Können und rechtlichem Dürfen von positiver Rechtsordnung und Gerechtigkeit als einem „dichotomischen“ spiegelt sich brennpunktartig das wissenschaftstheoretisch restringierte positivistische Rechtsverständnis. Dieses basiert rechtstheoretisch auf der trennscharfen Aufspaltung des Rechtsbegriffs in ein rechtstechnisches Normensystem und ein inhaltlich bestimmtes Sollen. Rechts- und Moralsystem fallen so auseinander und stehen sich, getrennt durch die wissenschaftslogische Kluft von Sein und Sollen, gegenüber. Die Grenzziehung Thomas illustriert hier die positivistische Argumentationstradition, für welche die Trennung von Norm und Wirklichkeit, Legalität und Legitimität kennzeichnend ist.

Die konkreten Auswirkungen dieser Axiomatik zeigte sich bei Thoma, worauf Ehmke in seiner Untersuchung der Frage der Grenzen der Verfassungsänderung[24] zutreffend hinweist, sowohl bei der Behandlung des Problems der Verfassungsdurchbrechung wie auch der Abänderung bzw. Durchbrechung von Grundrechtsartikeln.

Unter Verfassungsdurchbrechung wurde in Weimar die für einen Einzelfall erfolgende Verletzung einer Verfassungsnorm durch ein mit verfassungsändernder Mehrheit beschlossenes Gesetz verstanden, das die verletzte Verfassungsnorm als solche aber nicht aufhebt.

Nach Thoma involviert die legislative Kompetenz der Verfassungsänderung nicht notwendig die Kompetenz, eine „bestehende Norm im Einzelfall zu mißachten“[25]. Insoweit ist die Verfassungsdurchbrechung auch nicht durch Art. 72 gedeckt, wenngleich sie sich „in gewissem Grade

---

[22] Ebd., S. 138.

[23] Jellinek etwa hat dieses Problem unter der Frage der staatlichen Selbstbindung angesprochen und für metajuristisch erklärt. Vgl. System der öffentlichen Rechte, Nachdruck 1963, S. 368, (zit. System).

[24] Vgl. oben, FN 13.

[25] Thoma, HdbDStR II, S. 155.

gewohnheitsrechtlich durchgesetzt“ hat. Trotzdem bleibt sie aber ein „anormaler, nur durch politischen Notstand zu rechtfertigender Akt“.

Verfassungsrechtlich sei daher die Verfassungsdurchbrechung dann unzulässig, wenn sie nicht in der hierfür vorgesehenen verfassungsmäßigen Form der Verfassungsänderung erfolgt.

Da dem Gesetzgeber kraft Verfassung aber keine Befugnis zur Verfassungsdurchbrechung zukomme, handle es sich nur um eine Kompetenzusurpation, die nur gewohnheitsrechtlich begrenzt sanktioniert sei und daher der Kontrolle durch die berufenen Hüter der Verfassung zu unterstellen sei. Diese Kontrolle aber sei keine „auf Gerechtigkeit“, sondern auf „Kompetenz“[26].

Zu einem ähnlich ambivalenten Ergebnis gelangt Thoma bei der Behandlung des Problems der Abänderung bzw. Durchbrechung von Grundrechtsartikeln.

Einmal stellt er fest, daß dann, wenn sich eine Zweidrittelmehrheit des Reichstages in politischer Leidenschaft dazu hinreißen lasse, durch Verfassungsdurchbrechung „eines der Prinzipien der Freiheit und Gerechtigkeit unter die Füße zu treten, die in der ganzen heutigen Kulturwelt — mit Ausnahme des Faschismus und des Kommunismus — heilig gehalten werden“, der Reichspräsident das Recht haben müsse, einen solchen Beschluß als verfassungswidrig zu behandeln und, falls der Reichspräsident ein derartiges Gesetz doch verkündet, müsse dem Staatsgerichtshof das Recht zustehen, diesem Gesetz die Anwendung zu versagen.

Zum anderen aber hält er daran fest, daß gegen eine generelle Änderung grundrechtlicher Sätze durch ein verfassungsänderndes Gesetz „kein juristisches Kraut gewachsen“ ist[27].

Es wird erkennbar, daß Thoma die Frage der Grenzen der Verfassungsänderung der Sache nach nicht als eine der verfassungstranszendenten Beschränkung der legislativen Kompetenz durch eine wie auch immer gefaßte materiale Rechtsidee behandelt, sondern als eine der begrifflichen Unterscheidung von Verfassungsänderung und Verfassungsdurchbrechung, die ihrerseits aber keinen rechtsinhaltlichen, sondern ausschließlich rechtstechnischen Kriterien folgt.

Mag dieses Vorgehen bei Thoma auch verfassungspolitisch motiviert sein, weil bei der Frage der generellen Befugnis zur Verfassungsänderung der durch das Parlament mediatisierte souveräne Volkswille auf

---

[26] Ebd., S. 156; Ehmke, ebd., S. 26 sieht in dieser Argumentation zu Recht einen Beweis für die verfassungsjuristische Irrelevanz der materialen Rechtsidee; das Problem der Verfassungsdurchbrechung werde nämlich auf eine Kompetenzfrage reduziert.

[27] Nipperdey, S. 47 ff.

dem Spiele steht, liegt es doch gleichzeitig in der Konsequenz seines rechtstechnisch-formalen Rechts- und Verfassungsbegriffs.

In die gleiche Richtung zielt die Kritik Ehmkes, der Thomas Überlegungen von einem positivistischen Ansatz determiniert sieht und sie von seinem Standpunkt aus, der „im Positivismus eine erschreckend verkürzte Sicht menschlichen Lebens und Zusammenlebens erblickt", entschieden ablehnt[28].

Mag diese Beurteilung Ehmkes im Rahmen *seines* Untersuchungszwecks auch durchaus berechtigt sein, kann nicht verkannt werden, daß eine Würdigung der Position Thomas in *unserem* Untersuchungszusammenhang nicht abgehoben vom historisch-verfassungspolitischen Kontext erfolgen darf. In diesem Kontext hat aber die Abkehr vom positiven Gesetzesdenken und die Hinwendung zum materialen Verfassungsdenken nicht nur die Befreiung der Staatsrechtslehre aus der positivistischen Blickverengung gebracht, sondern auch die Funktion gehabt, durch den Rekurs auf eine überpositive Wertordnung die Macht und die Freiheit des Parlaments interpretativ zu beschneiden.

Gerade die in der Weimarer Epoche vorwiegend von konservativer Seite postulierte Polarität von Gesetz und Recht stimmt skeptisch gegenüber dem generellen Verdikt gegen das kompromißlose Festhalten an der Positivität der Verfassung. Schließlich hat C. Schmitt die Aufspaltung der Weimarer Verfassung in ein System der Legalität, das substanzlose „funktionalistische Mehrheitssystem", und ein System der Legitimität mit der eindeutigen politischen Stoßrichtung gegen den parlamentarischen Gesetzgeber und das parlamentarische System überhaupt vorgenommen.

Im historischen Bezugsrahmen dokumentiert demgegenüber Thomas Position den untrennbaren Zusammenhang von positivistischem Verfassungsbegriff und demokratischer Loyalität[29].

Die demokratischen Implikationen des positivistischen Verzichts auf einen materialen Verfassungsbegriff nachdrücklich hervorzuheben, besteht vor allem deshalb ein Anlaß, weil unter dem Bann der naturrechtlichen Renaissance der Nachkriegszeit und der folgenden Orientierung an einem militanten Demokratieverständnis die positivistische Neutralität oft umstandslos zum Wegbereiter des Nationalsozialismus deklariert wurde.

Was Thoma betrifft, ist seine „Vorstellung von der Allmacht des Volkes"[30], nicht nur, wie Ehmke meint, bloßer Mythos, sondern auch argumentative Verteidigungslinie eines dem demokratischen Souverän ausschließlich verpflichteten Denkens.

---

[28] Ehmke, S. 27.

[29] Vgl. dazu generell Maus, S. 27 f.

[30] Ehmke, S. 26.

4. Der Funktionsbereich der gesetzgebenden Gewalt und der Umfang der richterlichen Prüfungskompetenz

4.1. Die Auseinandersetzung um das richterliche Prüfungsrecht und den Gleichheitssatz in der Weimarer Republik

Mit der Zuspitzung der sozialen und politischen Gegensätze in der Weimarer Republik trat auch immer mehr die Auseinandersetzung um das richterliche Prüfungsrecht in den Mittelpunkt des wissenschaftlichen Interesses[31].

Im Unterschied zum Kaiserreich beanspruchte in Weimar die höchstrichterliche Rechtsprechung ein allgemeines richterliches Prüfungsrecht auch gegenüber den vom Parlament beschlossenen Gesetzen[32]. Nachdem bereits der Richterverein 1924 in einer rechtspolitischen Stellungnahme[33] sich für eine Ausdehnung der richterlichen Kompetenz auf die Überprüfung der Verfassungsmäßigkeit von Gesetzen ausgesprochen hatte, markierte die berühmte Entscheidung des Reichsgerichts vom 25. 11. 1925 den entscheidenden Durchbruch[34].

Auch in der Literatur befürwortete eine immer größere Anzahl von Staatsrechtslehrern die richterliche Kontrolle der Verfassungsmäßigkeit der Gesetze, während noch zu Beginn der Weimarer Republik das richterliche Prüfungsrecht vor allem unter dem Einfluß der positivistischen Staatsrechtstradition abgelehnt worden war[35].

In der Staatsrechtslehre wurde die Frage des richterlichen Prüfungsrechts vornehmlich auf der verfassungsrechtlichen Ebene der Auslegung des Gleichheitssatzes von Art. 109 WRV diskutiert. Wurde der Gleichheitssatz bisher fraglos als „formale Rechtsanwendungsgleichheit" ver-

---

31 Die Weimarer Literatur zu diesem Thema ist unübersehbar. Vgl. hierzu die Zusammenstellung der positiven und negativen Beiträge bei E. v. Hippel: Das richterliche Prüfungsrecht HdbDStR II, S. 546 (554); W. Apelt, Geschichte der Weimarer Verfassung, 2. Aufl., 1964, S. 279 ff.

32 Zur Diskussion um das richterliche Prüfungsrecht von 1919 vgl. Ernst Rudolf Huber, Verfassungsgeschichte der Neuzeit, 1957, 3. Bd., S. 1056 ff.

33 Vgl. JW 1924, S. 90. Dort wird die Befugnis des Richters gefordert, jedes Gesetz nach Treu und Glauben überprüfen zu können.

34 RGZ 111, 323: „Da die Reichsverfassung selbst keine Vorschrift enthält, nach der die Entscheidung über die Verfassungsmäßigkeit der Reichsgesetze den Gerichten entzogen und einer bestimmten anderen Stelle übertragen wäre, muß das Recht und die Pflicht des Richters, die Verfassungsmäßigkeit von Reichsgesetzen zu prüfen, anerkannt werden." Zu dieser Argumentation C. Schmitt: Das Reichsgericht als Hüter der Verfassung, in: Verfassungsrechtliche Aufsätze, 1958, S. 85. C. Schmitt nahm zu dieser Frage eine ambivalente Haltung ein: vgl. dazu z. B. Maus, S. 102 ff. Ob das RG bereits in früheren Entscheidungen das richterliche Prüfungsrecht bejaht hatte, war in Weimar umstritten. Vgl. W. Jellinek, JW 1925, S. 454 ff. Thoma verneint dies: vgl. DJZ 1925, S. 574.

35 Vgl. Laband, Staatsrecht, Bd. 2, S. 44 ff. Scheck Gruchots Beiträge 1923, S. 81 ff.; Morstein Marx, Variationen über die richterliche Zuständigkeit zur Prüfung der Rechtmäßigkeit des Gesetzes (1927), S. 2 f.

standen, sollte er nun „als ein der Gesetzgebung vorangehendes Prinzip oder als Rechtssetzungsgleichheit“ begriffen werden[36].

Diesen Auffassungswandel begründet Leibholz in der Retrospektive mit dem „tiefgreifenden Bedeutungs- und Strukturwandel(s)“ des Gleichheitssatzes. Seiner Ansicht nach entsprang die neue Lehre „der wachsenden Einsicht, daß der Rechtspositivismus und Formalismus in der Staatsrechtslehre nicht mehr in der Lage waren, dem entscheidenden Problem Herr zu werden, daß die staatlich gesetzten Normen auch wirklich materielles Recht enthalten“[37]. Zu ergänzen bleibt in diesem Zusammenhang allerdings, daß die neue Lehre gleichermaßen auch einer durch Mißtrauen gegenüber dem parlamentarischen Gesetzgeber geschulten Einsicht entsprang.

Historisch-politisch gesehen, hatte nämlich das Dogma vom richterlichen Prüfungsrecht vor allem die Funktion, den status quo der gesellschaftlichen Ordnung auch gegenüber einer reformwilligen Parlamentsmehrheit abzuschirmen[38, 39].

Die Stellungnahmen zur Frage des richterlichen Prüfungsrechts widerspiegeln daher nicht nur die Konfrontation zwischen materialer Staatsrechtslehre und Rechtspositivismus, sondern auch konträre politische Intentionen angesichts der stets diskutierten Gefahr einer „kalten Sozialisierung“ (Maus) durch das Parlament.

Überblickt man Thomas Stellungnahmen zum Fragenkreis des richterlichen Prüfungsrechts, ist von seinen Überlegungen im Referat auf der ersten Staatsrechtslehrertagung 1922 bis hin zu seinen Ausführungen im Handbuch 1932 eine — der Zeittendenz gegenläufige — immer schärfere Artikulation seiner Gegenposition zu beobachten, die sich

---

36 Bauer, S. 225.

37 G. Leibholz, Die Gleichheit vor dem Gesetz und das Bonner Grundgesetz, in: DVBl 1951, S. 193.

38 So schreibt z. B. Neumann in, S. 61: „Die Anerkennung des richterlichen Prüfungsrechts war dazu bestimmt, die bestehende Sozialordnung zu sanktionieren. Eine Analyse aller Entscheidungen, die das Prüfungsrecht bejahen, zeigt dies deutlich.“ Vgl. etwa das Urteil des Staatsgerichtshofes über die Unwirksamkeit des Gothaischen Fürstenenteignungsgesetzes. Dazu E. Fraenkel: Zur Soziologie der Klassenjustiz, 2. Aufl. 1968, S. 25. Zum Zusammenhang mit der Aufwertungsfrage vgl. B. Rüthers, Die unbegrenzte Auslegung, S. 64 ff. Allgemein zu „Klassenkampf von oben“ (Radbruch): Bauer, S. 226, 233 ff.; Bracher, Die Auflösung, S. 193 ff.; Sontheimer, S. 75; Rosenbaum, S. 86.

39 Diese Aufgabe glaubte man, nicht zu Unrecht, einer Richterschaft anvertrauen zu können, die ihre historisch gewachsenen obrigkeitsstaatlichen Denkmuster kaum je verleugnen konnte und dem demokratisch-republikanischen Staat größtenteils skeptisch, wenn nicht gar ablehnend gegenüberstand. Nachweise wie FN 38; außerdem K. Dessauer, Recht, Richtertum und Ministerialbürokratie, 1928; Dahrendorf, Gesellschaft und Demokratie in Deutschland, S. 260 f.; Otto Kirchheimer, Politische Justiz, 1965, S. 344 f.; Zur „Entzauberung“ des Gesetzes durch die Rechtsprechung mit deren „praktischen Positivismus“, Franssen, S. 766 ff. (769).

schließlich in dem Satz zusammenfassen läßt, daß die Anhänger des Instituts eines unbeschränkten allgemeinen richterlichen Prüfungsrechts[40] anstelle des demokratisch legitimierten Gesetzgebers die „Gerontokratie des Richtertums" über Richtigkeit und Gerechtigkeit der Gesetze entscheiden lassen wollen[41].

Hinter diesem immer entschiedeneren Plädoyer für die Gestaltungskompetenz des Parlaments steht die Beobachtung des methodischen Umschwungs der Staatsrechtslehre vom Rechtspositivismus zur (neuen) antipositivistischen und antiformalistischen Verfassungstheorie. Diese ‚Tendenzwende' signalisierte Thoma, daß das Dogma des richterlichen Prüfungsrechts in Verbindung mit dem sich allmählich durchsetzenden materialen Verfassungsverständnis, das insbesondere die Grundrechtsverbürgungen der Verfassung zunehmend gegenüber dem parlamentarischen Gesetzgeber aktualisierte, die Parlamentssouveränität in einem rechtsstaatlich nicht gebotenen und daher demokratisch nicht vertretbaren Maße beschneidet.

Aus diesem Grunde will Thoma, der die gerichtliche Überprüfung der Gesetze durchaus als Teil des ‚systems of checks and balances' betrachtet[42], die Funktion des ‚Hüters der Verfassung' nicht sämtlichen Gerichten, sondern in beschränktem Umfang allein einer zentralen Verfassungsgerichtsbarkeit zuweisen[43].

Im Konflikt zwischen ‚Gesetzgebungs'- und ‚Verfassungsstaat' schlägt bei Thoma das liberale Erbe, der Glaube an die Gerechtigkeit des Gesetzes als der „Magna Charta der Freiheit"[44] durch.

Ausgangspunkt von Thomas Kritik ist die Feststellung, daß die Dikussion um die Ausdehnung des richterlichen Prüfungsrechts von der Publizistik bereits im Ansatz verfehlt geführt worden ist.

---

[40] Der Streit um das richterliche Prüfungsrecht betraf allein die Frage eines allen Gerichten zustehenden Prüfungsrechts. In diesem Zusammenhang ging es dagegen nicht um die Frage der Zentralisierung des richterlichen Prüfungsrechts beim Staatsgerichtshof oder einem anderen oberen Reichsgericht. Eine solche gesetzgeberische Lösung wurde in der Literatur überwiegend vorgeschlagen: so Thoma, DJZ 1925, 573; ders., Die Staatsgerichtsbarkeit ..., S. 222. Anschütz, in: Verhandlungen des 34. Juristentags 1926, Bd. 2, S. 193 ff., 288; Kommentar, S. 374 f. Radbruch, Justiz 1925, S. 16. W. Jellinek und Lassan sprachen sich hierfür auf der Staatsrechtslehrertagung 1925 aus, vgl. VVDStRL Heft 2, S. 40; 94 f. Morstein Marx, S. 105; C. Schmitt, Zehn Jahre Reichsverfassung, S. 38. 1926 legte dann die Reichsregierung auch einen entsprechenden Gesetzesentwurf vor, der ein abstraktes und konkretes Normenkontrollverfahren beim Staatsgerichtshof vorsah, indes über die parlamentarische Beratung nicht hinauskam. Vgl. dazu Maurer, Das richterliche Prüfungsrecht zur Zeit der Weimarer Verfassung, in: DöV 1963, S. 683 ff. (387).

[41] Thoma, HdbDStR I, S. 153.

[42] Ders., HdbDStR I, S. 197 f.

[43] Ders., DJZ 1925, S. 573 (574); Die Staatsgerichtsbarkeit, S. 222. Vgl. dazu unten den Abschnitt über die Verfassungsgerichtsbarkeit.

[44] So Bachof, Grundgesetz und Richtermacht, 1959, S. 274.

Die Frage der richterlichen „Prüfungs- und Verwerfungskompetenz" ist nach Meinung Thomas nämlich gerade keine der Rechtslogik oder der Rechtsphilosophie etwa dergestalt, ob ein inhaltlich schlechthin ungerechtes oder unsittliches Gesetz Gültigkeit beanspruchen könne — eine Fragestellung, die im übrigen selber bereits dem erkenntnistheoretischen Irrtum entspringe, als sei ein allgemeingültiges Werturteil über die Unsittlichkeit oder Ungerechtigkeit überhaupt möglich — sondern allein eine der Verfassungspolitik und des Verfassungsrechts[45].

Die hier angesprochene Methodenkritik hat Thoma bereits in seinem Referat 1922 in den Mittelpunkt der Betrachtung gestellt[46]. Dort wendet er sich gegen die von Anhängern wie von Gegnern des richterlichen Prüfungsrechts gleichermaßen zu Beweisführung für den eigenen Standpunkt herangezogenen Verfassungsgrundsätze — sei's auf positivistischer Seite vor allem die Berufung auf die Labandsche Ausfertigungslehre, sei's auf der Gegenseite Deduktionen aus Wesen oder Begriff der unabhängigen, nur dem Gesetz unterworfenen Rechtsprechung[47] — vor allem ein, das Problem des richterlichen Prüfungsrechts könne nicht mit „juristisch-logischen" Argumenten, sondern „nur mittels einer subjektiven Interessenabwägung, letzten Endes also mit dem Willen, nicht mit der Logik" gelöst werden[48].

Die rechtspolitische Wertung, meint Thoma, habe davon auszugehen, daß die Ablehnung des richterlichen Prüfungsrechts der Tradition entspreche und der Rechtssicherheit diene. Die entscheidende Frage sei daher, ob die „deutsche Jurisprudenz" „an dem rechtspolitisch durchaus befriedigenden Grundsatz der Nichtprüfbarkeit der Gesetze" festhalten könne, oder ob sie genötigt sei, diesen Grundsatz aufzugeben, „um den bedrohten neuen Verfassungen zu Hilfe zu eilen"[49].

Diese Frage ist nach Ansicht Thomas indes zu verneinen, da die Weimarer Verfassung zu ihrem Schutze mit dem Vetorecht des Reichsrates, dem Minderheitsrecht auf Aussetzung und Volksentscheid nach Art. 72, 73 und dem Prüfungsrecht des Reichspräsidenten hinreichende Verfassungsgarantien geschaffen habe[50].

---

45 Thoma, HdbDStR II, S. 142.

46 Ders., Das richterliche Prüfungsrecht AöR Bd. 43, (1922), S. 267 ff. zu Thomas Referat vgl. Nawiasky, DJZ 1923, S. 40 f.

47 Ebd., S. 270/271.

48 Ebd., S. 272; gegen Triepel gewandt, fordert Thoma eine *allseitige* Interessenabwägung. Triepel hatte erklärt, das „Prüfungsrecht sei der wichtigste Schutz der bürgerlichen Freiheit gegenüber einem machthungrigen Parlament". (zit. nach Thoma).

49 Thoma, HdbDStR II, S. 274 f. Der rechtspolitischen Argumentation Thomas wurde in der Literatur methodisch weitgehend zugestimmt, wenngleich auch das Ergebnis der Interessenabwägung umgekehrt ausfiel. Vgl. Maurer, S. 686 mit Nachweisen im einzelnen. Kritik zum methodischen Ansatz vor allem Triepel, Streitigkeiten zwischen Reich und Ländern, 1923, S. 98.

50 Dazu Maurer, S. 684 f.

An die hier formulierte Grundposition knüpfen Thomas Ausführungen im ‚Handbuch' methodisch zwar an, sie zeigen aber doch in der Art der Fragestellung eine verdeutlichende Akzentverschiebung: Verfassungspolitisch, führt Thoma aus, stelle sich die Frage: „Soll über den Gesetzgeber ein Aeropag gestellt werden, der die Gesetze auf ihren Inhalt prüft? Und der dann freilich die Frage übrig läßt: Wer prüft die Lauterkeit und Richtigkeit seiner Entscheidung? Quis custodiet ipsos custodes?"

Verfassungsrechtlich laute die Frage: „Hat die Weimarer Verfassung ausdrücklich oder implizite den bisher unbezweifelten Rechtssatz umgestoßen, daß die Legislative hinsichtlich des vernünftigen, gerechten, sittlichen Inhalts ihrer Gesetze und deren Motivierung summa sedes ist und a nemine judicatur[51]?"

Beide Fragen verneint Thoma mit Entschiedenheit[52].

Insbesondere wendet er sich in diesem Zusammenhang gegen den von der antipositivistischen Lehre unternommenen Versuch, den Kompetenzzuwachs der Judikative über eine inhaltliche Auslegung des Gleichheitssatzes von Art. 109 WRV verfassungsrechtlich abzustützen. Thoma meint hierzu, bereits die formulierte Fragestellung, ob der Gleichheitssatz nur an Verwaltung und Rechtsprechung oder auch an die Gesetzgebung adressiert sei, habe bislang sachlich in die Irre geführt.

Der Gleichheitssatz besage nämlich, worüber auch allgemeiner Konsens herrsche, daß der Gesetzgeber gleich zu Wertendes nicht ungleich behandeln und Ungleiches nicht in eine egalisierende Zwangsjacke pressen dürfe. Dies mache deutlich, daß es sich eigentlich weniger um Gleichheit als um Gerechtigkeit handle. Unzulässig sei folglich eine „unreasonable discrimination" durch den Gesetzgeber.

Wie aber das Gleichheitsprinzip in Wahrheit nur Ausprägung des allgemeinen Gerechtigkeitspostulats darstelle, so bezeichne das Verbot der Ungleichbehandlung von Gleichem in Wahrheit das Willkürverbot. Wenn aber, fährt Thoma fort, der Gleichheitssatz das aus dem allgemeinen Rechtsgedanken abgeleitete Willkürverbot bedeute, dann bestehe und gelte dieses Postulat unabhängig von einer Positivierung in der Verfassung als kategorischer Imperativ der Rechtsordnung. Dies heißt für Thoma, es gilt „allgemein und völlig unabhängig davon, was Art. 109 bedeutet, oder ob überhaupt ein solcher Gleichheitsartikel in der Verfassungsurkunde steht.

Dieser Imperativ trifft die Legislative auch in ihrer verfassungsändernden und verfassungsdurchbrechenden Funktion."

---

51 HdbDStR II, S. 142/143.

52 Thoma weist in der Fußnote 79 auf die bedenkliche Formel J. Goldschmidts hin: „Der Richter steht nur unter dem Recht." Zu Recht sieht Thoma hier eine gefährliche Relativierung des positiven Rechts.

Aus der Tatsache, daß auch den Gesetzgeber eine Verpflichtung zur „Schaffung von ius aequum“ trifft[53], darf nach Ansicht Thomas aber keine Schlußfolgerung auf ein richterliches Kontrollrecht gegenüber deren Einhaltung durch den Gesetzgeber gezogen werden, da sich hierfür in der Verfassung keine Anhaltspunkte finden.

Demnach vermag auch ein materiales Verständnis des Gleichheitssatzes nicht die Richtigkeit der einen oder anderen Anschauung zu beweisen. Kann aus der Sicht Thomas daher die Umdeutung der „Gleichheit vor dem Gesetz“ in eine „Gleichheit des Gesetzes“ nicht zur Begründung der richterlichen Kompetenzerweiterung herangezogen werden, ist sich Thoma gleichwohl der ‚strategischen‘ Bedeutung des exegetischen Streites um die Interpretation von Art. 109 bewußt. Man bedient sich seiner als Vehikel, schreibt er, um „mit Hilfe dieser positivistischen Verankerung der allgemeinen Gleichheitsnorm beweisen zu können, daß der Richter befugt sei, jedes einfache Reichsgesetz ... auf ... Übereinstimmung mit Art. 109 Abs. 1 nachzuprüfen“ und ihm die Anwendung zu versagen, wenn ihm „die darin enthaltene ‚discrimination‘ als ‚unreasonable‘ erscheint“[54].

Diese Argumentationsweise findet nach Thoma keine Begründungsbasis in der Verfassung, vielmehr „pervertiert“ sie umgekehrt geradezu das Verfassungsprinzip der „Funktionentrennung“, die Legislative wird der Suprematie der Judikative unterstellt[55].

Indem dergestalt die Justiz sich mit Hilfe des Instituts eines allgemeinen Prüfungsrechts über das Parlament setzt, wird das klassische Rechtsstaatsprinzip, nach dem die unbedingte Bindung des Richters an das Gesetz Voraussetzung und Korrelat richterlicher Unabhängigkeit darstellt, geradezu in sein Gegenteil verkehrt[56].

Die dieser Konstruktion zugrundeliegenden Vorstellungen nennt Thoma daher „Wiederbelebungen nicht etwa altliberalen, sondern mittelalterlich-ständestaatlichen Denkens“, denn sie stellen die „artbestimmende Tendenz des modernen Staates“ in Frage: „daß die Dezision über das Gerechte und Zweckmäßige dem Gesetzgeber gebührt“[57].

Thoma erkennt hier klar die politische Dimension des gesteigerten Geltungsanspruches der Justiz.

---

53 HdbDStR II, S. 151.

54 HdbDStR II, S. 152.

55 Ebd. Ähnlich äußert sich Radbruch in: Die Justiz, 1925, H. 1, S. 12 ff.: „Glaubt man diese (sc. Autorität des Staates) zu stärken, wenn man die Staatsgewalt nicht etwa teilt, sondern geradezu spaltet, wenn man die gesetzgebende Gewalt der Bloßstellung durch die richterliche Gewalt aussetzt?“

56 Heller, (Rechtsstaat oder Diktatur? 1930, S. 9 f.) nennt die Entwicklung die „Degeneration des Rechtsstaatsgedankens“.

57 Thoma, ebd., S. 144.

Er thematisiert aus diesem Grund die Problematik der der richterlichen Kontrolle unterliegenden Verfassungsbindung des Gesetzgebers hier auch kaum noch unter dem rechtsstaatlichen Aspekt des Schutzes der Verfassung als vielmehr unter dem Blickwinkel einer letztlich politisch motivierten Beschneidung der legislativen Gestaltungskompetenz. Seiner Ansicht nach entspringt nämlich die Forderung nach Verfassungsmäßigkeitskontrolle der Gesetze der Absicht, den Parlamentsabsolutismus zu brechen[58].

Thoma versteht diese Zielrichtung als einen fundamentalen Angriff auf das Rechtssetzungsmonopol des demokratischen Souveräns. Denn für ihn ist es (verfassungs-)politisch untragbar und ein folgenreicher Einbruch in das parlamentarisch-demokratische System, wenn die Gültigkeit eines vom Parlament beschlossenen Gesetzes von der Interpretation des einzelnen Richters abhängig gemacht wird. Nicht ganz zu Unrecht nimmt bei Thoma in diesem Zusammenhang die Frage des richterlichen Entscheidungsmaßstabes eine zentrale Stelle ein. Eine materiale Überprüfung der Gesetze aktualisiert Thoma zufolge notwendig richterliche Wertvorstellungen, denen politische und ideologische Ordnungskonzepte inhärent sind. So sind bereits auf Grund der „subjektiven Bedingtheit des Gleichheitsurteils“[59] Maßstab der richterlichen Beurteilung nicht mehr positive Normen, sondern außerhalb des positiven Rechts liegende Kriterien, die letztlich auf der subjektiven Überzeugung des einzelnen Richters basieren[60].

Dieser Sachverhalt läßt Thoma befürchten, daß die Rechtsprechung immer mehr aus einem an das Gesetz gebundenen Kontrollorgan zu einem quasipolitischen Entscheidungsorgan wird, das außerhalb des parlamentarisch-demokratischen Legitimationsprozesses steht.

Nicht ganz ohne Ironie meint Thoma in einem Diskussionsbeitrag auf der Staatsrechtslehrertagung 1926:

> „Ich verstehe, daß es in unseren Kreisen ... als erwünscht betrachtet würde, wenn die Richter eine solche subjektive Entscheidungsmacht erhielten, denn alle akademisch gebildeten Juristen vereinigt eine gewisse milieugebundene Einheitlichkeit der Rechtsanschauungen.“

„Aber“, fährt Thoma dann fort,

> „das hat doch seine engen Grenzen und es ist notwendig, daran zu erinnern, mit welch unversöhnlicher Gegensätzlichkeit sich heute Wertmaßstäbe gegenüberstehen. ..., wie tief die Nationen zerspalten sind durch den Klassenkampf, durch Bolschewismus und Faschismus ... Es gibt nur

---

58 Ebd., S. 143.

59 Hesse, Der Gleichheitssatz im Staatsrecht, in: AöR 77 (1951/52), S. 172 ff. (174).

60 Vgl. HdbDStR I, S. 142 f.; Die Staatsgerichtsbarkeit, S. 197, 198. Die Bezugspole der richterlichen Entscheidungsfindung formuliert etwa v. Hippel, Das richterliche Prüfungsrecht, S. 553, so: „Die Brennpunkte jeden normativen Systems sind Gott und das Gewissen ...“.

Gruppensubjektivitäten, die sich gegenüberstehen wie Feuer und Wasser ...
Irgendeiner muß die letzte Entscheidung haben; dabei ist die Frage bloß, soll es das Parlament sein oder der Richter? Die geltende Verfassung stellt das Parlament auf und nicht den Richter. Wo der Richter entscheidet, da streicht nicht die Parteipolitik die Segel, sondern wird richterliche Unabhängigkeit bedroht und schließlich vernichtet werden"[61].

4.2. Die Wiederaufnahme der Diskussion über den Gleichheitssatz bei Art. 3 GG

Thoma hat seinen Kampf gegen eine materiale Interpretation des Gleichheitssatzes und der damit verbundenen Kontrolle des Gesetzgebers durch den Richter nie aufgegeben.

Nicht zuletzt die Erfahrung der Weimarer Epoche, daß „die reaktionären Kräfte mit Hilfe des richterlichen Prüfungsrechts dem Gesetzgeber in den Arm zu fallen suchten"[62], dürften ihn in seiner Auffassung bestärkt haben. Daher ist Thoma auch nach Wiederaufnahme der Diskussion um den Gleichheitssatz des Art. 3 des Bonner Grundgesetzes entschieden jeder „extensiven Auslegung und Umdeutung des ersten Absatzes des Gleichheitsartikels" entgegengetreten.

Denn diese würde, meint Thoma, das Bundesverfassungsgericht in die Lage zwingen, „den Gesetzgeber zu schulmeistern und das, was diesem als mit dem Postulat vernünftiger und gerechter Gesetzgebung vereinbar erschien, als unvernünftig, willkürlich ... und nichtig zu erklären"[63].

Bekanntlich ist Thoma mit seiner Auffassung nicht durchgedrungen. Die Tendenzen waren gegenläufig, denn mit der Monopolisierung der Verfassungsmäßigkeitskontrolle der Gesetze beim Bundesverfassungsgericht war eine materiale Deutung des Gleichheitssatzes, wenn nicht vorprogrammiert, so doch naheliegend[64].

5. Die Verfassungsgerichtsbarkeit

5.1. Thomas Position zu Umfang und Funktion der Staatsgerichtsbarkeit unter der Weimarer Reichsverfassung

Unsere bisherige Darstellung hat das dezidierte Eintreten Thomas für den politischen Führungsanspruch des parlamentarischen Gesetzgebers beleuchtet. In dieser Perspektive haben alle Versuche einer

[61] Vgl. VVDStRL 3 (1927), S. 59.

[62] Rezension von Apelt, Geschichte der Weimarer Republik, in: AöR NF 35 (1945), S. 110.

[63] Ungleichheit und Gleichheit im Bonner Grundgesetz, in DVBl 1951, S. 457 f. Thoma weist in diesem Zusammenhang darauf hin, daß der Parlamentarische Rat ursprünglich einen klarstellenden Satz i. S. Thomas bei Art. 3 eingefügt habe, der aber letztlich aus redaktionellen Gründen gestrichen worden sei. In der Sache sei man sich aber einig gewesen.

[64] Vgl. dazu Leibholz, Die Gleichheit vor dem Gesetz und das Bonner GG in DVBl 1951, S. 197 ff.

Erweiterung der richterlichen Legalitätskontrolle in Richtung auf eine materielle Verfassungsmäßigkeitsprüfung für Thoma die Aura antidemokratischer Orientierung, da sie dem im Parlament mediatisierten Volkswillen Fesseln anlegen und damit den Souveränitätsanspruch des Parlaments fundamental in Frage stellen.

Diese das demokratische Prinzip in den Vordergrund stellende Argumentation hatte vor allem das Postulat des demokratischen Gesetzgebungsstaates im Blick, der zum maßgeblichen Entscheidungsträger die Legislative bestimmt.

Wie bereits in anderem Zusammenhang angedeutet, ist es jedoch für Thoma ein wesentliches Charakteristikum der Weimarer Liberaldemokratie, daß sie nicht die Form der schlechthin absoluten und reinen Demokratie, sondern die einer rechtsstaatlich gebundenen verkörpert, welche zum Schutz der bürgerlichen und politischen Freiheiten die parlamentarische Mehrheitsherrschaft in gewisse äußerste Schranken bannt[65].

Ist somit das demokratische Prinzip zugunsten des rechtsstaatlichen relativiert, stellt sich für Thoma die Schwierigkeit ihrer Synchronisation ein, da keines dieser Prinzipien verabsolutiert und somit das jeweils andere zur Bedeutungslosigkeit abgewertet werden darf. Das problematische Spannungsverhältnis dieser Prinzipien reflektiert Thomas Bild von der Verfassungsgerichtsbarkeit. Bei grundsätzlicher Bejahung der Verfassungsgerichtsbarkeit als Ausformung des Rechtsstaatsprinzips gewinnt Skepsis dann bei ihm die Oberhand, wenn er die Gefahr einer prinzipiellen Verlagerung politischer Entscheidungsbefugnisse vom Gesetzgeber auf den Richter, auch den Verfassungsrichter, sieht.

Seine Stellungnahmen während der Weimarer Zeit zu Umfang und Funktion der Staatsgerichtsbarkeit zeugen hiervon ebenso wie das Jahrzehnte später im Auftrag des Bundesjustizministers verfaßte Gutachten zum Status des Bundesverfassungsgerichts[66].

Standen die Grundprobleme der Verfassungsgerichtsbarkeit[67] auch seit je im Zusammenhang mit der Frage der Abgrenzung von politi-

---

[65] HdbDStR I, S. 198.

[66] Für Weimar vergleiche vor allem Thomas Beitrag auf der Staatsrechtslehrertagung VVDStRL (5) 1929, S. 104 f., sowie Die Staatsgerichtsbarkeit des Deutschen Reiches, in: Die Reichsgerichtspraxis im Deutschen Rechtsleben, Bd. I, 1929, S. 179 ff. Für Bonn: „Rechtsgutachten betreffend die Stellung des Bundesverfassungsgerichts." Das Gutachten wird zitiert nach der Materialsammlung: Der Status des Bundesverfassungsgerichts. Materialgutachten, Denkschriften und Stellungnahmen mit einer Einleitung von G. Leibholz, in: JöR, Bd. 6, Tübingen 1957, S. 161 - 194. Im Text wird die Denkschrift des BVG als ‚Statusbericht', das Rechtsgutachten Thomas als ‚Gutachten' zitiert.

[67] Entsprechend der Definition Triepels (VVDStRL 5 [1929], S. 6), die sich inzwischen durchgesetzt hat, wird im Folgenden nicht zwischen Verfassungsgerichtsbarkeit und Staatsgerichtsbarkeit unterschieden.

schen und rechtlichen Streitigkeiten, hat doch erst die Weimarer Epoche die Diskussion über Wesen und Funktion der Verfassungsgerichtsbarkeit, über ihre Grenzen und ihre Stellung im Gewaltenteilungssystem bewußt unter dem Blickwinkel des grundsätzlichen Verhältnisses von Recht und Politik geführt[68]. Namentlich Triepel hat in seinem berühmten Referat auf der Wiener Staatsrechtslehrertagung 1928 mit seiner These von der politischen Natur der Verfassungsgerichtsbarkeit den verbindlichen Problemhorizont der weiteren Erörterung angegeben.

Der Auffassung Triepels vom genuin politischen Charakter der Verfassungsgerichtsbarkeit, aus dem er deren Grenzen ableitete und einen Wesensgegensatz von Verfassung und Verfassungsgerichtsbarkeit konstruierte, liegt die Vorstellung einer Dichotomie von Recht und Politik zugrunde[69]. Hat Thoma in seinem Diskussionsbeitrag die Annahme einer prinzipiellen Strukturdifferenz der rechtlichen und politischen Sphäre auch übernommen, ist er gleichwohl der daraus abgeleiteten Bewertung der Verfassungsgerichtsbarkeit entgegengetreten.

Zwar geht auch Thoma davon aus, daß die Verfassungsgerichtsbarkeit keine reine Rechtsprechungsfunktion wahrnimmt und in den Bereich des Politischen hinübergreift, doch ist seiner Meinung nach jener Problemzusammenhang nach Entscheidungsgegenstand und Entscheidungstätigkeit differenziert zu fassen.

Es lasse sich nämlich nicht feststellen, führt Thoma aus, daß jede Verfassungsstreitigkeit notwendig eine politische Streitigkeit ist. Politisch könne nämlich eine Streitigkeit in *dreifachem* Sinne sein:

1. Sie könne als politisch qualifiziert werden, weil der Streit politisch wichtig erscheine. In diesem Falle bleibe es ein reiner Rechtsstreit, da das politische Interesse nur akzidentiell sei;

2. oder aus dem Grund, weil bei interpretatorischen Meinungsverschiedenheiten beide Auslegungen logisch vertretbar seien. Hierbei müsse der Richter die Gesichtspunkte Für und Wider abwägen und sie bewerten. Er habe also ein Werturteil zu treffen, in welches sein politisches Vorverständnis eingehe. Dabei sei nicht subjektives Gutdünken des Richters gemeint, sondern jenes subjektive Moment, welches sich auch bei Heranziehung der objektiven, der Verfassung immanenten Bewertung nie eliminieren lasse.

3. Schließlich sei an den Fall zu denken, wo der Richter vom Verfassungsgesetzgeber offen gelassene und nicht geregelte Kompetenz-

---

[68] Vgl. Scheuner; Überlieferung der Deutschen Staatsgerichtsbarkeit im 19. und 20. Jahrhundert, in: Bundesverfassungsgericht und Grundgesetz, Bd. 1 Verfassungsgerichtsbarkeit, S. 1 ff. (50).

[69] Dagegen vor allem Kelsen, der Koreferent der Wiener Tagung (VVDStRL 5, [1929], S. 30 ff.). Nach seiner Auffassung ist alle Rechtsprechung politischer Natur. Diese zutreffende Einsicht folgt allerdings bei Kelsen aus seiner Identifikation von Staats- und Rechtsordnung.

fragen oder Verfassungslücken ausfüllen und ergänzen müsse. Hier beruhe die politische Qualität des Verfassungsstreites auf dem Entscheidungsgegenstand.

Das Ergebnis sei also, stellt Thoma zusammenfassend fest,

> „daß eine Verfassungsstreitigkeit zwar nicht ... notwendig und immer, aber doch möglicherweise und häufig unter der Hülle eines Rechtsstreites geführt wird, bei der das Urteil von politischen Werturteilen der Richter abhängt“[70].

Man sieht, daß für Thoma die in den Verfassungsstreitigkeiten angelegten politischen Strukturen kein hinreichender Grund für die Ablehnung der Verfassungsgerichtsbarkeit darstellen. Nicht die politische Natur der Verfassungsstreitigkeiten, sondern die Wertgebundenheit des richterlichen Entscheidungsprozesses stellen sich ihm in erster Linie als Problem dar[71]. Es ist interessant, daß Thoma in diesem Zusammenhang auch weniger die Befürchtung einer Politisierung des Rechts als vielmehr umgekehrt die Erwartung äußert, daß sich das Politische tendenziell aus der Verfassungsgerichtsbarkeit herausnehmen lasse. Dem liegt der Gedanke zugrunde, daß historisch gesehen mit der Errichtung der Demokratie, welche auf dem Plebiszit als der „obersten zusammenfassenden Rechtsgrundlage“ basiere, der politische Machtkampf zwischen den selbständigen Trägern politischer Gewalten, wie er sich im Konstitutionalismus niederschlug, entschieden und verfassungsrechtlich geschlichtet ist.

Nunmehr, formuliert Thoma, stehe fest, daß

> „die oberste Entscheidung in die Hand der Aktivbürgerschaft gelegt und die Kompetenzverteilung juristisch geregelt ist. Über die Grenzen dieser verteilten Kompetenz kann man rein juristisch streiten“[72].

Diese Überlegungen machen hier auch den beschränkten Aufgabenbereich des Staatsgerichtshofes deutlich, als dessen Wirkungsfeld in erster Linie die rechtsstaatliche Kontrolle der inneren Staatswillensbildung gesehen werde. Dies erklärt auch, daß zwar die Entscheidungskompetenz des Staatsgerichtshofes in Verfassungsstreitigkeiten des Reiches sowie die Einführung der Normenkontrolle gefordert wurde, nicht aber die Verfassungsbeschwerde[73].

Auch für Thoma wird der Individualrechtsschutz von der Verwaltungsgerichtsbarkeit wahrgenommen, da ihm zwischen Staat und einzelnem Bürger ein Verfassungsstreit nicht denkbar erscheint: Grund-

---

70 VVDStRL, S. 108.

71 Vgl. Die Staatsgerichtsbarkeit, S. 198.

72 VVDStRL, S. 105.

73 Dem Staatsgerichtshof waren nach Art. 19, 54 WRV nur die Verfassungsstreitigkeiten innerhalb der Länder, die Ministeranklage und die foederalen Streitigkeiten zugewiesen. Vgl. dazu und allgemein zur Geschichte der deutschen Staatsgerichtsbarkeit mit weiteren Nachweisen: Scheuner, S. 45 ff.

rechtsstreitigkeiten sind per se keine Verfassungsstreitigkeiten[74]. Zutreffend weist in diesem Zusammenhang Scheuner darauf hin, daß die Einstellung der Literatur zu dieser Frage in der Weimarer Zeit ein Spiegelbild der noch unentwickelten Grundrechtsdogmatik darstellt[75].

Die bisherigen Ausführungen sollten gezeigt haben, daß Thoma das dichotomische Schema von Recht und Politik nicht zum Maßstab seiner Beurteilung der Verfassungsgerichtsbarkeit macht. Die „staatspolitischen Bedenken", die Thoma, wie er mit Nachdruck betont, nur „um der Rechtsidee willen" hintanstellt, sind demzufolge auch nicht in der politischen Natur der verfassungsrechtlichen Entscheidungsmaterie begründet, sondern in der demokratischen Fragwürdigkeit einer uneingeschränkten verfassungsgerichtlichen Prüfungskompetenz und der damit einhergehenden politischen Rolle des Staatsgerichtshofes (begründet). Dementsprechend befürchtet Thoma, daß „eine allumfassende Verfassungsgerichtsbarkeit ... eine Ausschaltung der politischen Entscheidungsgewalt des Parlaments, des Volksentscheides und des Reichspräsidenten" mit sich bringt, mit der Folge, daß „durch den Staatsgerichtshof Verfassungsstreitigkeiten (nicht) entpolitisiert", sondern „die Ernennung der Richter politisiert wird"[76].

Sein am Gedanken des Rechtsstaats orientiertes Plädoyer für eine Kompetenzerweiterung des Staatsgerichtshofes und die Monopolisierung der Verfassungsmäßigkeitsprüfung von Gesetzen bei ihm korreliert mit der Forderung nach richterlicher Zurückhaltung und Selbstbeschränkung. Die Grenzen des Umfangs der Verfassungsgerichtsbarkeit markiert bei Thoma das positivistische Verfassungsverständnis, welches ausgehend vom Prinzip der offenen Verfassung sowohl die Verfassung selber nach Maßgabe von Art. 76 zur Disposition des verfassungsändernden Gesetzgebers stellt wie auch den Verfassungsinhalt allein der Konkretisierung durch die politischen Entscheidungsträger überläßt. Mit großem Nachdruck insistiert Thoma daher auch auf der Ablehnung der materialen Verfassungstheorie durch den Staatsgerichts-

[74] Die Staatsgerichtsbarkeit, S. 184. Allerdings gewährt Thoma dort dem einzelnen Bürger ausnahmsweise ein Antragsrecht und damit Rechtsschutz vor dem Staatsgerichtshof, wenn er demokratische Organschaftsrechte geltend macht, d. h. „in irgend einem Sinn im status aktivus handelt". Vgl. auch: Das richterliche Prüfungsrecht (AöR 43 [1922] S. 282). Unter Verfassungsstreitigkeit verstand man folglich nicht jeden Streit über die Anwendung und Auslegung der Verfassung.

[75] Scheuner, ebd., S. 47. Die Auffassung, daß der Grundrechtsschutz nicht Aufgabe der Verfassungsgerichtsbarkeit, sondern der Verwaltungsgerichtsbarkeit ist, wurde teilweise auch noch unter Geltung des Bonner GG vertreten. Vgl. dazu Mangold, Das Bonner Grundgesetz 1. Aufl., S. 504; Friesenhahn in der Festschrift für Thoma, S. 21 ff. (49); Ule: Normenkontrolle, Verfassungsbeschwerde und Verwaltungsgerichtsbarkeit in: DVBl. 1953, S. 12 ff.

[76] VVDStRL, S. 109.

hof[77], da andernfalls „oft genug eine im Grunde rein politische Entschließung der einfachen Reichstagsmehrheit aus der Hand genommen und an den Staatsgerichtshof überwälzt werden (würde)"[78].

Eine inhaltliche Prüfung der Verfassungsmäßigkeit der Gesetze, wie sie insbesondere von der neuen Lehre im Hinblick auf die Auslegung des Gleichheitssatzes gefordert wird, bedeutet für Thoma keine zusätzliche Verfassungsgewähr, sondern überschreitet die der Rechtsprechung gezogenen Grenzen.

Sicherlich, führt Thoma aus,

> „ein gewisses Maß von politischer Entscheidungsgewalt eines vertrauenswürdigen Staatsgerichtshofes ist im Namen des Rechtsstaats zu fordern und politisch erträglich. Überschritte der Staatsgerichtshof dieses Maß — und er würde es überschreiten durch Billigung ... jener ... Theorien — so würde über kurz oder lang seine rechtliche Macht empfunden werden als Gerontokratie einer, wenn auch noch so respektablen, Elite des Berufsrichtertums, die sich anmaßt, der Demokratie der Parlamente und Volksentscheide ihre Gesetze, sogar verfassungsändernde Gesetze, zu zerschlagen"[79].

Die hier gegen Ende der Weimarer Republik formulierte Grundposition hat Thoma in allen späteren Phasen seines Wirkens durchgehalten. Auch als mit der umfassenden Ausgestaltung der Verfassungsgerichtsbarkeit im Bonner Grundgesetz und der verfassungsmäßigen Verankerung der unmittelbaren Geltung der Grundrechte als höhere Normen die Weichen gestellt sind, vollzieht Thoma keinen Positionswechsel, sondern nimmt eine kritische Haltung gegenüber der in der Prärogative der Judikative angelegten justizstaatlichen Überformung des demokratischen Prinzips ein.

Die — nach den Worten Thomas — im „rechtsstaatlichen Übereifer" mit umfassenden Kontrollbefugnissen ausgestattete und zum ‚obersten Hüter der Verfassung' erklärte Verfassungsgerichtsbarkeit muß notwendig die politische Gestaltungskompetenz des demokratischen Souveräns beschneiden und zu einer strukturellen Um- und Neuordnung des demokratischen Staates führen[80].

Im Bonner Verfassungssystem ist die rechtsprechende Gewalt nicht mehr nur Garant der Gesetzmäßigkeit der Exekutive, sondern der Verfassungsmäßigkeit der Staatsgewalt überhaupt. Sie ist jetzt als eine auf die „verfassungsmäßige Ordnung bezogene Staatsfunktion definiert" (Görlitz), welche die Einhaltung des rechtlichen Rahmens zu garantieren hat[81].

---

[77] Vgl. Die Staatsgerichtsbarkeit, S. 200; Nipperdey, S. 41; HdbDStR II, S. 151 f.

[78] Die Staatsgerichtsbarkeit, S. 199.

[79] Die Staatsgerichtsbarkeit, S. 200.

[80] Gutachten, S. 163; Zur ‚Modellfunktion' des Supreme Court vgl. Laufer, Verfassungsgerichtsbarkeit und politischer Prozeß, 1968, S. 93 ff.

5.2. Thomas Rechtsgutachten zur Stellung des Bundesverfassungsgerichts

Es entspricht Thomas Grundhaltung, wenn er auch nach den Erfahrungen des ‚3. Reiches' die Verfassungsgewähr nicht in einer ‚Justizherrschaft' erblickt und daher jeder „Übersteigerung des justizstaatlichen Ideals" (Scheuner) entgegenzuwirken sucht[82]. Dies dürfte Thoma auch dazu motiviert haben, in der politischen Auseinandersetzung um den Status des Bundesverfassungsgerichts auf Ersuchen des Bundesministers der Justiz ein „Rechtsgutachten betreffend die Stellung des Bundesverfassungsgerichts" zu erstatten[83]. In dieser Untersuchung kommt Thoma der Sache nach zu dem Ergebnis, daß die „Gesetzesnormen und die Staatspraxis, welche gegenwärtig die rechtliche Stellung des Bundesverfassungsgerichts und der an ihm tätigen Richter ..." bestimmen, zwar nicht verfassungswidrig, gleichwohl aber tiefgreifend reformbedürftig sind[84].

Ansatzpunkt seiner teils in scharfer Polemik gefaßten Kritik ist die Selbstdarstellung des Bundesverfassungsgerichts und das Selbstverständnis seiner Richter, wie sie in der „Denkschrift des Bundesverfassungsgerichts an die Obersten Bundesorgane" formuliert sind[85]. Thoma bescheinigt den Verfassern der Denkschrift „doktrinäre Einseitigkeit"[86] und wirft ihnen vor, durch die Selbstinterpretation des Bundesverfassungsgerichts als „oberster Hüter der Verfassung"[87] eine statusmäßige Sonderstellung des Gerichts begründen zu wollen, die in dieser Weise in der Verfassung nicht vorgesehen und daher verfassungsrechtlich höchst bedenklich sei[88].

Bereits das methodische Vorgehen der Verfasser enhüllt Thoma die Intention, die gegenüber anderen Verfassungsorganen behauptete ver-

[81] Vgl. hierzu den Satz Kaegis: Die Verfassung als rechtliche Grundordnung des Staates 1945, S. 145: „Sage mir Deine Einstellung zur Verfassungsgerichtsbarkeit und ich sage Dir, was für einen Verfassungsbegriff Du hast."

[82] Zur Kritik an dem Ausbau der Verfassungsgerichtsbarkeit vergleiche die Nachweise bei Scheuner: Probleme und Verantwortungen der Verfassungsgerichtsbarkeit in der Bundesrepublik, in: DVBl 1952, S. 253 ff.; und bei Rudolf Dolzer: Die staatstheoretische und staatsrechtliche Stellung des Bundesverfassungsgerichts, 1972, S. 40. Zum Zusammenhang mit der Kritik der Verfassungsgerichtsbarkeit in der Weimarer Zeit vgl. Smend, in: Das Bundesverfassungsgericht, 1963, S. 33 ff.; Laufer, S. 275 ff. Eine umfassende und detaillierte Untersuchung der Kontroverse um den Status des BVerfG soll und kann im Rahmen dieser Arbeit nicht geleistet werden.

[83] Vgl. dazu insgesamt die materialreiche Darstellung v. H. Laufer. Kritisch zur Betrachtungsweise Laufers, Dolzer, S. 41, der darauf hinweist, daß auch die wissenschaftliche Behandlung der Auseinandersetzung unter politischen Vorzeichen geführt wurde.

[84] Gutachten, S. 193.

[85] Statusbericht, S. 144 ff.

[86] Gutachten, S. 174.

[87] Statusbericht, S. 144.

[88] Gutachten, S. 169/170.

fassungsmäßige Privilegierung durch eine extensive Verfassungsauslegung zu erhärten. Dieser rechtspolitischen Ambition diene auch die methodologisch äußerst fragwürdige Verbindung und Vermischung „rechtspolitischer Erwägungen mit begriffsjuristischen Argumenten“[89].

Diese für Thomas Gedankengang zentrale These artikuliert seinen wissenschaftstheoretisch fundierten Verdacht gegenüber deduktiven Methodenansätzen, die aus apriorischen Wesenheiten und Sinnstrukturen der Verfassung unmittelbare Folgerungen für die Beurteilung eines Rechtsinstituts ableiten[90].

In der kritischen Analyse der „begrifflich-deduktiven Argumentationen“ der Denkschrift greift Thoma vor allem die Organqualität und den Gerichtscharakter des Bundesverfassungsgerichts heraus[91]. Er wendet sich in diesem Zusammenhang vor allem dagegen, daß die Verfasser aus der Verfassungsorganqualität des BVG unmittelbare Rechtsfolgen für den Status des Gerichts und die rechtliche Stellung der Verfassungsrichter deduzieren:

> „Aus der Verfassungs-Organ-Qualität des BVerfG folgt überhaupt nichts, was nicht, wenn es sich um eine Aussage de lege lata handelt, mit einem Satz des GG oder eines Gesetzes belegt werden kann, oder, wenn es sich um eine Forderung de lege ferenda handelt, mit sachlichen Gründen gerechtfertigt wird[92].“

Thomas Polemik trifft namentlich auch die „Beurteilung des Verhältnisses der Verfassungsgerichtsbarkeit zur Politik“[93].

Nach dem Statusbericht ist es „die Pflicht des Richters eines solchen Gerichts, die politischen Folgen und Wirkungen seiner Entscheidungen in den Bereich seiner Erwägungen einzubeziehen“[94].

Ein solches Verständnis verfassungsrichterlicher Entscheidungskompetenz lehnt Thoma mit dem Hinweis auf den *Gerichts*charakter des BVG ab. Es erinnere ihn

> „peinlich an die von C. Schmitt erfundene ‚situationsgemäße Auslegung‘, die so geschmeidig in die von der siegreichen NSDAP geschaffene Situation hinüberführte. Diese Lehre, welche dem BVerfG die Befugnis beilegen will, aus eigener politischer Meinung heraus das geltende Recht zu biegen und zu beugen, ist eine *Irrlehre*“[95]!

Denn damit verwandelt sich nach Thomas Auffassung das BVG zu einer nicht kontrollierbaren quasi-politischen Entscheidungsinstanz. Im

---

[89] Ebd., S. 175.

[90] Vgl. ebd., S. 193; als Antwort dazu die „Bemerkungen des Bundesverfassungsgerichts zu dem Rechtsgutachten von Prof. Rich. Thoma“, ebd., S. 194 ff. (195/196).

[91] Ebd., S. 165 ff.

[92] Ebd., S. 167.

[93] Gutachten, S. 172; Kritisch zur Entgegensetzung von Recht und Politik als dem statisch-rationellen und dem dynamisch-irrationalen Bereich: Dolzer, S. 45; O. Massing: Recht als Korrelat der Macht? in: Der CDU-Staat, 1967, S. 123 ff.

[94] Statusbericht, S. 5.

[95] Gutachten, S. 171.

Hinblick auf die rechtspolitischen Forderungen der Denkschrift[96] nach einer institutionell-organisatorischen Autonomie mit eigenem Haushaltsrecht und Personalhoheit, stellt Thoma fest, daß diese sich weder aus der Organqualität des BVG ableiten noch sonst sachlich rechtfertigen ließen.

Denn deren Anerkennung würde zur Folge haben, daß damit das Gericht nicht nur der Weisungs- und Leitungskompetenz des Bundesjustizministeriums entzogen würde, sondern gleichzeitig auch der parlamentarischen Kontrolle und der Kritik des Bundestages.

Diese Bemerkungen machen deutlich, daß es Thoma offensichtlich darauf ankommt, den organisatorisch-institutionellen Rahmen des BVG an die parlamentarische Verantwortlichkeit zu binden.

Gleichzeitig kritisiert Thoma aber umgekehrt im Zuge seiner Reformvorschläge der derzeitigen Regelung des Wahlverfahrens für die Richterbesetzung des BVG und setzt sich für deren Reform ein. Denn seiner Meinung nach hätte es nahegelegen, die Richterwahl für das BVG, welche „im ganz umfassenden Maße über die gesetzgebenden Körperschaften gesetzt ist ..., in die Hand eines Gremiums zu geben, in dem der Einfluß der gesetzgebenden Körperschaften eher zurückgedrängt als verstärkt ist"[97].

Denn er vermutet — nicht zu Unrecht —, daß bei der Auswahl der Richter durch Bundestag und Bundesrat weniger die richterliche Qualifikation als vielmehr politische Proporzgesichtspunkte eine ausschlaggebende Rolle spielen[98].

Neben der Reform der Richterwahl tritt Thoma in seinem Reformkatalog für die Beseitigung des ‚Zwillingscharakters' des BVG, die Abschaffung der Gutachterpflicht und eine Wiederaufhebung des Instituts der Verfassungsbeschwerde ein[99]. Namentlich die Verfassungsbeschwerde hält er für eine dem BVG „wesensfremde Zuständigkeit"[100]. Diese Anschauung steht noch ganz in der Tradition der Weimarer Staatsrechtslehre[101], die den Schutz der Grundrechte prinzipiell der verwaltungsgerichtlichen Inzidentkontrolle überantwortete.

Eine resümierende Würdigung der Stellungnahme Thomas zum Status des BVG zeigt, daß die kritische Haltung zur Lehre vom Verfassungs-

[96] Vgl. ebd., S. 173 ff.; Zu den Einzelheiten vgl. insbesondere Laufer, S. 303 ff.

[97] Gutachten, S. 186.

[98] Die Auseinandersetzung um die Nachfolge Gebhard Müllers kann hierfür als jüngstes Beispiel gelten.

[99] Vgl. Gutachten, S. 183 ff.; Diese Reformvorstellungen wurden 1955 nochmals Gegenstand der Auseinandersetzung um das 1. Änderungsgesetz zum BVerfGG. Vgl. dazu Laufer, S. 169 ff.

[100] Gutachten, S. 185 mit weiteren Nachweisen.

[101] Vgl. FN 11.

organ mit dem daraus abgeleiteten Teilhabeanspruch an der staatlichen Machtausübung in Kontinuität mit der in der Weimarer Auseinandersetzung um Funktion und Grenzen der Verfassungsgerichtsbarkeit wie um das richterliche Prüfungsrecht entwickelten Position steht. Es versteht sich, daß Thoma, der stets gegen eine judikative Oberaufsicht der Legislative polemisiert hat, versucht, den Status des BVG, soweit verfassungsrechtlich vertretbar, zu ‚entprivilegieren' und seine ohnehin umfassenden Kompetenzen restriktiv auszulegen. Seine Gegenargumentation, namentlich die Methodenkritik und der Vorwurf der Begriffsjurisprudenz, wird dabei von den theoretischen Prämissen des Rechtspositivismus bestimmt, die in der antipositivistisch orientierten Diskussion der Nachkriegszeit nicht mehr aktuell waren und auch seitens des BVG eine entsprechend scharfe Entgegnung gefunden haben[102].

Mag aus heutiger Sicht Thomas Blick auch verengt erscheinen, rechtfertigt dies doch nicht die scharfe Polemik Laufers, in der er feststellt, Thoma seien die „Grundproblematik der Statusfrage" und die „Topoi der modernen konstitutionellen Demokratie" fremd geblieben. Thoma, meint Laufer, könne „als Beispiel für eine bestimmte Art geistiger Verschließung angesehen werden, die — trotz großer formaler Gelehrsamkeit — die Realität zugunsten der Fiktion vernachlässigt"[103]. Nachdem heute das BVG durch seine jüngste Judikatur erneut in den Blickpunkt nicht nur des öffentlichen Interesses, sondern auch der öffentlichen Kritik gelangt ist[104], dürfte dem Ansehen des höchsten Gerichts ein kritisches Problembewußtsein mehr dienen als bloße Affirmität im Sinne Laufers.

Abgesehen davon, erscheinen angesichts der festzustellenden Neigung des BVG, sich vom obersten Hüter der Verfassung zum obersten Schiedsrichter der Parteien zu entwickeln, auch manche Bedenken Thomas in einem anderen Licht. So erweist der Satz Thomas, bezogen auf den Staatsgerichtshof der Weimarer Republik, erneut seine Aktualität: „Der Rat zur Mäßigung, welchen Aristoteles und Montesquieu allen Aristokratien erteilen, gilt auch für die Aristokratie des hohen Richtertums[105]."

---

102 Vgl. die „Bemerkungen" des Bundesverfassungsgerichts (FN 26); Dolzer, S. 39 f. macht in diesem Zusammenhang darauf aufmerksam, daß es im ganzen gesehen keine grundsätzliche Diskussion über Sinn und Rolle der Verfassungsgerichtsbarkeit mehr gegeben habe.

103 Laufer, S. 312.

104 Anlaß dazu gaben vor allem das Hochschulurteil (1973), das Grundlagenvertragsurteil (1973) sowie das Urteil zur Novellierung des § 218 (1975).

105 Die Staatsgerichtsbarkeit, S. 200.

VI. Der Rechtsstaat — Freiheits- und Grundrechtsschutz

1. Die Gewaltenteilungslehre

Verfassungsgeschichtlich zog das Rechtsstaatsprinzip die Grenzlinie zwischen staatlicher (monarchischer) Macht und gesellschaftlicher Freiheitssphäre. Die bürgerlichen Interessen fanden ihre Berücksichtigung in Form des Gesetzesvorbehalts, die bürgerlichen Freiheiten ihren Schutz in der formalrechtsstaatlichen Verfassung sowie der Unabhängigkeit der Gerichte als ihrer komplementären Garantie. Hat auch der Wandel der Verfassungsstruktur vom konstitutionellen Obrigkeitsstaat zum parlamentarisch-demokratischen Regierungssystem „dynamisch gesehen" das klassische Schema der Gewaltenteilung weitgehend durchbrochen, bleibt gleichwohl dessen „verfassungspolitisches Prinzip", die Verteilung staatlicher Macht im Interesse ihrer Begrenzung auch im neuen Verfassungssystem wirksam[1].

Auf den ‚zeitlosen Kern' des Gewaltenteilungsschemas rekurriert offensichtlich auch Thomas ‚klassische' Studie über die Staatsfunktionen[2].

In der Tradition der spätkonstitutionellen Funktionenlehre klassifiziert Thoma die zu Staatsfunktionen abstrahierend zusammengefaßten Erscheinungsbilder staatlicher Tätigkeit nach dem Begriffsraster der klassischen Dreiteilung der Gewalten.

Im Erklärungsrahmen der traditionsgemäß eher rechtslogisch-systematisch ausgerichteten Staatsfunktionenlehre erfolgt die begriffliche Beschreibung der Funktionsformen der Gewalten dabei weniger auf der Basis der konkreten Verfassung und der in ihr niedergelegten Verteilung der Gewalten als vielmehr im Rückgriff auf die aus der prinzipiellen Dreiteilung der Gewalten abgeleitete materielle Aufgabenverteilung zwischen Legislative, Exekutive und Judikative[3].

In diesem Sinne faßt auch Thoma die staatlichen Tätigkeiten typologisierend unter die Funktionsformen von Gesetzgebung, Rechtsprechung und Verwaltung, die ‚Regierung' mitumfaßt.

---

[1] Vgl. Thoma, HdbDStR II, S. 117.

[2] Kritisch dazu Hesse, Grundzüge des Verfassungsrechts, 2. Aufl., 1968, S. 188. Hesse stellt fest, daß diese Lehre nicht aus der Verfassung entwickelt, sondern an sie herangetragen wird.

[3] Vgl. Ossenbühl, Verwaltungsvorschriften und Grundgesetz, 1968, S. 71 ff., 203. Kritisch zur Verknüpfung von Staatsfunktionenlehre und getrennten Funktionsorganen Kelsen, Staatslehre, S. 255 ff.

Dabei knüpft Thoma an das aus der spätkonstitutionellen Funktionslehre überkommene dualistische Verständnis der Staatsfunktionen an und beschreibt die Funktionsbegriffe in ihrer formellen und materiellen Bedeutung.

Die „Verdoppelung der Begriffe" — entstanden aus der dualistischen Struktur der konstitutionellen Epoche und seither bestimmend für das deutsche Rechtsdenken — kann Thoma zufolge auch unter der Verfassung der Weimarer Republik Geltung beanspruchen[4].

1.1. Der Funktionsbereich der Legislative

In der Traditionslinie der spätkonstitutionellen Staatsrechtslehre steht die Frage nach dem Umfang und dem Funktionsbereich der gesetzgebenden Gewalt in unmittelbarem Zusammenhang mit der Lehre vom doppelten Gesetzesbegriff[5]. Die im wesentlichen von Laband begründete[6], von Jellinek und Anschütz fortenwickelte dualistische Gesetzes- und Verordnungslehre ist bekanntlich die rechtliche Kompromißformel der historischen Auseinandersetzung von monarchischem Prinzip und Volkssouveränität, Obrigkeitsstaat und bürgerlicher Gesellschaft. Mit Hilfe des dualistisch gefaßten Gesetzesbegriffes sollte der Einflußbereich des Parlaments als dem Vertretungsorgan der bürgerlichen Gesellschaft gegenüber der monarchischen Exekutive kompetenzrechtlich abgesichert und gleichzeitig die monarchische Verwaltung vor dem Einfluß der durch die Volksvertretung mitbestimmten Gesetzgebung abgeschirmt werden[7].

Die Schlüsselstellung, die Thoma dem dualistischen Gesetzesbegriff auch nach Ablösung des monarchischen Prinzips durch die demokratische Republik und nach Wegfall des politisch-gesellschaftlichen Hintergrundes zuweist, kann hier als Beleg für die tiefe Verwurzelung der

---

[4] HdbDStR II, S. 224. Nach Ossenbühl soll der Wegfall des monarchischen Prinzips eine Neuorientierung des Rechtssatzbegriffes nicht erforderlich gemacht haben, da er nicht ein monarchisches Prinzip, sondern in der liberalen Rechtsstaatsidee wurzele. Ossenbühl, S. 143 FN 187.

[5] Das Schrifttum hierzu ist inzwischen unübersehbar. Ich beziehe mich im wesentlichen auf: Böckenförde, Gesetz und gesetzgebende Gewalt 1958 (zit. Gesetz); Jesch, Gesetz und Verwaltung, 1961; Ossenbühl, Verwaltungsvorschriften u. Grundgesetz, 1968; Rupp, Grundfragen der heutigen Verwaltungsrechtslehre 1965.

[6] Die Lehre vom doppelten Gesetzesbegriff hat verschiedene Vorläufer, ihren Siegeszug trat sie jedoch erst mit Labands berühmter Abhandlung „Das Budgetrecht nach den Bestimmungen der preußischen Verfassungsurkunde unter Berücksichtigung des norddeutschen Bundes" (1871) an. Vgl. auch Laband, Staatsrecht II, S. 1 ff. Zu Laband: Böckenförde, ebd., S. 226.

[7] Jesch, S. 20, bezeichnet z. B. diese dualistische Konstruktion als „Kind jenes eigentümlichen Spannungsverhältnisses zwischen Staat und Gesellschaft, für das der konstitutionelle Staat des monarchischen Prinzips" das gegebene Abbild war. Ähnlich Ossenbühl, S. 35. Zum Dogmengeschichtlichen Hintergrund allgemein vgl. auch Rupp, S. 19 ff., 104 ff.

konstitutionellen Theorie im deutschen Rechtsdenken verzeichnet werden[8].

Obwohl Thoma den „gewaltenmonistischen" Charakter der parlamentarischen Demokratie sets hervorgehoben und die historische Bedingtheit der dualistischen Begrifflichkeit konstatiert hat, zieht er aus diesen ‚Einsichten' weder rechtsdogmatische noch terminologische Folgerungen[9]. Die Macht des faktisch Gegebenen hat ihn, den Pragmatiker, ein solches Unterfangen wohl von vornherein aussichtlos erscheinen lassen[10].

Im Rahmen der Funktionslehre erfährt daher der Funktionsbegriff der Legislative in der Lehre vom Dogma des doppelten Gesetzesbegriffs seine entscheidende Prägung.

In der Lehre vom doppelten Gesetzesbegriff korrespondiert der Unterscheidung zwischen dem formellen und dem materiellen Gesetz die Unterscheidung von Rechtsverordnung und Verwaltungsverordnung.

Unter Gesetz in materiellem Sinn wird jeder verbindlich angeordnete Rechtssatz verstanden. Basis des materiellen Gesetzesbegriffes ist sonach die Gleichsetzung von Gesetz und Recht: „Gesetz und Recht sind schlechthin Wechselbegriffe[11]." Damit hängt Umfang und Funktionsbereich der legislativen Gewalt von dem zugrundegelegten Rechtssatzbegriff ab.

Hat Laband das Recht als Beschränkung und Begrenzung der natürlichen Handlungsfreiheit der einzelnen Willensträger[12] und Jellinek als soziale Schrankenziehung[13] definiert, knüpft Thoma zur Bestimmung des Rechtssatzbegriffes an die von Anschütz[14] vertretene ‚Freiheits- und Eigentumsklausel' an[15].

---

8 Vgl. Ossenbühl, S. 77 ff. Als Kritiker der dualistischen Gesetzeslehre sind insb. Haenel und Gierke zu nennen. Vgl. dazu Böckenförde, Gesetz, S. 282 ff. Für Weimar vgl. die scharfe Polemik Hellers, Der Begriff des Gesetzes in der Reichsverfassung in VVDStRL 4 (1928), S. 98 - 135; vgl. im übrigen zu den Gegenstimmen Ossenbühl, S. 85. Die Kritik ist neu in den 60er Jahren entstanden. Vgl. Jesch, S. 231, Rupp, S. 19 ff.

9 Vgl. Ossenbühl, S. 157.

10 Vgl. die Kritik Hellers an Thoma, in: VVDStRL, S. 112.

11 Anschütz, Stichwort „Gesetz", in WBStVwR II (1913), S. 212.

12 Vgl. z. B. Laband, StaatR II, S. 73. Diese Auffassung, welche Rechtsbeziehungen nur zwischen Rechtssubjekten anerkennt, steht bekanntlich in Bezugszusammenhang mit dem Staatspersönlichkeitsdogma. (Vgl. Laband, StaatsR I, S. 56 ff.); vgl. auch Böckenförde, Gesetz, S. 228 f. u. Ossenbühl, S. 56 ff.

13 Jellineks inhaltliche Bestimmung des Rechtssatzes geht vom Zweck des Rechts aus, den er in der sozialen Schrankenziehung sieht. Jellinek, Gesetz und Verordnung (1887), S. 240. Zur Konstruktion der Staatsperson bei Jellinek, vgl. Jellinek, System, S. 213 ff., dazu Böckenförde, ebd., S. 246 ff.

14 Anschütz interpretiert die Schrankenziehungsformel als Eigentums- und Freiheitsklausel. Dabei bedeutet ‚Eingriff in Eigentum und Freiheit des Staatsbürgers' nur das „allgemeine Gewaltverhältnis". Im besonderen Gewaltverhältnis ist der Bürger nicht ‚Staatsbürger', folglich „rechtsfrei" der Exekutive unterworfen. Vgl. Anschütz, S. 212 - 215.

Sie ist die „Grenzlinie“, die „Rechtsnormen von Nichtrechtsnormen“ trennt.

Diese „grenzscheidende Formel“[16] markiert daher nicht nur den Kompetenzumfang der gesetzgebenden Gewalt, sondern des Rechtsbereiches[17] schlechthin.

Denn in der Identifikation von Gesetz und Recht liegt die Aufspaltung der staatlich-politischen Wirklichkeit in eine Rechtssphäre und einen außerordentlichen Bereich beschlossen[18]. Damit ist der staatsinterne Raum von Rechtssatzbegriff ausgeklammert und zugleich die Voraussetzung geschaffen für die begriffliche Differenzierung von Rechtsverordnung und Verwaltungsverordnung[19].

Das Unterscheidungsmerkmal beider ist inhaltlicher Natur: die Rechtsverordnung enthält Rechtssätze und ist Gesetz im materiellen Sinn[20]. Verwaltungsverordnungen bezeichnen hingegen „Instruktionen für nachgeordnete Behörden, Anstaltsregulative, organisatorische Anordnungen ..., (die) ihre Wirkung nur innerhalb des Staatsapparates entfalten“.

Nach den Worten Thomas ist „über wenige Fragen ... in der deutschen Staatsrechtswissenschaft so hartnäckig gestritten worden wie über die Frage, ob auch diese Normen Rechtsnormen und also im materiellen Sinne des Wortes Gesetze seien“[21].

Thoma hat hier in der Gegenüberstellung eines „logisch-theoretischen“ und „historisch-konventionellen“, „praktisch-verfassungsrechtlichen“ Rechtssatzbegriffes[22] die Formel gefunden, die bis heute als herrschende Meinung gelten kann[23].

Danach sind die Verwaltungsverordnungen zwar keine „im engeren, spezifischen verfassungsrechtlichen Sinne“ geltende Rechtssätze im

---

15 Thoma, S. 125.

16 Anschütz, zit. n. Ossenbühl, S. 54, Fußnote 13.

17 Hier in der Diktion Thomas i. S. d. historisch-konventionellen Verengung des Rechtssatzbegriffs.

18 Vgl. dazu Jesch, S. 17 ff. In diese Konstruktion geht übrigens auch die liberalistische Vorstellung ein, welche den Staat auf den Eingriffsbereich beschränkt sehen wollte.

19 Historisch gesehen, wurde damit der staatliche Innenbereich zu einem bedeutsamen Reservat der monarchischen Exekutive ausgestaltet, das vor allem in Gestalt der besonderen Gewaltverhältnisse bis heute fortwirkt. Erst in jüngster Zeit ist nach der Entscheidung des BVerfG zum Strafvollzugsbereich (BVerfGE 33, 1) auch in der Rechtsprechung eine langsame „Tendenzwende“ in Sicht.

20 Thoma, S. 125.

21 Ebd.; gegen die Entgegensetzung von Rechtsverordnung und Verwaltungsverordnung wandte sich Triepel auf dem 32. Deutschen Juristentag 1922.

22 Sowie Festgabe, S. 176.

23 Vgl. H. J. Wolff-Bachof, Verwaltungsrecht I, weitere Nachweise vgl. Ossenbühl, S. 157; Jesch, S. 24.

Sinne des „im Sprachgebrauch der Staatsrechtswissenschaft" entwickelten und fest eingebürgerten Rechtssatzbegriffes, aber Rechtsnormen „in einem weiteren oder rechtsphilosophischen Sinne des Wortes". Die Grenze zwischen beiden Arten von Rechtsnormen sieht Thoma dabei nicht als eine „logisch-begriffliche", sondern als eine „historisch-konventionelle"[24].

Im Unterschied zum materiellen Gesetzesbegriff fallen unter das Gesetz im formellen Sinn alle Gesetze unabhängig von ihrem Inhalt, die in einem formellen Gesetzgebungsverfahren erlassen werden. Thoma fügt hinzu, daß jene formellen Gesetze, die inhaltlich keine Rechtsnormen im Sinne des konstitutionellen Rechtssatzbegriffes enthielten, gleichwohl als „Rechtsnormen im weiteren, rechtsphilosophischen Sinne" zu qualifizieren seien. Zutreffend ließen sie sich als „Verwaltungsakt in Gesetzesform" bezeichnen[25].

1.2. Der Funktionsbegriff der Judikative

Auch die Behandlung dieser Staatsfunktion folgt dem Schema des formellen und materiellen Sinnes des Funktionsbegriffs. Bezeichnet Rechtsprechung im formellen Sinn lediglich „die Betätigung der Gerichte aller Art, d. h. die verschiedenen Gerichtszweige"[26], und ist insoweit unproblematisch, konstatiert Thoma bei der Klärung des Funktionsbegriffes der Rechtsprechung im materiellen Sinn, daß zwar verschiedentlich eine Erhellung dieses Begriffs versucht worden sei, eine zureichende begriffliche Erfassung aber bislang noch ausstehe[27].

Grundthese seiner Überlegungen ist, daß Rechtsprechung sich nicht als bloße Subsumtionstätigkeit beschreiben lasse, da sie sich nicht in der Anwendung geltenden Rechts auf den konkreten Fall erschöpfe. Dies folge bereits aus der Erkenntnis, daß unter analytischem Aspekt keine der drei Funktionsformen Legislative, Exekutive und Judikative jeweils ausschließlich legislative, exekutive oder jurisdiktionelle Momente enthalte[28].

Die typologische Abgrenzung der Staatsfunktionen beruht nach seiner Auffassung vielmehr allein auf der Herausarbeitung der jeweils dominanten Strukturelemente. In diesem Sinne sei daher die Begriffsdefinition von Gesetzgebung als Rechtsetzung und Verwaltung als Vollziehung dahin zu relativieren, daß Rechtsetzung und Vollziehung der jeweils spezifische „Hauptzweck" jener Staatsakte darstelle. Denn wie

---

[24] HdbDStR II, S. 125.
[25] Ebd., S. 127.
[26] Ebd., S. 133.
[27] Ebd., S. 127.
[28] HdbDStR II, S. 128.

der Gesetzgeber auch als Vollzieher der Verfassung tätig werde, läge umgekehrt jeder Vollziehung eine Verwaltungsentscheidung voraus[29].

In diesem polaren Verständnisrahmen von Rechtsetzung und Vollziehung ist nach Meinung Thomas die judikative Gewalt zwar grundsätzlich dem ‚Vollzugsbereich' zuzuordnen[30], ihren gemeinsamen Eigencharakter begründet seiner Ansicht nach aber der Umstand, daß bei der Rechtsprechung zur gesetzesvollziehenden Tätigkeit ein *verselbständigter* Ausspruch darüber hinzukomme, was im konkreten Falle rechtens ist[31].

Rechtsprechung ist somit „ein verselbständigtes Stadium der Rechtsanwendung, ein Abschnitt, ein Zwischenglied im Vollzugsprozeß"[32].

Das typusbestimmende Merkmal der „Verselbständigung der Entscheidung und ihres Anspruches" impliziert auch eine weitgehende organisatorische und verfahrensmäßige Verselbständigung, weshalb es einen „rein materiellen Begriff der Rechtsprechung nicht geben kann"[33].

Der „Einbau" solcher „Zwischenglieder" in den „Vollzugsprozeß", d. h. der Gerichtsbarkeit, ist nach Thoma zwar „keine logische, wohl aber eine praktisch-politische Notwendigkeit".

„Vom Standpunkt der Rechtsidee" aus, fährt Thoma fort, habe man dem auch durch Errichtung der Zivil- und Strafgerichtsbarkeit Rechnung getragen. Die „‚rechtsstaatlichen' Postulate" gingen indes noch wesentlich weiter und forderten auch die Justiziabilität von Verfassungs- und Verwaltungsnormen[34].

Im Rahmen des Verwaltungsrechts ist nach Auffassung Thomas der Individualrechtsschutz auch durch das Beschwerdeverfahren[35] und die Anfechtungsklage hinreichend gewährleistet.

Allerdings beschränke sich der Rechtsschutz hier „regelmäßig" auf Verwaltungsakte[36].

Im Bereich der rechtsprechenden Gewalt sind Thoma zufolge drei Postulate zu erfüllen, die den modernen Rechts- und Verfassungsstaat prägten:

---

29 Ebd., S. 129; so auch schon in: Festgabe, S. 167.

30 Vgl. zur historischen Entwicklung der Trennung von Verwaltung und Rechtsprechung z. B. A. Görlitz, Verwaltungsgerichtsbarkeit in Deutschland, 1970, S. 260 f.

31 HdbDStR II, S. 129. Zwischen Rechtsanwendung und Gesetzesvollzug macht Thoma keinen terminologischen Unterschied.

32 Ebd., S. 130 (im Original gesperrt gedruckt).

33 HdbDStR II, S. 129.

34 Ebd., S. 130.

35 Das Beschwerdeverfahren ist heute das Widerspruchsverfahren.

36 Ebd., S. 131. Zur Entstehungsgeschichte und Funktion des Verwaltungsaktes vgl. Görlitz, S. 270.

„Der Staat soll in gewissem Umfang verselbständigte Rechtsanwendungssprüche in die Vollzugsverfahren einbauen; er soll sie in gewissem Umfang besonderen Behörden in besonderem Verfahren anvertrauen; er soll solche Richter in gewissem Umfange ‚unabhängig' machen[37]."

Sind diese Postulate auch bereits während Weimar weitgehend Verfassungsrealität geworden, wurde der lückenlose Individualrechtsschutz gegenüber der öffentlichen Gewalt doch erst durch Art. 19 IV GG verwirklicht, nach Thoma die „Krönung des Rechtsstaats", der „Schlußstein im Gewölbe des Rechtsstaats"[38].

1.3. Der Funktionsbegriff der Verwaltung (Regierung)

In der relativ kurzen Betrachtung der Verwaltung im materiellen und formellen Sinn verzichtet Thoma auf die positive Bestimmung dieser Staatsfunktion und begnügt sich mit der tradierten[39] negativen Definition der Verwaltung als jener Tätigkeit des Staates, die weder Gesetzgebung noch Rechtsprechung ist[40].

Die Negativdefinition der Verwaltung ist allerdings nicht so problemlos wie es scheint. Denn sie resultiert nicht in erster Linie aus der (vorhandenen) Schwierigkeit, die Vielfalt und Verschiedenartigkeit staatlichen Verwaltens begrifflich einzufangen und definitorisch festzumachen, sondern steht im Zusammenhang mit der spätkonstitutionellen Vorstellung von einer prinzipiellen Autonomie der Verwaltung, der „Grundfunktion der Verwaltung" (Jellinek), die in den Gesetzen zwar ihre Schranke, nicht aber ihren Bestimmungsgrund findet[41].

Vor diesem Bedeutungshintergrund stellt sich die Frage, ob nicht der Wandel der Verfassungsstruktur in Weimar einen Verwaltungsbegriff verlangt hätte, der Inhalt und Funktion aus der demokratischen Grundlage bezieht und sich nicht umgekehrt negativ in der Abgrenzung zu Gesetzgebungs- und Rechtsprechungsakten des Staates erschöpft[42].

---

[37] HdbDStR II, S. 133.

[38] Über die Grundrechte im Grundgesetz für die BRD, in: Recht, Staat, Wirtschaft Bd. 2 (1951), S. 9 ff. (9).

[39] Vgl. z. B. Jellinek, S. 218; Laband, Staatsrecht II, S. 175; O. Mayer, Verwaltungsrecht I, 3. Aufl., S. 7.

[40] HdbDStR II, S. 133. Auf das Gesellschafts- und Staatsbild des 19. Jhdt. und den Begriff von Verwaltung, den jenes Denken sich machte, geht auch Kelsens Auffassung zurück, daß der Gesetzgebung die Eigenschaft einer staatlichen Funktion überhaupt abzusprechen sei (vgl. Kelsen, Hauptprobleme der Staatsrechtslehre 1923 (S. 465 f.).

[41] So auch Thoma in: Der Polizeibefehl, S. 98 f. Zur Identifizierung Staat und Verwaltung: Rupp, S. 21. Noch heute dominiert eher die Vorstellung, daß ‚Verfassung' Bindung der Verwaltung darstellt. Bekanntlich lebte in Weimar die obrigkeitsstaatliche Gesinnung gerade in der Verwaltungsbürokratie ungehindert fort. Festzustellen ist, daß jene Enklave auch auf theoretischer Ebene nicht ‚verunsichert' wurde.

[42] Allgemein zum Verhältnis Legislative und Exekutive unter dem Aspekt der Demokratie: Ossenbühl, S. 185 ff., sowie der Verfassungsvergleich bei Jesch, S. 76 ff.

Innerhalb der Verwaltung unterscheidet Thoma dann noch — der Vollständigkeit halber — den Bereich der Regierung als der obersten Staatsleitung. Diese hat nach seinen Worten über die Funktionseinteilung hinaus die Aufgabe der staatlichen Einheitsbildung. Thoma versteht hier den Regierungsbegriff vornehmlich in seiner praktischen Dimension. Aus dieser Sicht wird er aus dem funktionsrechtlichen Zusammenhang von Gesetzgebung, Rechtsprechung und jenem Teil der Verwaltung, der Gesetzesvollziehung ist, herausgelöst, ohne allerdings eine neue Verhältnis- oder Funktionsbestimmung zu erfahren. „Nationalpolitische Betrachtung" könne sich nämlich dabei nicht mit der juristischen Konstruktion eines „zur Einheit zusammengefaßten Volkes als Körperschaft" zufriedengeben, sondern müsse die reale politische Chance einer „planmäßig-einheitlichen Regierung" betrachten[43].

In diesem Zusammenhang gingen offensichtlich jene, die die Instabilität des parlamentarischen Regierungssystems kritisierten und durch ein anderes

> „mit Demokratie und ‚responsible government' ... noch verträgliches System der Stabilisierung ersetzen wollten, davon aus, Regierung sei eine Funktion, die im Gegensatz zu Gesetzgebung und Rechtsprechung stehe".

Diese Vorstellung sei indes irrig, denn in allen wichtigen Angelegenheiten werde „gar nicht von der Regierung ... regiert, sondern von der Legislative"[44]!

Diese Erkenntnis, so zutreffend sie sein mag, blieb allerdings, wie deutlich geworden sein dürfte, für seine verfassungsdogmatische Behandlung der Gewaltenteilung und Funktionslehre folgenlos.

2. Der Vorbehalt des Gesetzes und die Gesetzmäßigkeit der Verwaltung

2.1. Die Lehre vom doppelten Gesetzesbegriff

Thomas rechtsdogmatische Darstellung des Vorbehalts des Gesetzes und der Gesetzmäßigkeit der Verwaltung im Handbuch des Deutschen Staatsrechts, die er noch ganz im überkommenen Sinne als divergente Prinzipien voneinander unterscheidet, kann als Zusammenfassung des konstitutionellen Traditionsbestandes und seiner eigenen sich über Jahrzehnte erstreckenden Überlegungen angesehen werden.

Die Untersuchung von Inhalt und Reichweite jener Prinzipien, die einmal das verfassungsrechtliche Verhältnis von Gesetzgebung und Verwaltung (kompetenzrechtliche Seite), zum anderen den rechtsstaatlichen Schutz der Individualsphäre (Gewährleistungskomponente) betrifft[45], fußt notwendigerweise auf der Lehre vom doppelten Gesetzes-

---

[43] HdbDStR II, S. 135.

[44] Ebd., S. 136.

begriff, der für Thoma auch nach Errichtung der Weimarer Demokratie seine Relevanz nicht eingebüßt hat.

Der Zentralbegriff des Gesetzes wird daher von Thoma im traditionellen Bezugsrahmen nach der Eingriffsformel bestimmt.

An dieser Stelle ist aber festzuhalten, daß diese Definition Thomas selber Resultat eines Auffassungswandels darstellt, der allerdings weniger der Einsicht in die Richtigkeit der konstitutionellen Gesetzeskonstruktion entspringt denn der Erkenntnis, daß die Verengung des Rechtssatzbegriffes auf Eingriffe in Freiheit und Eigentum sich endgültig durchgesetzt hat und zu einem gesicherten Bestand der deutschen Staatslehre geworden ist. Dies ist für Thoma Grund genug, von dem Versuch einer Neuorientierung von vornherein abzusehen.

Bevor wir daher Thomas Vorbehaltslehre näher betrachten, wollen wir uns kurz den Entwicklungsstadien seines Auffassungswandels zuwenden.

2.2. Thomas historisch-kritische Analyse des geltenden Gesetzesbegriffes

Thoma hatte noch in seiner groß angelegten Schrift über den ‚Polizeibefehl im Badischen Recht‘ in ausdrücklichem Gegensatz zu Anschütz den materiellen Gesetzesbegriff nicht auf die Eingriffsklausel reduziert, sondern alle in den rechtlichen Außenbereich fallenden Verordnungen als Gesetze im materiellen Sinn und damit als Rechtsverordnungen angesehen[46].

Die Wandlung vollzieht Thoma erst später in seiner 1916 erschienenen Studie über den ‚Vorbehalt des Gesetzes im Preußischen Verfassungsrecht‘[47], in welcher er sich — resignativ — der herrschenden Anschauung anschließt.

Gleichzeitig hat Thoma in dieser Untersuchung, die Heller treffend als „Kapitulation der besseren Theorie vor der schlechteren Theorie“ kennzeichnet[48], die historisch-politische Bedingtheit der rechtsdogmatischen Begriffsbildung im allgemeinen und des materiellen Gesetzesbegriffs im besonderen bloßgelegt.

Am Leitfaden einer „historisch-kritischen Analyse“ der deutschen Verfassungen[49] und nach Darlegung des vorhandenen Meinungsspektrums kommt Thoma zu dem Ergebnis, daß die von der herrschenden Staatsrechtslehre vertretene und vornehmlich von Laband und Anschütz ge-

---

[45] Auf diese Doppelfunktion hat Vogel hingewiesen, in: VVDStRL 24 (1966), S. 125 ff. (150).

[46] Der Polizeibefehl, S. 149, S. 118 gegen Anschütz.

[47] Abgedr. in: Festgabe, S. 167 ff.

[48] Heller, Der Begriff des Gesetzes in der Reichsverfassung in: VVDStRL 4 (1928), S. 98 ff. (112).

[49] Festgabe, S. 169 f., 194. Thoma beruft sich hier auf Smend.

prägte materielle Interpretation des Gesetzesbegriffes in Art. 62 der preußischen Verfassungsurkunde von 1848 in der Verfassung selber keine Grundlage findet[50].

Sowohl der Blick auf ihre Entstehungsgeschichte wie auch eine rechtsvergleichende Untersuchung ihrer Verfassungsvorbilder Belgien und Frankreich bringt Thoma die Erkenntnis, daß der materielle Gesetzesvorbehalt der preußischen Verfassung völlig fremd sei. Historisch-politische Betrachtung, meint Thoma, zeigte im übrigen, daß die Auslegung des Gesetzesvorbehalts im Sinne des an der Freiheits-Eigentumsformel ausgerichteten Rechtsbegriffes offensichtlich auf die Verfassungslage der „Verfassungsurkunden der Mittelstaaten aus der vormärzlichen Zeit" bezogen sei, die in der Tat eine materielle Vorbehaltsgestaltung enthielten.

Diese stelle nämlich den ‚Nährboden' dar, auf dem die deutsche Staatsrechtslehre groß geworden sei[51].

Hier wird für Thoma evident, daß das Verständnis des Gesetzesbegriffs mit der jeweiligen historisch-politischen Entwicklung korreliert, die in den Mittelstaaten gerade anders verlaufen ist als in Preußen. Denn dort hat man seiner Ansicht nach aus der politischen Zwangslage heraus zu dem Versuch gegriffen, „das Gebiet der Gesetzgebung aufteilen", und zwar mit Hilfe der vom Freiherrn vom Stein stammenden Freiheits- und Eigentumsklausel[52].

Die süddeutsche Formel wurde dann nach den Worten Thomas „zu einer zwar unbegründeten, aber politisch hübscheren Auslegung" der preußischen Verfassung unterlegt[53].

Mit dieser historisch-kritischen Bestandsaufnahme will Thoma den Nachweis erbringen, daß „nichts ... verkehrter (ist), als der verbreitete Irrtum, dieser (sc. materielle) Rechtssatzbegriff lasse sich irgendwie theoretisch, logisch philosophisch bestimmen ... Dieser Rechtssatzbegriff ist historisch-konventionell und lediglich beschreibend zu definieren".

Hingegen kann der theoretisch-logische Rechtsbegriff immer nur das Recht „im Gegensatz zu den von Sitte, Sittlichkeit, Religion geheiligten oder von rechtloser Gewalt gesetzten Geboten" bezeichnen[54].

Mit dieser bis in die Gegenwart maßgeblichen Unterscheidung hat Thoma eine Erklärungsformel gefunden, die in ihrer Wirkung das Problembewußtsein weniger schärfte, als vielmehr den Gesetzesbegriff der

---

[50] Ebd., S. 184, 185 ff.

[51] Festgabe, S. 174; nach Thoma entspringt der materielle Vorbehalt „dem Geiste eines staatlich unreifen Geschlechtes das von seinen Landtagen lediglich Schutz gegen den Staat erwartet" (ebd. S. 179).

[52] Ebd., S. 175 f.

[53] Ebd., S. 188.

[54] Ebd., S. 176.

konstitutionellen Theorie gegen fundamentale Kritik weitgehend zu immunisieren verstand.

Thoma mag sich allerdings selber wohl bewußt gewesen sein, daß sein Rückzug auf die pure Geltung des „praktisch-verfassungsrechtlichen“[55], konventionell verengten Gesetzesbegriffs auf der verfassungsjuristischen Bezugsebene die Aufspaltung der Rechtssphäre in einen rechtsbeherrschten und einen rechtsfreien Bereich perpetuiert, da er sich in Hinblick auf das selbständige Verordnungsrecht der Krone selber Trost spendet:

> „Dabei bleibt natürlich ein zweifelhafter Grenzstreifen zwischen den beiden Gebieten, der aber in dem Maße praktisch immer uninteressanter wird, als die fortschreitende Gesetzgebung immer mehr Normen in die Form des Gesetzes gießt und zugleich immer mehr mögliche Gegenstände selbständiger Verordnungen durch Delegationen untermauert und damit außer Streit stellt[56].“

Zu Beginn der Weimarer Republik steht so der materielle, durch die Freiheits- und Eigentumsformel geprägte Gesetzesbegriff unangefochten fest. Dieser Befund veranlaßt denn auch Thoma im Rahmen seiner Vorbehaltslehre im ‚Handbuch' zu der Feststellung:

> „Die neuen republikanischen Verfassungen konnten in Bezug auf den Allgemeinvorbehalt und den konstitutionellen Rechtssatzbegriff, sowie dessen Abgrenzung von der in der unmittelbaren Kompetenz der Verwaltung verbleibenden Satzungsgewalt ein gesichertes Erbe antreten und haben es angetreten[57].“

Diese Sätze stehen repräsentativ für die Haltung der herrschenden Weimarer Staatsrechtslehre. Die Gründe jener ungebrochenen Begriffs- und Vorstellungswelt sind bekannt[58]. Gleichwohl erscheint diese sachliche Feststellung von seiten Thomas doch bemerkenswert. Immerhin formulierte Thoma selbst die historische Relativität des konstitutionellen Gesetzesbegriffs, indem er ihn seines vorgeblich ausschließlich rechtslogischen Charakters entkleidete und aus den realen Bedingungen seiner Entstehung ableitete. Damit hätte an sich das methodische Rüstzeug vorgelegen, um angesichts der neuen Verfassungslage den Bannkreis des konstitutionellen Denkens zu durchbrechen und die Problematik einer Weitergeltung der überkommenen Kategorien auf der Grundlage einer demokratischen Verfassung zu entfalten, welche dem Parlament die ausschließliche Gesetzgebungskompetenz zuweist und die Exekutive demokratisch legitimiert.

---

[55] Festgabe, S. 177.

[56] Ebd., S. 213.

[57] HdbDStR II, S. 225.

[58] Vgl. dazu z. B. Ossenbühl, S. 82, 85, der auf die tiefe Verwurzelung des Rechtsbegriffs in der dt. Verfassungsentwicklung sowie den Zeitfaktor abhebt.

Indem Thoma umgekehrt die konstitutionellen Begriffskategorien unbesehen auf die neue Demokratie überträgt, nur weil sie juristisch überliefert gelten, reproduziert er eben jene positivistische Methodik, der seine Kritik meist gegolten hat: der Blick bleibt gebannt in die Grenzen des streng juristisch-dogmatischen Systems, das losgelöst von Verfassungs- und Gesellschaftsstruktur nur seiner eigenen Logik gehorcht und so Fragen nach seiner Geltung erst gar nicht aufkommen läßt.

2.3. Der Vorbehalt des Gesetzes

In der Vorbehaltslehre, wie Thoma sie im ‚Handbuch' dargestellt hat, bezeichnet der Vorbehalt des Gesetzes, für Thoma Oberbegriff und Synonym für die Rechtssphäre im Sinne des historisch-konventionellen Rechtsbegriffes, „die Gesamtheit derjenigen Rechtssätze, welche bestimmen, daß ein Staatsakt der Gesetzesform bedürfe"[59].

Er umfaßt für Thoma sowohl den Vorrang der förmlichen Gesetze wie auch den Allgemeinvorbehalt und die Spezialvorbehalte.

Während das Prinzip des Vorrangs des Gesetzes Thoma zufolge den Vorrang des schon vorhandenen formlichen Gesetzes meint, ist unter Allgemeinvorbehalt zu verstehen, daß „die Erlassung neuer Rechtssätze ... grundsätzlich der Legislative vorbehalten ist"[60]. Wie bereits dargelegt, benützt Thoma im Anschluß an Anschütz die Eingriffsformel zur Bestimmung des Rechtssatzbegriffes und damit des Vorbehaltsbereiches.

Allerdings modifiziert Thoma die ursprüngliche Formel hier dahingehend, daß die „Worte ‚Freiheit und Eigentum' im weitesten Sinne zu verstehen sind" und die „gesamte Rechts- und Freiheitssphäre der Individuen umfassen"[61]. Damit entfällt die Beschränkungsfunktion der Eingriffsklausel weitgehend[62].

Nach Maßgabe dieser Definition beschreibt der Allgemeinvorbehalt den Bereich jener Normen, die im allgemeinen Gewaltverhältnis die Rechts- und Freiheitssphäre der rechtsunterworfenen Rechtssubjekte betreffen[63].

Auf der anderen Seite der Trennungslinie — im vorbehaltfreien Raum des staatlichen Innenbereiches — siedelt Thoma die Verwaltungsverordnungen im engeren Sinn, die organisatorischen Anordnungen und die Anstaltsordnungen an. Sie sind das „Hausgut der Verwaltung"[64].

---

59 HdbDStR II, S. 221.

60 HdbDStR II, S. 222; dazu Jesch, S. 30.

61 Ebd., S. 223.

62 Vgl. Jesch, S. 31, sowie ebd. FN 104.

63 Ebd., S. 223.

64 Ebd., S. 228.

Vom Allgemeinvorbehalt unterscheidet Thoma die Sondervorbehalte, die ausschließlich in der Verfassung niedergelegt sind und entweder die Gesetzesform zwingend vorschreiben oder eine Delegationsermächtigung enthalten.

Thoma hält es in diesem Zusammenhang in Übereinstimmung mit der h. M. auch für zulässig, daß der Gesetzgeber im Vorbehaltsbereich die Rechtssätze nicht selber erläßt, sondern „die Befugnis der Normierung des zu regelnden Gegenstandes ganz oder teilweise auf ein anderes Organ" überträgt, soweit nicht „ein Vorbehalt ... zwingend (exklusiv) genannt ist". Allerdings muß sich seiner Meinung nach die Übertragung „in gewissen äußersten (schwer formulierbaren) Grenzen halten, jenseits deren ein verfassungswidriger Mißbrauch vorläge"[65].

2.4. Die Gesetzmäßigkeit der Verwaltung

Vom Prinzip des Vorbehalts des Gesetzes unterscheidet Thoma das Prinzip der Gesetzmäßigkeit der Verwaltung im weiteren und im engeren Sinne[66]. Versteht Thoma unter dem Gesetzmäßigkeitsprinzip im weiteren Sinne lediglich, daß jede Handlung der Exekutive auf einer rechtlichen Kompetenz beruhen muß, betrifft das Gesetzmäßigkeitsprinzip im engeren Sinne die Frage, ob Einzeleingriffe der Verwaltung — d. h. Verwaltungsakte — einer gesetzlichen Ermächtigung bedürfen.

Mit der Unterscheidung von Vorbehaltsprinzip und Gesetzmäßigkeitsprinzip greift Thoma eine historisch gewachsene Differenzierung auf, die bezogen ist auf die historischen Stufen der Verfassungsentwicklung[67].

Während der Gesetzesvorbehalt dem konstitutionellen Verfassungsrecht von Anfang an zugrunde lag, wurde das Gesetzmäßigkeitsprinzip erst ab Mitte des 19. Jhdts. als rechtsstaatliches Postulat formuliert und blieb auch bis zum Ende der konstitutionellen Monarchie unbestritten[68].

---

[65] HdbDStR II, S. 227; vgl. auch Jesch, S. 153.

[66] Vgl. ebd., S. 227 ff.

[67] Von „Entwicklungsstufen" spricht Stier-Somlo in Verw.Arch. Bd. 19 (1911), S. 43 ff. (49). Ähnlich auch Scheuner in Festschrift f. Smend, S. 253 ff. (263 f.). Jesch differenziert die Sinngehalte beider Verfassungsprinzipien unter demokratischen und rechtsstaatlichen Aspekten. Während er den Vorbehalt des Gesetzes der demokratischen Linie zuordnet, bedeutet das Gesetzmäßigkeitsprinzip die Errichtung des Rechtsstaates (S. 156 ff. (166)). Vgl. auch Bühler, Die subjektiv-öffentl. Rechte, S. 66 ff. Diese divergenten Entwicklungslinien wurden insb. durch D. Mayer verdeckt, der den Gesetzesvorbehalt auf das Gesetzmäßigkeitsprinzip terminologisch übertrug. So konnte W. Jellinek schreiben: „Dieser von O. Mayer so benannte ‚Vorbehat des Gesetzes' ist am bekanntesten unter dem Namen des Grundsatzes von der ‚Gesetzmäßigkeit der Verwaltung' ..." (Verfassung u. Verwaltung des Reiches und der Länder, 1928, S. 97). Eine andere Sicht vertritt Ossenbühl, vgl. S. 227 ff. Kritisch dazu: Hansen, Fachliche Weisung und materielles Gesetz, 1971, S. 219 f.

Die Forderung nach einer gesetzlichen Ermächtigung auch für Einzeleingriffe der Verwaltung entsprang der Erkenntnis, daß die konstitutionelle Vorbehaltslehre allein die Gesetzmäßigkeit exekutivischer Freiheitseingriffe nicht zu garantieren vermochte, da die im Gesetzesvorbehalt liegende Kompetenzregelung im Bereich der Rechtssetzung für den Fall eines Eingriffs in Freiheit und Eigentum durch Einzelakt keinen Vorbehalt bereitstellte. Zwar bestand bereits eine mittelbare Kontrolle über Einzelakte der vollziehenden Gewalt auf Grund des geltenden Prinzips vom Vorrang des Gesetzes, wonach gesetzwidrige Akte der Exekutive unzulässig waren, indes blieb die praktische Wirkung des Vorranggrundsatzes insofern eng begrenzt, als er eine bereits erfolgte gesetzliche Regelung eines Sachgebietes voraussetzte[69].

Im Verlauf der weiteren Entwicklung kristallisiert sich daher im Gesetzmäßigkeitsprinzip i. e. S. — dem Eingriffsvorbehalt für Individualakte — immer stärker der Rechtsstaatsgedanke, sei es, daß es aus dem Wesen des Rechtsstaates abgeleitet[70] oder im wesentlichen mit ihm identifiziert wird[71].

Auch für Thoma ist die Wandlung vom „Verfassungsstaat" zum „Rechtsstaat"[72] entscheidend durch die Verwirklichung der Gesetzmäßigkeit der Verwaltung bestimmt. Es bildet, wie Thoma 1910 formuliert, „das Fundament des Vorstellungskomplexes ..., den uns Heutigen das Wort Rechtsstaat auslöst"[73].

Obgleich mit Anerkennung des Eingriffsvorbehalts im Rechtssetzungsbereich der Weg grundsätzlich geebnet war für eine Übertragung dieses Vorbehalts auf Einzelakte[74], kommt hier namentlich Thoma das Verdienst zu, die argumentative Begründungsbasis für eine Bindung der Verwaltung an gesetzliche Ermächtigungen nicht nur für allgemeine, sondern auch für konkrete Einzelfälle entwickelt zu haben. Für Thoma folgt die „Ermächtigungsbedürftigkeit aller Verwaltungseingriffe in ‚Freiheit und Eigentum'" daraus, daß der Vorbehalt der generellen Anordnungen den der individuellen a priori in sich schließe[75].

---

68 Dagegen z. B. Sarwey (1884), G. Mayer (1899), Stier-Somlo (1911) und nach 1910 der Württ. Verwaltungsgerichtshof; vgl. dazu Hansen, S. 59.

69 Vgl. Jesch, S. 206 ff.

70 So vor allem Laband, vgl. Lesch, S. 163; Jesch (S. 161) weist auch auf das zuvor „weithin fehlende Interesse" für dieses Problem hin.

71 Vgl. Anschütz, in: Verw.Arch. Bd. 14 S. 325. Dazu allgemein: Scheuner, S. 263 f.

72 Hansen, S. 58.

73 Thoma, in: Rechtsstaatsidee, S. 197; dort auch zu den verschiedenen historischen Ausprägungen des Rechtsstaatsprinzips.

74 Vgl. Jesch, S. 159.

75 HdbDStR II, S. 229; Der Polizeibefehl, S. 101; vgl. auch Festgabe S. 179.

Mit der dogmatischen Anbindung des Eingriffsvorbehalts (für Individualakte) an den Gesetzesvorbehalt wird auch das Innen-/Außenrechtsschema zum maßgeblichen Definitionskriterium. Die Reichweite des Gesetzmäßigkeitsprinzips ist damit durch den konventionell verengten Rechtssatzbegriff determiniert: (sie) bleibt beschränkt auf die Eingriffsverwaltung und das allgemeine Gewaltverhältnis[76].

In dieser Ausgestaltung behielt das Gesetzmäßigkeitsprinzip seine unveränderte Geltungskraft sowohl für die Weimarer Verfassungslage wie für das Bonner Grundgesetz.

Für die Weimarer Rechtsordnung, meint Thoma, gilt das Prinzip der Gesetzmäßigkeit der Verwaltung unangefochten; daher „beruht also das gesamte, nicht bloß vollziehende obrigkeitliche Verwaltungsrecht auf einem System *besonderer Ermächtigungen*".

Daher gibt es auch keine „unregulierten Kompetenzen" der staatlichen Exekutive mehr, nicht einmal im Falle eines Staatsnotstandes[77].

Nach Thomas Darstellung hat die Weimarer Rechtsordnung mit der vorbehaltlosen Anerkennung des Gesetzmäßigkeitsprinzips i. e. S. und seiner Effektivierung durch den Ausbau einer unabhängigen Verwaltungsgerichtsbarkeit die rechtsstaatlichen Postulate wenn auch noch nicht vollständig, so doch in höherem Maße eingelöst. Denn, wie Thoma definiert, „ein Staat ... ist Rechtsstaat in dem Maße, in dem seine Rechtsordnung die Bahnen und Grenzen der öffentlichen Gewalt normalisiert und durch unabhängige Gerichte, deren Autorität respektiert wird, kontrolliert"[78].

Thoma ist sich allerdings bewußt, daß diese „hergebrachte Rechtsstaatsvorstellung" auch in ihrer normalen Bestimmtheit „noch anderes in sich schließt und sich unter den veränderten Verhältnissen der Gegenwart mit neuen Inhalten erfüllt hat"[79].

Dies, meint Thoma, namentlich „in einem Staatswesen, das in seinem Aufbau Parteienstaat ist, und in seiner Betätigung, unter dem Druck der Verhältnisse, mehr und mehr zum überall eingreifenden Wirtschafts- und Sozialstaat wird ..."[80].

Auch in diesem Zusammenhang ist abschließend kritisch zu verzeichnen, daß diese aus politisch-soziologischer Perspektive gewonnene Erkenntnis auf der juristisch-dogmatischen Ebene ohne Resonanz und folgenlos bleibt.

---

[76] HdbDStR II, S. 228; Der Polizeibefehl, S. 17 ff. 103. Die Spätfolgen sind noch heute in der Diskussion um die gesetzliche Ermächtigungsbedürftigkeit der Leistungsverwaltung ablesbar. Positiv entschieden wurde die Frage im Bereich der Sozialgesetzgebung durch den AT des Sozialgesetzbuches.

[77] HdbDStR II, S. 230, 231; Thoma lehnt hier ein von Art. 48 WRV nicht gedecktes überverfassungsmäßiges ‚Staatsnotrecht' entschieden ab.

[78] Ebd., S. 223 (im Original gesperrt gedruckt).

[79] Ebd., S. 223, FN 31.

[80] Ebd., S. 223.

3. Das System der subjektiv-öffentlichen Rechte

Die subjektiv-öffentlichen Rechte stellen die subjektive Kehrseite des Prinzips der Gesetzmäßigkeit der Verwaltung dar[81].

Der Schutz von Individualrechten hat die Konstruktion subjektiv-öffentlicher Rechte zur Voraussetzung:

„Grundlegend ist die Einsicht, daß das staatliche Gemeinwesen, wenn es überhaupt als innerhalb einer Rechtsordnung stehend soll gedacht werden können, begriffen werden munß als eine mit Rechtspersönlichkeit ausgestattete Körperschaft, die anderen Rechtssubjekten mit subjektivem Recht entgegentreten oder ihnen gegenüber rechtliche Pflichten haben kann[82].“

Verständnisbasis der hier von Thoma formulierten ‚Grundeinsicht‘ ist das positivistische Dogma der Staatspersönlichkeit, wonach ein gegenseitiges Berechtigungs- und Verpflichtungsverhältnis notwendig eine Beziehung zwischen Rechtssubjekten voraussetzt.

Die konstruktive Schwierigkeit, zu welcher jene Prämisse im Hinblick auf die Begründung subjektiv-öffentlicher Rechte führt, hat ihre Ursache im positivistischen Ansatz selber.

Der erste Punkt ist, daß der Staat in diesem Verständnis rechtlich nicht nur als eine juristische Person konstruiert wird, welche die Vielfalt staatlicher Erscheinungsformen und Funktionen abstrahierend zur einheitlichen und unteilbaren Staatsgewalt zusammenfaßt, sondern zugleich ein Rechtssubjekt darstellt, welches, rechtsetzend, dem rechtsunterworfenen Staatsbürger als Urheber gegenübertritt.

Denn, meint Thoma, abgesehen von der umstrittenen — von Thoma bekanntlich verneinten — Frage, ob der Staat außer an positives Völkerrecht auch an überpositives Naturrecht gebunden ist, muß der Staat auf Grund seiner legislativen Omnipotenz innerstaatlich als rechtlich allmächtig gelten. Schließlich ist „die gesamte im Staat geltende Rechtsordnung von Rechts wegen zur Disposition des Staatsorgans oder der Staatsorgane gestellt ..., denen die Verfassungsurkunde die gesetzgebende Gewalt überträgt“[83].

Hinzukommt, daß es nach der konstitutionellen Dogmatik ohne Rechtspflicht der einen Rechtsperson auch kein subjektives Recht der anderen geben kann.

Damit stellt sich notwendig die Frage, wie der Staat als Rechtssubjekt — und das bedeutet hier auch Rechtssetzungssubjekt — gleichzeitig Träger von Rechtspflichten sein kann. Denn rechtliche Verpflichtung setzt für Thoma ein Verpflichtetwerden durch eine „dem Verpflichteten übergeordnete Rechtsordnung“[84] voraus.

---

[81] So Thoma in Besprechung v. Anschütz, Kommentar zur Preuß. Verfassung Bd. I 1912, in Zeitschrift f. Politik Bd. 7 (1914) S. 280 ff. (283).

[82] HdbDStR II, S. 607.

[83] Ebd., S. 140.

Die Möglichkeit staatsverpflichtender subjektiver Rechte ist danach nur denkbar, wenn der Staat, obgleich Schöpfer der Rechtsordnung, dieser gleichwohl als unterworfen gilt[85].

Die Lösung dieses Problems sieht Thoma darin, daß rechtstheoretisch unterschieden wird zwischen der „souveränen Staatspersönlichkeit als *Ganzem*", gegenüber der es in der Tat keine subjektiven Rechte der Staatsuntertanen gebe, mit dem Staat „in Gestalt einer reichgestuften Vielheit von staatlichen Gewalthabern ..., von denen nur *einer* als oberster Gesetzgeber auftritt ...", während die übrigen unter dem jeweiligen, für sie unantastbaren objektiven Recht stehen[86].

Diesem Gedankengang liegt die Überlegung zugrunde, daß sich subjektive Rechte auf der Grundlage des vorausgesetzten Korrespondenzverhältnisses von Berechtigungssubjekt und Pflichtsubjekt konstruktiv nur durch die Auflösung der einheitlich gedachten Staatsperson in den innerstaatlichen Pluralismus von Gesetzgebung auf der einen Seite und den übrigen staatlichen Funktionsträgern auf der anderen begründen lassen.

> „Die subjektiven Ansprüche gegen den Staat sind daher ein Prekarium nur insoweit, als ihnen die Staatskörperschaft ihr höchstnormsetzendes Organ als solches gegenüberstellt und durch dieses repräsentiert wird. Insofern die Staatskörperschaft in anderen Funktionen oder durch andere Organe repräsentiert wird, steht sie genau so *unter* dem staatlichen Recht wie ihre Untertanen[87]."

Daraus folgt auch, daß es dem Gesetzgeber gegenüber keine subjektiv-öffentlichen Rechte geben kann.

Da sich also der Nachweis der rechtlichen Verpflichtbarkeit des Staates nur um den Preis der Aufgabe seiner gedachten Einheit und Unteilbarkeit erbringen läßt, differenziert Thoma seine weitere Untersuchung nach den korrespondierenden Bezugspolen des Staates: Zunächst behandelt er das staatliche Innerverhältnis „in der pluralistischen Differenziertheit seiner Kompetenzträger", sodann das Außenrechtsverhältnis Staat—Bürger.

Was nun den Innenbereich des Staates angeht, ist nach den Worten Thomas die „zwischenkörperschaftliche Differenzierung" des Gesamtstaates in „Reich, Kommunen und besondere Körperschaften" kaum problematisch.

Anders verhält es sich hingegen seiner Meinung nach mit der „innerkörperschaftlichen Differenzierung"[88], da Thoma hier auf das vor

---

84 HdbDStR II, S. 607 f.

85 Zur Selbstbindungslehre vgl. oben Kapitel über den Staatsbegriff, II.1.

86 HdbDStR II, S. 609.

87 HdbDStR II, S. 609.

88 Ebd., S. 610.

allem in der früheren Literatur[89] viel erwähnte Problem der Rechtspersönlichkeit der Staatsorgane stößt.

Denn aus der Perspektive der Lehre vom Staat als Juristischer Person können Rechtsbeziehungen zwischen den Staatsorganen nicht angenommen werden, da sie innerhalb der Staatsperson liegen. Alles, was sich aber innerhalb der Staatsperson abspielt, bleibt a priori aus dem Rechtsbegriff — i. S. d. historisch-konventionellen Rechtssatzbegriffs — ausgeklammert, weil, wie Jellinek schreibt, „ein Vorgang, der streng innerhalb einer Persönlichkeit bleibt und an sich keine Wirkungen anderen gegenüber äußert, niemals ein nach Rechtsnormen zu beurteilender sein kann“[90].

Unter dieser Prämisse können auch die Staatsorgane als rechtsfreie Gebilde denknotwendig nicht als Rechtspersonen, ausgestattet mit subjektiven Rechten, konstruiert werden[91].

Man dürfte wohl erwarten, daß Thomas Stellungnahme zu diesem Problemkreis ebenfalls auf dieser Linie liegt, da auch Thoma von der Gültigkeit — wenngleich nicht Richtigkeit — der konstitutionellen Rechtssatzlehre und der ihr immanenten Aufspaltung von Innen- und Außenbereich ausgeht. Erstaunlicherweise aber bezieht Thoma hier unter Berufung auf Gierke eine Gegenposition[92].

Für Thoma sind die Staatsorgane im Außenverhältnis bloße Repräsentanten der einheitlichen Staatskörperschaft ohne eigene subjektive Rechte; innerkörperschaftlich betrachtet hingegen, erscheinen sie als Träger von Rechten und Pflichten.

Dieser Befund, der sich übrigens nach Thoma gerade an der Weimarer Verfassung ablesen läßt, verbietet es, den staatsinternen Bereich prinzipiell als rechtlos zu qualifizieren.

In der staatlichen ‚Innenoptik‘ sind daher nach Auffassung Thomas auch die Staatsorgane als „Personen“ anzusehen, wenngleich nicht als „Vollpersonen“, sondern als „Teilpersonen“ oder „Organpersönlichkeiten“[93].

Die Jahrzehnte geführte Auseinandersetzung um jene ‚rechtsbegriffliche Ungereimtheiten‘ erklärt Thoma vor allem mit der im privatrecht-

[89] Vgl. dazu z. B. Wolff II, S. 224 ff.; Haefelin, S. 139 sowie die Nachweise bei Thoma, ebd., S. 610 Anm. 13.

[90] G. Jellinek, System, S. 226.

[91] Nach Jellinek ist kein Staatsorgan Rechtssubjekt, sondern nur Kompetenzträger. Kompetenz ist nach Jellinek aber kein subjektives, sondern objektives Recht. Vgl. S. 227. Dazu Ossenbühl, S. 61 ff.; kritisch Böckenförde, Gesetz, S. 247; Rupp, S. 19 f.; auch schon Heller, S. 110, 123; zur Konstruktion der anorganischen Staatsperson allgemein Haefelin, S. 139 ff.

[92] Thoma übernimmt Gierkes juristischen Organbegriff, obwohl er dessen Organismusvorstellung vom Staat grds. kritisch gegenübersteht. Thoma ist mit dieser Haltung nicht allein. Vgl. Wolff II, S. 226.

[93] HdbDStR II, S. 610, kritisch dazu Wolff II, S. 248, 249.

lichen Denken befangenen Auffassung[94], alle Rechtspersönlichkeit sei absolut und berge die Fähigkeit in sich, in allen nur denkbaren Rechtsrelationen Träger von Rechten und Pflichten zu sein.

Alle Rechtspersönlichkeit, hebt Thoma mit Nachdruck hervor, sei aber relativ zu einer bestimmten Rechtssphäre[95]. So entbehrten beispielsweise die typischen im Privatrecht anerkannten „Vollpersonen", und zwar sowohl die natürlichen als auch die juristischen Personen, der Rechtspersönlichkeit in der Sphäre des Völkerrechts, während andererseits der Staat, der Subjekt des Völkerrechts sei, der Rechtssubjektivität im Familienrecht ermangele.

Entsprechend seien daher die „Organpersönlichkeiten" auch Rechtssubjekte nur in der innerkörperschaftlichen Sphäre[96].

Bezeichnenderweise läßt es Thoma indes im Verlauf seiner Untersuchung nicht dabei bewenden, aus dem Begriff der Rechtspersönlichkeit die Rechtssubjektsqualität der Staatsorgane zu deduzieren.

Denn die der institutionellen Einheit des Staates nach außen korrespondierende „Pluralisierung der Staatsperson durch Verteilung von Kompetenzen" nach innen ist für Thoma auch Resultat eines historischen Entwicklungsprozesses, der unter dem Postulat der Mäßigung staatlicher Herrschaftsgewalt von der absoluten Monarchie zum gewaltenteilenden Verfassungsstaat geführt hat[97].

Gerade die Weimarer Verfassung kennzeichne der „Ausbau der Pluralisierung der obersten Staatsorgane und der mannigfaltigen Funktionenteilung zwischen ihnen ...".

Die Verfassung habe auch organisatorische und Kompetenzbestimmungen normiert, die ihren Adressaten Rechtspflichten und Rechtsbefugnisse beilege. Daher sei es unvermeidlich, jene in der Sphäre ihrer gegenseitigen Beziehungen als Rechtssubjekte gelten zu lassen. So gesehen, sei es auch durchaus nicht nur ein naiver und bequemer Sprachgebrauch, sondern treffe die Sache, wenn man von den Rechten und Pflichten etwa des Reichstages, Reichspräsidenten usw. spreche. Allerdings müsse man sich stets bewußt sein, daß die Rechtspersönlichkeit ausschließlich den Organen, nicht ihren Verwaltern zukomme[98].

Bei der Betrachtung des inneren Beziehungsgefüges unterscheidet Thoma zwei Stufen von Rechts- und Pflichtbeziehungen: einmal die

---

94 Gierke spricht hier davon, daß der Staat auf die „zivilistische Figur einer erdichteten Einzelpersönlichkeit" reduziert wird, in: Labands Staatsrecht, S. 32.

95 HdbDStR II, S. 611. So auch Rupp, S. 17.

96 Ebd., S. 611; Thoma unterscheidet von der Organpersönlichkeit den Organverwalter. Zu dieser Terminologie Wolff II, S. 229.

97 Ebd., S. 612/613.

98 HdbDStR II, S. 614.

Beziehung zwischen den Organpersönlichkeiten, zum anderen das Organverfassungsrecht.

Was die innere Rechtsbeziehung der Organpersönlichkeiten betreffe, bestehe hier „ein reich entfaltetes System von gegenseitigen subjektiven Pflichten und Rechtsbefugnissen", die auch im Rahmen des Zuständigkeitsbereiches des Staatsgerichtshofes zu voll geschützten klagbaren Rechten ausgestaltet und verfassungsgerichtlicher Kontrolle zugänglich gemacht worden seien. Entsprechend träten in Verfassungsstreitigkeiten innerhalb eines Landes solche Organpersönlichkeiten als Rechtssubjekte vor dem Staatsgerichtshof auf, nicht aber in solchen zwischen Reichsorganen, da in diesem Fall der Staatsgerichtshof nicht angerufen werden könne...

Im Unterschied dazu konstituiere das Organverfassungsrecht Rechtssubjekte im Rahmen des jeweils spezifischen Aufgaben- und Wirkungskreises.

So bedeute etwa das innere Parlamentsrecht die Verfassung eines quasi körperschaftlichen Organs. Eine solche Verfassung schaffe eine „innere Sphäre zweiten Grades, in der es wiederum Organe gibt, die ihrerseits wieder kollegial sein können ...".

Auch hier seien die organschaftlichen Verhältnisse als volle Rechtsverhältnisse anerkannt und, soweit sie die deutschen Landtage beträfen, auch der Kontrolle des Staatsgerichtshofes unterstellt[99]. Verfassungsrechtlich gesehen, entfalteten die den Staatsorganen im Innenbereich zugesprochenen subjektiv-öffentlichen Rechte dann ihre volle Wirksamkeit, wenn die materiellrechtliche Anspruchsposition durch ein prozessuales Klagerecht komplettiert werde.

Allerdings gehört nach der Meinung Thomas die „formellrechtliche Durchsetzbarkeit" nicht begriffsnotwendig zum Wesen der subjektiven Rechte, da das Begriffsverständnis nach dem festzustellenden Sprachgebrauch differiere. So stelle der weiteste, rein materielle Begriff des subjektiven Rechts lediglich auf die subjektive Rechtsposition in Abgrenzung zum „bloßen sogenannten *Reflex* objektiven Rechts" ab. Demgegenüber lasse der engere Sprachgebrauch geschützte Ansprüche als Rechte gelten. ‚Geschützt' in diesem Sinnverständnis ist eine Rechtsposition dann, „wenn der Befugte ein Organ der öffentlichen Gewalt anrufen kann, das kompetent ... ist, den Verpflichteten zu rechtsgemäßem Verhalten zu zwingen"[100].

Schließlich verstehe die engste Begriffsbestimmung unter subjektivem Recht nur den rechtsstaatlich geschützten Anspruch, d. h. denjenigen, zu dessen „Schutz irgendwie ein unabhängiges Gericht angerufen werden kann"[101].

[99] Ebd., S. 614, 615.

[100] HdbDStR II, S. 616.

[101] Ebd., S. 617.

Der letzteren Auffassung scheint auch Thoma zuzuneigen, da nur sie dem Rechtsstaatspostulat gerecht werde.

Als Ergebnis des bislang Ausgeführten kann festgehalten werden, daß Thoma in Anlehnung an Gierke den Staatsorganen, die vom Staatspersönlichkeitsdogma her gesehen als rechtsfreie Gebilde gelten, im gegenseitigen staatsinternen Beziehungsverhältnis Rechtssubjektivität und mithin subjektiv-öffentliche Rechte zugesteht.

Im rechtlichen Außenverhältnis hingegen kommt ihnen keine Rechtssubjektivität zu, da sie, dem staatlichen Innenbereich zugehörig, in keiner rechtlichen Beziehung zum staatsunterworfenen Bürger stehen. Hier tritt der Staat nämlich dem Bürger nicht in seiner innerkörperschaftlich differenzierten Pluralität, sondern als „einheitliche Körperschaft" gegenüber[102].

Dieses Verhältnis zwischen Staat und einzelnem Staatsbürger wird bestimmt durch ein System subjektiv öffentlicher Rechte.

Thomas Betrachtung bewegt sich hier in den Bahnen der von Jellinek entwickelten und inzwischen herrschenden Statuslehre[103]. Jellinek gebührt das Verdienst, dem Grundsatz der Gesetzmäßigkeit der Verwaltung, der vordem nur objektiv verstanden wurde, eine individualrechtliche Seite abgewonnen und damit die rechtstheoretische Möglichkeit subjektiv öffentlicher Rechte des einzelnen gegen den Staat begründet zu haben[104].

Entsprechend der Jellinekschen Typologie unterscheidet Thoma den status aktivus, den status negativus und den status positivus.

1. Der status aktivus umschließt die bürgerlichen Teilnahmerechte an der staatlichen Willensbildung und zwar zum einen die „sogenannten Wahl- und Stimmrechte im Reich und Länder", zum anderen die „Rechtsansprüche auf Verwaltung (oder Mitverwaltung) eines Amtes, d. h. eines zur Staatswillensbildung kompetenten Staatsorgans" wie etwa des gewählten Abgeordneten auf sein Mandat[105].
2. Der status negativus bezeichnet den Inbegriff der subjektiven — vorstaatlich verstandenen — Freiheitsrechte des Staatsbürgers. In Thomas Verständnis des status negativus wird der angedeutete Sinnzusammenhang des subjektiv öffentlichen Rechts mit dem Gesetzmäßigkeitsprinzip transparent. Thoma begreift nämlich diesen Statusbegriff als geschützte Freiheit vor ungesetzlichem Zwang: „Somit liegt dem status negativus mit rechtslogischer Notwendigkeit ein ganz *allgemeiner Rechtsanspruch auf gesetzmäßige Freiheit* zugrunde."

[102] Ebd., S. 611.

[103] Vgl. Wolff-Bachoff, Verwaltungsrecht I, S. 210 ff.

[104] Die fundamentale Bedeutung der subjektiven Deutung des Gesetzmäßigkeitsprinzips hat vor allem Rupp herausgearbeitet (S. 111 f.).

[105] HdbDStR II, S. 618.

„Kraft und Leben“ garantiert er allerdings erst unter der Geltung des Eingriffsvorbehalts, wonach die Verwaltung die gerichtlichen Schranken gegenüber der Freiheitssphäre des einzelnen nicht überschreiben darf[106].

Ob man allerdings diesen allgemeinen Freiheitsanspruch bereits als subjektiv öffentliches Recht charakterisieren kann, hängt Thoma zufolge von der Wahl der Definition ab. Gehe man nämlich von der engsten Begriffsbestimmung des subjektiven Rechts, dem rechtsstaatlich geschützten Anspruch aus, könne man zunächst nur postulieren, daß „möglichst viele Ausstrahlungen des allgemeinen Freiheitsanspruches zum Range echter subjektiver Rechte erhoben werden sollen“. Denn nach dieser Begriffsdefinition setzt ein echtes subjektives Recht ja voraus, daß der allgemeine Freiheitsanspruch im verbürgten Bereich mit einem kategorischen Klagerecht, einem „publizistischer(n) Reaktionsanspruch“ bewehrt ist[107].

3. Zum status positivus schließlich zählt Thoma alle Leistungs- und Gewährungsansprüche des Bürgers gegenüber dem Staat.

   Aus dem materiellrechtlichen Anspruchskatalog des deutschen „Sozial- und Fürsorgestaats“ hebt Thoma wegen der „prinzipiellen Bedeutung“ namentlich den Schadensersatzanspruch wegen Amtspflichtverletzung hervor.

   Als den formellrechtlichen Bestandteil des status positivus kennzeichnet er die Rechtschutzansprüche im allgemeinen und den Gerichtsschutzanspruch im besonderen, der ja den materiellen Anspruch allererst zum subjektiven Recht erhebe[108].

4. Das Grundrechtsverständnis Thomas

Die in der Weimarer Zeit heftig umstrittene, heute kaum noch aktuelle Frage, ob die Grundrechte bloße Programmsätze darstellen oder als unmittelbar geltendes Recht anzusehen sind, beantwortet Thoma im letzteren Sinn.

Seine anhand dieser Frage entwickelte Lehre von der „Grundrechtseffektivität“[109] geht davon aus, daß der Grundrechtsteil der WRV nicht lediglich als eine Festschreibung des gegenwärtigen Standes der deutschen Rechtskultur und als einer daraus abgeleiteten bloß politisch-ethischen Empfehlung[110] zu verstehen ist, sondern daß aus der „verfas-

[106] Ebd., S. 619.

[107] HdbDStR II, S. 620.

[108] Ebd., S. 622, 623.

[109] Christian Graf v. Pestalozza, Kritische Bemerkungen zu Methoden u. Prinzipien der Grundrechtsauslegung in der BRD, in: Der Staat (2) 1963, S. 226 ff. (443).

[110] Nipperdey, S. 5.

sungspolitischen Intention" und der „verfassungsdynamischen Funktion" der Grundrechte der Schluß auf die Vermutung des Rechtssatzcharakters der Grundrechte unabweislich ist[111].

Entsprechend postuliert Thoma, daß man bei verschiedenen Auslegungsmöglichkeiten „derjenigen den Vorzug zu geben hat, die die juristische Wirkungskraft der betreffenden Norm am stärksten entfaltet[112]. Seiner Meinung nach ist diese Auslegungsmaxime notwendige Konsequenz des Umstandes, daß die Grundrechte trotz ihrer inhaltlichen Verschiedenheit eine gewisse durch ihre verfassungspolitische Intention und Funktion vermittelte Einheitlichkeit aufweisen.

Die strukturelle Einheit der Grundrechte manifestiert sich für Thoma in deren Integrationswirkung, die seiner Ansicht nach einmal in dem grundrechtlichen Zusammenschluß divergenter ‚politischer Ideenkreise' (Heller) — dem „interfraktionellen Parteiprogramm" der WRV — zum anderen in der Funktion der Grundrechte als Minderheitenschutz zutage tritt[113].

Mit der Annahme einer Integrationsfunktion der Grundrechte knüpft Thoma seinen eigenen Worten zufolge bewußt an die Integrationslehre Smends an. Danach kann die Aufgabe einer Verfassung nicht allein darin bestehen, die Einzelheit der Organisation und Funktion des staatlichen Herrschaftsapparates zu regeln, vielmehr ist sie nach Smend vor allem in ihrer konstitutiven Bedeutung für die staatliche Einheitsbildung und das „dauernde Neuerlebtwerden der Volksgemeinschaft"[114] zu suchen.

Dieses Verfassungsverständnis prägt auch die Vorstellung vom Sinn und Zweck der Grundrechte. Sie werden bei Smend nicht entsprechend dem liberalen Verfassungsmodell vornehmlich als Abwehrrechte des Bürgers gegen die Staatsgewalt gesehen, sondern als sachliche Integrationsfaktoren im Prozeß der stetigen Selbsterneuerung des Staates[115].

Die sachliche Übereinstimmung mit Smend schränkt Thoma allerdings gerade unter dem Aspekt des Grundrechtsverständnisses am entscheidenden Punkt ein: er folgt der Smend'schen Auffassung, soweit sie aus der Integrationsfunktion der Verfassungsnormen die allgemeine Vermutung ihrer unmittelbaren Rechtswirksamkeit ableitet; er lehnt sie ab, soweit sie daraus unmittelbar verfassungsrechtliche Folgerungen für die Auslegung der Grundrechte zieht[116].

---

111 Ebd., S. 7.

112 Ebd., S. 9. Dies folge aus der Vermutungsregel: „Entweder sind die grundrechtlichen Normen in der Regel und im Zweifel unverbindlich oder sie sind in der Regel und im Zweifel verbindlich. Da das erstere sicher falsch ist, so ist das letztere nicht abzulehnen." (S. 12).

113 Ebd., S. 9.

114 Nipperdey, S. 10.

115 Vgl. z. B. die Ausführungen Smends, in: Das Recht der freien Meinungsäußerung, in: VVDStRL (4) 1928, S. 45 ff.

Thoma will die Vermutungsregel für die ‚Grundrechtseffektivität' auf die Alternative „Programmsatz" oder „aktueller Rechtssatz" beschränkt sehen[117] und betont ausdrücklich, daß daraus keinerlei Schlüsse auf den „speziellen Inhalt" eines Grundrechts gezogen werden könnten, also etwa für die Frage, ob der Gleichheitssatz auch den Gesetzgeber binde, irrelevant sei[118].

Wenn daher das Bundesverfassungsgericht[119] wie auch teilweise die Literatur[120] unter Berufung auf Thoma den Grundsatz der ‚Grundrechtseffektivität' als Interpretationsprinzip verstehen[121], folgen sie eben jener Auffassung, die Thoma selber als „groben Irrtum" bezeichnet hat[122].

Thoma begründet seine ablehnende Meinung damit, daß schließlich „Integrationswirkung" einem Verfassungssatz gleichermaßen zukomme, „ob er in diesem oder jenem Sinne auszulegen ist, es kann also aus der Integrationstheorie keine Einzelfrage der Auslegung beantwortet werden".

Er begreife auch nach wie vor nicht, fährt Thoma fort, worin hier die spezifische Eigenart der ‚geisteswissenschaftlichen Methode' bestehen solle. Sie habe für ihn keinen definierbaren Inhalt. Deutlicher artikuliere sich die Smend'sche Position in dessen zutreffenden Feststellung, daß sich die verfassungsrechtliche Auslegung von sachlichen Problemen nicht in angebliche Regeln formaler Rechtslogik flüchten dürfe, wo die anzuwendenden Begriffe nicht unzweideutig rein formal gemeint seien; namentlich sei dies der Fall bei Grundrechten, bei denen es sich um „Begriffe von größter geistesgeschichtlicher Fülle handle"[123].

Diese Bemerkungen zeigen, daß Thoma bei aller Zustimmung zur Smend'schen Kritik am juristischen Formalismus letztlich der innere Zusammenhang von Verfassungsbegriff und Grundrechtsauslegung fremd bleibt. Von daher kann er — oder will er? — die grundsätzliche methodische Verschiedenheit von juristischem und geisteswissenschaftlichem Denken, die zugleich eine in der Sache ist, nicht zur Kenntnis nehmen[124].

---

[116] Kritisch zur Unterscheidung von Geltung und inhaltlicher Auslegungsregel C. Schmitt HdbDStR II, S. 602. Vgl. auch Ehmke, Prinzipien der Verfassungsinterpretation in VVDStRL (20) 1963, S. 87.

[117] Ebd., S. 5.

[118] Ebd., S. 13.

[119] BVerfGE 6, 55 ff./72.

[120] So etwa v. Mangoldt-Klein, Das Bonner Grundgesetz Vorbemerkung B XIV, 3.

[121] Vgl. auch dazu Ehmke, ebd., S. 67 und Pestalozza, S. 443.

[122] Nipperdey, S. 13.

[123] Ebd., S. 11.

[124] Für Thoma ist die Smendsche Methode die „hergebrachte", die doch auch nicht naturwissenschaftlich sei (!), angereichert mit „Kenntnis und Geist"!

Dieser Umstand hat zur Folge, daß der Bedeutungshorizont, der den Grundrechten bei Smend aus ihrer Integrationsfunktion vorgezeichnet ist, im dogmatischen Interpretationsansatz Thomas keinen ersichtlichen Niederschlag gefunden hat.

Thomas Grundrechtsverständnis steht deutlich im Zeichen liberalen Rechtsstaatsdenkens. Nach der liberal-rechtsstaatlichen Grundrechtstheorie[125] sind die Grundrechte traditionell als Abwehrrechte konzipiert, die die Privatsphäre des Individuums und die staatliche Sphäre gegeneinander abgrenzen. Diesem theoretischen Bezugsrahmen ist der scharfe Gegensatz von Staat und Gesellschaft, staatlicher Gewalt und bürgerlicher individualistischer Freiheit immanent[126]. Die Zweipoligkeit des Grundrechtsverhältnisses, auf der einen Seite das Individuum, auf der anderen der Staat, manifestiert sich im Rechtsstaatsprinzip, der Herrschaft des Gesetzes, welches individuelle Freiheit und staatliche Gewalt gleichermaßen beschränkt. Freiheit und Zwang sind daher auch für Thoma die zentralen Bezugspole seiner Überlegungen. Sie begründen die liberale Struktur und zugleich den staatsgerichteten Charakter der Grundrechte.

In diesem Bezugsrahmen entfaltet Thoma seine Argumentation im Rückgriff auf die konstitutionelle Verfassungstheorie, die im Dogma von der ‚Herrschaft des Gesetzes' ihre entscheidende Ausprägung gefunden hat.

Entsprechend der konstitutionellen Doktrin, die die Idee des Rechtsstaatsgedankens vornehmlich im Gesetzmäßigkeitsprinzip realisiert sah, welches neben dem Vorrang des Gesetzes den Vorbehalt des Gesetzes umschließt, erschließen sich Thoma Begriff und Funktion der Grundrechte im Lichte der überkommenen Eingriffsformel, wonach dem Staat Eingriffe in Freiheit und Eigentum nur auf Grund gesetzlicher Ermächtigung erlaubt sind[127].

In diesem Sinne gibt es, wie Carl Schmitt richtig feststellt, für Thoma ein einziges allgemeines Grundrecht, nämlich das auf „Gesetzmäßigkeit aller staatlichen Willensäußerungen". Dieses „Urgrundrecht"[128] beschreibt Thoma im Anschluß an Jellinek „als das allgemeine Persönlichkeitsrecht auf Freiheit vor ungesetzlichem Zwang, oder auch als das allgemeine Freiheitsrecht, und den Umkreis gesetzlich geschützter Freiheit eines jeden Bürgers als dessen *status negativus*".

---

[125] Vgl. dazu Böckenförde, Grundrechtstheorie und Grundrechtsinterpretation, in: NJW 74, 1529 ff. (1530). Zur prinzipiellen Kritik vgl. P. Häberle, Die Wesensgehaltsgarantie des Art. 19 II GG 1962, insb. S. 126 ff.

[126] Auf die vielschichtigen gesellschaftstheoretischen und anthropologischen Hintergründe kann hier nicht näher eingegangen werden. Vgl. dazu Grabitz, Freiheit und Verfassungsrecht, 1976, S. 3 ff. (158 f.).

[127] Jesch, S. 125 weist auf diese Verflechtung der Grundrechte mit der Abgrenzung der Rechtssetzungskompetenz hin.

[128] C. Schmitt, ebd., S. 585.

Diese Begriffsbestimmung bezeichnet somit die Freiheitsformel als Definition des Grundrechts. Die Freiheit dieses Freiheitsrechts ist eine vorstaatliche, natürliche, aus welcher das „Verteilungsprinzip" der bürgerlich-rechtlichen Verfassung im Sinne C. Schmitts folgt: „und zwar ist die Freiheit des einzelnen *prinzipiell unbegrenzt,* während die Befugnis des Staates *prinzipiell begrenzt* ist"[129].

Der Schutz des allgemeinen Freiheitsrechts ist aber nach Ansicht Thomas nicht bereits durch die formelle Vorkehrung des Vorbehaltsgedankens gewährleistet, da das verfassungsmäßige „Grundrecht der Freiheit ... zur leeren Schale wird, wenn ihm die Rechtsordnung allzuweit gespannte allgemeine Ermächtigungen zu obrigkeitlichen Eingriffen in die bürgerliche Freiheit entgegensetzt". Es entsteht daher „die Aufgabe, wenigstens gewisse Betätigungen der Freiheit mit einem Schutzwall zu umgeben, in den die allgemeinen Ermächtigungen, besonders die polizeilichen, nicht oder nicht ohne weiteres eindringen können"[130].

Thoma vermittelt hier das Prinzip der Gesetzmäßigkeit der Verwaltung und das Grundrechtssystem durch das allgemeine Persönlichkeitsrecht auf Freiheit vor ungesetzlichem Zwang. In diesem Sinne stellen die Grundrechte das rechtliche ‚Korsett', den rechtlichen „Umbau der Freiheit" dar[131].

Unter verfassungsdogmatischem Aspekt bedeutet dies, daß das allgemeine Freiheitsrecht — wenngleich es auch nicht explizit in der Verfassungsurkunde ausgesprochen, sondern implizit durch sie gesetzt ist — in seinen einzelnen Ausstrahlungen „grundrechtlicher Verstärkungen" zugänglich ist[132].

Mit dieser Feststellung verbinden sich bei Thoma zwei verfassungsrechtliche Fragekreise: zum einen, wann ist der Freiheitsgebrauch grundrechtlich abgeschirmt, zum anderen die Frage nach der Geltungskraft der Grundrechtsnormen.

Im Hinblick auf die Frage der Grundrechtsqualität eines Individualrechts erklärt Thoma, daß diese neben dem allgemeinen Freiheitsrecht den subjektiven Rechten und Freiheiten zukomme, die mit der Kraft des Reichsverfassungsgesetzes oder in der Reichsverfassung mit Gesetzeskraft ausgestattet oder die durch einfache, indes eigens dem Zwecke der Freiheitsverbürgung gewidmete reichsgesetzliche Normen gegen Landesgesetzgebung und Landespolizeigewalt geschützt seien[133]. Bei der

---

[129] C. Schmitt, Verfassungslehre, S. 126, 164.

[130] Nipperdey, S. 16, 17.

[131] C. Schmitt, Freiheitsrechte und institutionelle Garantien, in: Verfassungsrechtliche Aufsätze aus den Jahren 1924 - 54, 1958, S. 140 f.

[132] Nipperdey, S. 17; Grundrechte und Polizeigewalt, S. 185 ff., wo Thoma eine Abstufung der „Polizeifestigkeit" freiheitlicher Tätigkeit vornimmt.

[133] Nipperdey, S. 19; Grundrechte und Polizeigewalt, S. 188 f.

Behandlung der zweiten Frage entwickelt Thoma seine bekannte Stufenordnung der reichsverfassungskräftigen, reichsgesetzeskräftigen und gesetzeskräftigen Grundrechtsnormen. Auf der Stufe der reichsverfassungskräftigen Grundrechte differenziert Thoma zwischen den voll verfassungskräftigen oder verfassungsgesetzeskräftigen Grundrechten und den verfassungskräftigen 2. Grades, die im Rahmen von Art. 48 suspendiert werden können[134].

Ein weiteres Abstufungsmerkmal erblickt Thoma schließlich in der verfassungsmäßigen Ausgestaltung der Grundrechtsvorbehalte. Danach eignet jenen Grundrechten eine verminderte Geltungskraft, die den Gesetzgeber zur Grundrechtseinschränkung und -ausgestaltung durch Gesetz oder auf Grund eines Gesetzes ermächtigen[135].

Mit dieser „Figur des reichsgesetzeskräftigen grundrechtlichen Satzes"[136] ist für Thoma gleichzeitig die Frage nach der Struktur des grundrechtsbeschränkenden Gesetzes angesprochen. Bekanntlich sind nach der liberalen Theorie dem rechtsstaatlichen Gesetzesbegriff Allgemeinheit und Abstraktheit immanent[137]. An diesem Begriff gemessen, wären individuelle Maßnahmen auch in Gesetzesform prinzipiell unzulässig.

Thoma will hier differenzieren: nach seiner Meinung ist bei einem Gesetz im materiellen Sinn an dem Postulat der Allgemeinheit und Dauer festzuhalten, nicht hingegen bei einem Gesetz im formellen Sinn. Denn Thoma zufolge hat man speziell im deutschen Staatsrecht nie daran gezweifelt, „daß die Legislative einen Individualakt, für den sie in der Regel Exekutivorgane ermächtigt, auch unmittelbar selbst in Gesetzesform vornehmen könnte".

Im Gegensatz zu C. Schmitt lehnt Thoma daher die Auffassung einer „generelle(n) Beschränkung des erlaubten Inhalts eines formellen Reichsgesetzes" ab[138].

Schlägt in dieser Argumentation die vorbehaltlose Anerkennung der Gestaltungssouveränität des Gesetzgebers durch, will er ihr doch Grenzen setzen, soweit ein grundrechtsbeschränkendes Gesetz in Frage steht. In diesem Falle soll die — allerdings je nach der speziellen Grundrechtsnorm widerlegbare — Vermutung bestehen, daß das Gesetz gene-

---

134 Das sind die Art. 114, 115, 117, 118, 123, 124 und 153.

135 Nipperdey, S. 33; Grundrechte und Polizeigewalt, S. 189, 191 f.

136 Nipperdey, S. 34 (im Orig. gesperrt).

137 Unter dem Einfluß Labands wurde der Gedanke der Allgemeinheit des Gesetzes durch die Trennung in formelles und materielles Gesetz ersetzt. (Vgl. z. B. Laband, Staatsrecht II, S. 64). Durch C. Schmitt dann ‚wiederentdeckt'. Vgl. z. B. Der Hüter der Verfassung, S. 16. Vgl. dazu auch Fraenkel, Die Krise des Rechtsstaats und die Justiz, in: Zur Soziologie der Klassenjustiz, 1968, S. 49, sowie Fr. Neumann, S. 43.

138 Nipperdey, S. 36.

rell und abstrakt zu sein hat und damit zugleich als ungeschriebene Gleichheitsnorm wirkt[139].

Die grundsätzlich weitgehende Ermächtigung des Gesetzgebers führt Thoma zu der Feststellung, daß auch ein mit Verfassungsrang ausgestattetes Freiheitsrecht im Einzelfall durch den Gesetzesvorbehalt wesentlich ‚entsichert' wird.

Evident ist seiner Meinung nach indes der höhere Rang einer Grundrechtsnorm im Falle einer Institutsgarantie[140], die auch „der Gesetzgebung ... äußerste Grenzen setzt"[141].

Es fällt hier auf, daß Thoma die Frage einer generellen Grundrechtsbindung des Gesetzgebers in diesem Zusammenhang nicht vertieft, was an sich nahegelegen hätte. Denn aus der Vorstellung des prinzipiellen Ausgrenzungscharakters folgt die Bindung von Exekutive und Legislative gleichermaßen. Diese aus dem Rechtsstaatsprinzip abzuleitende Konsequenz zieht Thoma indes nicht und deutet sie auch nicht an.

Diese Einstellung findet eine Erklärung nur darin, daß im Verständnis Thomas der den liberalen Freiheitsgedanken absichernde Grundrechtssschutz primär als Begrenzung des Eingriffs- und Funktionsbereiches der staatlichen Exekutive gesehen wird. Diese Auffassung steht im Zusammenhang mit seinem von der Tradition der konstitutionell-liberalen Theorie geprägten Rechtsstaatsbegriff, dessen Zielrichtung stets die monarchische Exekutive war. Historisch gesehen, beschreibt der Rechtsstaatsbegriff das rechtliche Resultat der politischen Auseinandersetzung zwischen Krone und Parlament, morachischem Obrigkeitsstaat und bürgerlicher Gesellschaft. Da das Bürgertum der ‚verspäteten Nation' (Plessner) sich nicht in der Lage sah, seine Interessen gegenüber dem monarchischen Staat auf dem Wege einer politischen Demokratie durchzusetzen, beschränkte es sich auf die Ausgrenzung einer staatsfreien Sphäre. Durch das Postulat von der ‚Herrschaft des Gesetzes' sollte dabei gewährleistet sein, daß Eingriffe in Freiheit und Eigentum, den konstitutiven Strukturelementen der bürgerlichen Gesellschaft, nur durch Parlamentsgesetze erfolgen, an denen der Bürger selber entschei-

---

139 Thoma unterscheidet hier nicht zwischen Einzelfallgesetz (vgl. Art. 19 I S. 1 GG) und Maßnahmegesetz. Die Frage des abstrakt generellen Gesetzes wurde in der Auseinandersetzung um die Zulässigkeit von Maßnahmegesetzen erneut aktuell. Im Anschluß an C. Schmitt vertrat insbesondere Forsthoff deren Unzulässigkeit. Vgl. Forsthoff: Über Maßnahmegesetze, Gedächtnisschrift für Walter Jellinek, 1955. Zur vielstimmigen Kritik vgl. etwa Mayer und Wehrhan auf der Staatsrechtslehrertagung 1957, VVDStRL 15 (1957), S. 5 ff. bzw. 35 ff.

140 Der Begriff der Institutsgarantie geht bekanntlich auf C. Schmitt zurück. Er versteht Institutsgarantie im Gegensatz zu den Freiheitsrechten. Vgl. etwa Freiheitsrechte und institutionelle Garantien der Reichsverfassung, in: Verfassungsrechtliche Aufsätze, S. 148 ff., sowie HdbDStR II, S. 595 ff. Hierauf geht Thoma nicht ein.

141 Nipperdey, S. 37.

denden Anteil hatte[142]. In der Perspektive dieses „bürgerlich-liberalen Rechtsstaatsideals“[143] liegt es, daß bei Thoma der Gesetzgeber nicht als „Feind der grundrechtlichen Freiheit“[144] erscheint.

Thoma formuliert dies in anderem Zusammenhang klar: „Dieses Rechtsstaatsideal geht nicht auf Bindung des Gesetzgebers, sondern auf Bindung von Justiz und Verwaltung einschließlich ihrer obersten Spitze. *Diese* sollen dem Recht unterworfen sein. Die rechtsgestaltende Souveränität soll sich in die Legislative zurückziehen“[145].

Diese Sätze sind gegen C. Schmitt und seinen Versuch gemeint, mit Hilfe der Trennung von Legalität und Legitimität die Grundrechte als Normierungen gegen den Gesetzgeber auszulegen[146].

Allerdings konstatiert Thoma auch, daß ungeachtet des Interesses „insbesondere von konservativer Seite“, die Legislative „auf Schritt und Tritt durch grundrechtliche Normen“ zu hemmen, an der aktuellen Rechtsgeltung der Grundrechte festzuhalten sei, denn es handle sich „ja um Hemmungen, die ein Demokratismus liberaler Prägung aus idealistischen Beweggründen zum Schutze der bürgerlichen und politischen Freiheit, zum Schutze von Minderheiten und im Dienste der Rechtsidee sich selber freiwillig auferlegt“[147].

Die bisherigen Darlegungen dürften gezeigt haben, daß Thoma die Grundrechte in erster Linie in ihrer freiheitsverbürgenden Funktion begreift. Die im Ansatz entwickelte Grundrechtsdogmatik ist so vor allem eine Dogmatik der Freiheitsrechte.

Von diesem Ausgangspunkt aus faßt Thoma den Grundrechtsteil der WRV auch weniger als eine substantielle Einheit denn als eine Sammlung der dem einzelnen Bürger zustehenden Grundrechte und der ihn treffenden Grundpflichten auf.

In seiner „Systematischen Übersicht über die subjektiven Grundrechte“, die er nach Grundrechte des status negativus, status aktivus und status positivus typologisiert, steht naturgemäß der Katalog der Freiheitsrechte im Vordergrund seines Interesses[148].

---

142 Zur „Abspaltung der juristischen Form“ von der „politischen Struktur“ vgl. Fr. Neumann, S. 7 ff. (27 ff.). Zum historischen Kontext auch: Böckenförde, Verfassungsprobleme und Verfassungsbewegung im 19. Jhdt. in JuS 1971, S. 560 ff.

143 Nipperdey, S. 45.

144 Häberle, S. 163; diese Vorstellung ist für Häberle mit Ursache der Verkennung und Vernachlässigung der institutionellen Seite der Grundrechte.

145 Nipperdey, S. 45; so auch schon in: Rechtsstaatsidee, S. 201 ff.

146 Diese Gefahr motiviert Thoma wohl auch zu der Trennung von aktueller Geltung und inhaltlicher Auslegungsregel.

147 Nipperdey, S. 13, 14; vgl. dazu auch Bauer, S. 314.

148 Vgl. Nipperdey, S. 20 f.

Bemerkenswert, wenngleich traditionell liberalem Denken immanent, ist, daß Thoma die sozialen Grundrechte, die immerhin über den Rahmen einer bloß liberal-bürgerlichen Verfassung hinausweisen[149], verfassungs*dogmatisch* ignoriert[150].

Dies ist notwendige Folge einer Sicht, die die Grundrechte allein unter dem Aspekt Individuum Staat bestimmt und damit ihren gesellschaftlichen Vermittlungszusammenhang ausblendet.

---

149 Die Normierung von sozialen Grundrechten erfolgte nicht zuletzt auch unter dem Eindruck der russischen Revolution, wie z. B. Friedrich Naumann feststellte. Entsprechend beschreibt Kirchheimer die WRV als eine „Mittlerin zwischen Ost und West, zwischen Bürgertum und Sozialismus". Das Problem der Verfassung, in: Von der Weimarer Republik zum Faschismus, 1976, S. 64 ff. (67).

150 Im diametralen Gegensatz zu Thoma steht die These Neumanns, daß aus der in der WRV normierten Wirtschafts- und Arbeitsverfassung eine Entscheidung *gegen* den liberalen Rechtsstaat abzulesen sei. So in: Die soziale Bedeutung der Grundrechte in der Weimarer Verfassung, Die Arbeit, 1930, S. 569.

VII. Schluß

Ziel der Arbeit war, in der Nachzeichnung und Analyse der Grundanschauungen Thomas die Verschränkung von positivistischer Ausgangsposition und liberal-demokratischer Grundhaltung zu demonstrieren.

Die Untersuchung sollte aufgewiesen haben, daß der an Max Weber ausgerichtete positivistische Wissenschaftsbegriff das methodische Vorgehen wie auch das Staats- und Verfassungsdenken Thomas entscheidend geprägt hat.

Von der Grundannahme der prinzipiellen Gleichberechtigung aller Wertstandpunkte und politischer Zielvorstellungen, die aus dem Wissenschaftsbegriff herausfallen und die Trennung von Staatsrecht und politischer Wirklichkeit begründen, lassen sich Thomas Demokratie- und Verfassungsbegriff ableiten. Sie stellt das wissenschaftstheoretische Fundament seiner Vorstellung dar, daß Demokratie prinzipiell eine des Kompromisses und des Interessenausgleiches sein müsse. Von hier aus erscheint Thoma allein die demokratische Verfaßtheit des Staates der angemessene institutionelle Rahmen für das gesamtgesellschaftliche Gleichgewicht, das nach Auffassung Thomas seinen Ausdruck findet in der freien Konkurrenz und Zirkulation von Gruppen und Eliten.

In dieser Perspektive muß Demokratie notwendig als formales Konkurrenzmodell um die politische Führung, und Gesellschaft als Konfliktmodell begriffen werden.

Wie ich darzustellen versuchte, steht diese Konzeption in Zusammenhang mit Thomas gesellschaftspolitischen Leitvorstellungen. Die Autonomie des Individuums und die rechtsförmige Umhegung seiner Freiheitssphäre sind deren Grundpostulate.

Wie auf der verfassungsrechtlichen Ebene die Verschränkung demokratischer Volkssouveränität und rechtsstaatlicher Gewaltenteilung der Bewahrung des liberalen Freiheitsprinzips dient, so auf der gesellschaftlichen Ebene die freie Konkurrenz pluraler Gruppen und Anschauungen.

Der Positivismus Thomas ist letztlich notwendige Folge eines erkenntnistheoretischen Wertrelativismus, der die pluralistisch aufgesplitterten Rechtsüberzeugungen dem liberalen Toleranzprinzip und demokratischen Mehrheiten überläßt.

In der Konsequenz dieser Auffassung liegt das von Thoma verfochtene Postulat der ‚offenen Verfassung' und der souveränen Gestaltungskompetenz des Gesetzgebers.

Die formale Konzeption der wertneutralen Demokratie, die insofern auf das liberale Gesellschaftsbild ‚wertbezogen' ist, läßt Thoma daher den Weg vom Gesetzes- und Rechtsstaat zum ‚Verfassungs-'staat nicht gehen.

Die Übernahme des Weberschen Wissenschaftsprogrammes kennzeichnet schließlich auch die Leistungsfähigkeit und -grenze von Thomas Intention, den in der rechts-positivistischen Tradition verlorengegangenen Wirklichkeitsbezug der Rechtswissenschaft zu revidieren.

Der von Max Weber vorgezeichnete Weg führt Thoma einmal zu der Erkenntnis, daß Staat und Recht Momente sozialer Wirklichkeit sind, die als Gegenstand der Jurisprudenz nicht nur in der Dimension der herkömmlichen juristischen Dogmatik zu beschreiben sind, zum anderen aber auch zur Schranke des neukantianischen Trennungsdenkens, das Thoma die soziale und rechtliche Bezugsebene als prinzipiell getrennte und trennbare Bereiche betrachten läßt.

Führt dergestalt der pragmatische Horizont seines Denkens ihn dazu, die Fesseln der dogmatischen Jurisprudenz zu lockern, hindert ihn das auf der erkenntnistheoretischen Trennung von Sein und Sollen basierende zeitgenössische „Schisma" (Luhmann) von ‚Norm- und Seinswissenschaft', sie abzustreifen.

Quellen und Literatur*

I. Ungedruckte Quellen

Promotionsakten der Rechts- und Staatswissenschaftlichen Fakultät 1898—1901 der Universität Freiburg	Archiv der Albert-Ludwigs-Universität Freiburg
Personal- und Dekanatsakten der Rechtswissenschaftlichen Fakultäten der Universitäten Heidelberg und Bonn	
Teilakten der DDP	Bundesarchiv
Teil-NL Dietrich	Bundesarchiv
NL Thoma	Bundesarchiv

II. Die Schriften Richard Thomas**

1. Selbständig erschienene Werke

— Die Bedeutung des Besitzwillens im Besitzrecht des BGB, Diss. jur. Freiburg i. Br. 1900, 86 S.

— Der Polizeibefehl im Badischen Recht, dargestellt auf rechtsvergleichender Grundlage. Teil I, Tübingen 1906.

— Die Staatsfinanzen in der Volksgemeinwirtschaft, ein Beitrag zur Gestaltung des deutschen Sozialismus, Tübingen 1937.

— Über Wesen und Erscheinungsformen der modernen Demokratie, Bonn 1948
(abgedr. auch in: H. Wandersleb (Hrsg.): Recht, Staat, Wirtschaft, Stuttgart 1949, S. 1 - 33.)
(zit. Über Wesen)

— Grundriß der Allgemeinen Staatslehre, Bonn 1948.
(im wesentlichen ein Neudruck des Artikels „Staat (Algemeine Staatslehre)“ aus dem Handwörterbuch der Staatswissenschaften.)

2. Beiträge zu Festgaben, Sammelwerken und zum Handbuch des deutschen Staatsrechts

— Liegt ein Bedürfnis für ein Reichsverwaltungsgericht vor?, in: Verhandlungen des 30. Dt. Juristentages 1910, Gutachten Bd. 10, S. 51 - 111.

— Der Vorbehalt des Gesetzes im Preußischen Verfassungsrecht, in: Festgabe für Otto Mayer, 1916, S. 165 - 221.

* Der Kurztitel für häufiger zitierte Literatur ist in Klammern gesetzt.

** Der Bibliographie liegt das Schriftenverzeichnis der Festschrift über R. Thoma zugrunde, das ich anhand eines im Nachlaß vorgefundenen Verzeichnisses ergänzt und um die bis zum Tode Thomas noch erschienenen Publikationen erweitert habe.

— Der Begriff der modernen Demokratie in seinem Verhältnis zum Staatsbegriff. Prolegomena zu einer Analyse des demokratischen Staates der Gegenwart, in: Hauptprobleme der Soziologie. Erinnerungsgabe für Max Weber, Band 2, München / Leipzig 1923, S. 37 - 64. (zit. Der Begriff)

— Grundrechte und Polizeigewalt, in: Festgabe zur Feier des 50jährigen Bestehens des Preuß. Oberverwaltungsgerichts, Berlin 1925, S. 183 - 223.

— Artikel „Staat (Allgemeine Staatslehre)" im Handwörterbuch der Staatswissenschaften, Jena 4. Aufl., 1926, Band VII, S. 724 - 756.

— Die Staatsgerichtsbarkeit des Deutschen Reiches, in: Die Reichsgerichtspraxis im Deutschen Rechtsleben. — Festgabe der juristischen Fakultäten zum 50jährigen Bestehen des Reichsgerichts, Bd. I, 1929, S. 179 - 200. (zit. Die Staatsgerichtsbarkeit)

— Die juristische Bedeutung der grundrechtlichen Sätze der deutschen Reichsverfassung im allgemeinen, in: Die Grundrechte und Grundpflichten der Reichsverfassung, hrsg. v. H. C. Nipperdey, Bd. I, Berlin 1929, S. 1 - 53. (zit. Nipperdey)

— Sinn und Gestaltung des Deutschen Parlamentarismus, in: Recht und Staat im Neuen Deutschland, hrsg. v. B. Harms, Bd. I, Berlin 1929, S. 98 - 126. (zit. Sinn und Gestaltung)

— In: Gerhard Anschütz / Richard Thoma Hrsg.: Handbuch des Deutschen Staatsrechts Bd. I (1930), Bd. II (1932):
§ 1 Gegenstand, Methode, Literatur, Bd. I, S. 1 - 13.
§ 7 Das Staatsrecht des Kaiserreiches, Bd. I, S. 69 - 80.
§ 15 Das Reich als Bundesstaat, Bd. I, S. 169 - 186.
§ 16 Das Reich als Demokratie, Bd. I, S. 186 - 200.
§ 43 Die rechtliche Ordnung des parlamentarischen Regierungssystems, Bd. I, S. 503 - 511.
§ 71 Die Funktionen der Staatsgewalt, Grundbegriffe und Grundsätze, Bd. II, S. 108 - 159.
§ 76 Der Vorbehalt der Legislative und das Prinzip der Gesetzmäßigkeit von Verwaltung und Rechtssprechung, Bd. II, S. 221 - 230.
§ 102 Das System der subjektiven öffentlichen Rechte und Pflichten, Bd. II, S. 607 - 623.

— Über die Grundrechte im Grundgesetz für die Bundesrepublik Deutschland, in: H. Wandersleb, (Hrsg.), Recht, Staat, Wirtschaft, Bd. V 3 (1951), S. 9 - 19.

3. Zeitschriftenaufsätze

— Über das Landesherrliche Verordnungsrecht im Großherzogtum Baden, in: Zeitschrift für Badische Verwaltung und Verwaltungsrechtspflege Jg. 38 (1906), S. 81 - 87, 93 - 97.

— Bemerkungen zum badischen Polizeirecht, in: Zeitschrift für Badische Verwaltung, 1908, S. 13 - 21.

— Die Nebenverurteilungen des bayerischen Polizeistrafgesetzbuches, in: Zeitschrift f. Rechtspfl. in Bayern, 1910 Nr. 23, S. 55 - 56.

— Rechtsstaatsidee und Verwaltungsrechtswissenschaft, in: JöR 4 (1910), S. 196 - 218, (zit. Rechtsstaatsidee).

— Die Gesetzgebung des Deutschen Reiches im Jahre 1910, in JöR 5 (1911), S. 361 - 405.

— Die Gasröhrenkonzession und die Rechtslage des Röhrennetzes nach Ablauf der Konzessionsdauer, in: AöR 38 (1917), S. 307 - 372.

— Deutsche Verfassungsprobleme, in: Annalen für soziale Politik und Gesetzgebung, Bd. 6 (1919), S. 409 - 439.

— Das richterliche Prüfungsrecht, in: AöR 43 (1922), S. 267 - 286.

— Zur Frage des richterlichen Prüfungsrechts, in: DJZ 1922, Sp. 729/30.

— Die Regelung der Diktaturgewalt, in: DJZ 1524, Sp. 654 - 660.

— Die städt. Etatverweigerung und ihre Folgen, in: Zeitschrift Bad. Verw. 1924, Nr. 19/20.

— Zur Ideologie des Parlamentarismus und der Diktatur, in: ASWS 53 (1924), S. 212 - 217.

— Antwort auf die Frage nach der Geltung des Jus Gentium, in: Niemeyers Zeitschrift für intern. Recht Bd. 34 (1925), S. 175 - 187.

— Die Grenzen des richterlichen Prüfungsrechts, in: DJZ 1925, Sp. 573/74.

— Die Gestaltung des Reichsverwaltungsgerichts — Vorschläge und Bemerkungen, in: Z.öff.R. Bd. 5 (1926), S. 27 - 34.

— Verweigerung einer Ausnahmebewilligung, in: Verwaltungsarchiv 32 (1927), S. 242 - 250.

— The Referendum in Germany, in: The Journal of comparative legislation and international law, section 3, vol. 10, part I 1927, page 55 ff.

— Recht und Praxis des Referendums im Deutschen Reich und seiner Länder, in: Z.öff.R. 7 (1928), S. 489 - 507.

— Zur Problematik des Deutschen Länderstaates, in: DJ 3 (1928), S. 411 - 431.

— Nachruf auf Karl Bergbohm, in: Chronik der Rheinischen Friedrich-Wilhelms-Universität zu Bonn, 1928/29, S. 6 - 11.

— Les règles et la pratique du referendum dans le Reich et les Länder allemands, in: Annuaire de l'Institut international de droit public 1930 pag. 3 - 46.

— Die Notstandsverfassung des Reichspräsidenten vom 26. 7. 1930, in: ZöffR 11 (1931), S. 12 - 33.

— Zur Reform des Verwaltungsstudiums, in: Reichsverwaltungsbl. 1941, S. 709 - 711.

— Bemerkungen zu einem beamtenrechtlichen Urteil des Reichsgerichts, in: Zeitschrift f. Beamten- und Behördenangestelltenrecht, 1943, S. 13.

— Gerhard Anschütz zum 80. Geburtstag, in: DRZ 1947, S. 25 - 27.

— Bemerkungen zu einem Urteil betr. die Geltung des Ermächtigungsgesetzes und der auf ihm beruhenden Gesetze, in: DRZ 1948, S. 142 - 144.

— Niederlassungsfreiheit der Rechtsanwälte nach dem Grundgesetz?, in: AöR 75 (1949), S. 363 - 366.

— Die Subventionierung der Privatschulen im Rahmen des Art. 7 des Grundgesetzes, in: JZ 1951, S. 777 - 779.

— Ungleichheit und Gleichheit im Bonner Grundgesetz, in: DVBl 1951, S. 457 - 459.

— Die Lehrfreiheit der Hochschullehrer und ihre Begrenzung durch das Bonner Grundgesetz, in: Recht und Staat in Geschichte und Gegenwart, Nr. 166, Tübingen 1952.

4. Rechtsgutachten

— Rechtsgutachten über die Steuerfreiheit des in Holstein gelegenen Fideikomißbesitzes des Großherzoglichen Oldenburgischen Hauses (12. 8. 1921).
— Rechtsgutachten, erstattet der Firma S. Merzbach in Offenbach a. M. (31. 8. 1921).
— Die Rechtsgültigkeit des preußischen Altersgrenzengesetzes (Sept. 1921).
— Rechtsgutachten, erstattet der Deutschen Tabakhandelsgesellschaft mbH., Abteilung Inland (12. 10. 1921).
— Die Rechtslage der überrheinischen „Banngebiete" badischer und elsäßischer Gemeinden nach dem Friedensvertrag von Versailles (29. 9. 1922).
— Rechtsgutachten über eine Frage des badischen Fürsorgewesens, dem Badischen Städtebund erstattet (22. 9. 1926).
— Rechtsgutachten über eine Streitigkeit aus dem Gemeindeverfassungsrecht der Stadt Saarlouis und über die Verordnungsbefugnis der Regierungskommission im Saargebiet, Heidelberg 1926.
— Die Gnadenhoheit im Memelgebiet, Rechtsgutachten im Auftrag des Präsidenten des Memelländischen Landtags v. 6. 9. 1926, Memelländische Landtagsdrucksache 1926, Nr. 33.
— Rechtsgutachten in Sachen Ilseder Hütte gegen Deutsches Reich, (5. 6. 1927).
— Gutachtliche Äußerung über Rechtsgültigkeit und Sinn der §§ 41 und 42 des Reichsbesoldungsgesetzes v. 16. 6. 1927/1928.
— Rechtsgutachten: Ist die Aufhebung des Rechtes der preuß. Hochschullehrer auf Emeritierung durch die VO. des Preuß. Staatsministeriums vom 12. 9. 1931 rechtsgültig? (1931)
— Rechtsgutachten über die rechtliche Natur und rechtliche Stellung der Hospital- und Wohlfahrtsapotheke der Hansestadt Köln (1940).
— Rechtsgutachten über die Frage, ob das geltende Völkerrecht den Siegermächten des 2. Weltkrieges gestattet, die Heimschaffung deutscher Kriegsgefangener bis zum Inkrafttreten eines Friedensschlusses mit dem Deutschen Reich hinauszuschieben. (Maschinenschrift 1946).
— Vorschlag eines Wahlsystems für die Landtagswahlen und Stellungnahme zu einer von Herrn Dr. Grewe vorgelegten Skizze eines Landtagswahlrechts (Maschinenschrift, Dezember 1946).
— Rechtsgutachten über die Frage, ob und in welchem Umfang die Beschlagnahme von Wohnungen für Familienangehörige der Besatzungstruppen nach den Grundsätzen des Besatzungsrechts zulässig ist. (Maschinenschrift) 15. 3. 1947.
— Rechtsgutachten über die Gültigkeit eines das Kontrollratsgesetz Nr. 22 betreffenden Verordnungsentwurfs. 1. 8. 1947.
— Rechtsgutachten zur Beurteilung eines Entwurfs einer Betriebsvereinbarung auf Ersuchen der Firma F. W. Assmann & Söhne, Lüdenscheid, 7. 11. 1947.
— Gutachten zum Sitz der Landeszentralbank vom 20. 2. 1948, auf Ersuchen des Oberbürgermeisters der Stadt Köln.
— Gutachten über die Vereinbarkeit des bremischen Betriebsrätegesetzes mit Nr. 22 Kontrollratsgesetz v. 30. 8. 1948.
— Kritische Würdigung des vom Grundsatzausschuß des Parlamentarischen Rates beschlossenen und veröffentlichten Grundrechtskataloges — Drucksache des Parl. Rats P.R. 11.48 — 244 III.

— Rechtsgutachten über die Fragen, ob und in welcher Begrenzung dem Bundespräsidenten die Organisationsgewalt und die Befugnis der Bestimmung der Nationalhymne vorbehalten sind. (Maschinenschrift) 7. 12. 1948.

— Rechtsgutachten über die Frage, ob und inwiefern der Betrieb eines staatlichen Schulbuchverlages durch das Bayer. Staatsministerium des Unterrichts und Kultus den Art. 153 der Verfassung des Freistaates Bayern zuwiderläuft und welche Rechtsfolgen daraus abgeleitet werden können, 25. 2. 1950.

— Rechtsgutachten über die Frage, ob und in welchem Sinne die „Verfassung für das Land Nordrhein-Westfalen" vom 28. 6. 1950 oder einzelne Bestimmungen dieser Verfassung als rechtsungültig anzusehen seien, auf Ersuchen der Landtagsfraktion der Freien Demokratischen Partei (10. 8. 1950).

— Rechtsgutachten der Verwaltung der Stadt Leverkusen, 7. 9. 1950.

— Gutachten vom 25. 7. 1952 über die Frage, ob vor Verabschiedung des Zustimmungsgesetzes zum Vertrag über die Gründung der Europäischen Verteidigungsgemeinschaft vom 27. 5. 1952 das GG geändert oder ergänzt werden muß, abgedr. in: Der Kampf um den Wehrbeitrag, 2. Halbband 1953, S. 155 - 176.

— Gutachten vom 15. 3. 1953 über die Stellung des Bundesverfassungsgerichts, erstattet auf Ersuchen des Bundesministers der Justiz, abgedr. in: Jahrb. d. öff. Rechts NF Bd. 6, 1957, S. 161 - 194.

5. Vorträge und Diskussionsbeiträge

— Die Forderung des Einheitsstaats, Festrede zur Reichsgründungsfeier der Universität Heidelberg am 18. 1. 1928, Heidelberg: Winter 1928, 17 S.

— Deutschlands Rechte gegenüber dem Versailler Vertrag und die Politik des Friedens — Rede zum 28. 6. 1929 (Bonner Akademische Reden H. 5).

— Die Völkerrechtsakte der Knechtung und der Befreiung der Rheinlande nach dem Weltkrieg, Vortrag v. 9. 12. 1940 (gedr. als Heft 41 der Kriegsvorträge der Rheinischen Friedrich-Wilhelms-Universität — auf Befehl des Gauleiters eingestampft).

— Diskussionsbeiträge auf den Tagungen der Vereinigung der deutschen Staatsrechtslehrer:
Veröffentlichungen der Vereinigung Deutscher Staatsrechtslehrer:
Heft 2, 1925, S. 114 (Schutz des öffentlichen Rechts)
Heft 3, 1927, S. 58 - 59 (Gleichheit vor dem Gesetz)
Heft 4, 1928, S. 85 - 87 (Freiheit der Meinungsäußerung)
Heft 5, 1929, S. 104 - 110 (Staatsgerichtsbarkeit)
Heft 7, 1932, S. 200 - 201 (Wahlrecht)

— Diskussionsbeiträge in der Deutschen Gesellschaft für Völkerrecht:
Mitteilungen der Deutschen Gesellschaft für Völkerrecht:
Heft 6, 1925, S. 33 - 38 (Intern. Gerichtsbarkeit)
Heft 9, 1929, S. 63 - 69 (Verhältnis der nationalen Gerichtsbarkeit zur intern. Schiedsgerichtsbarkeit und Gerichtsbarkeit)

6. Rezensionen und Kritiken

H. Edler von Hoffmann, Verwaltung und Gerichtsverfassung der deutschen Schutzgebiete, 1908; L. Sieglin, Die koloniale Rechtspflege und ihre Emanzipation vom Konsularrecht, 1908. In: Dt. Literatur-Ztg. 1909, Nr. 18, Sp. 1143.

Georg Meyer, Lehrbuch des Deutschen Verwaltungsrechts, 3. Aufl., bearb. v. Franz Dochow, 1910. In: Dt. Literatur-Ztg. 1911, Nr. 1, Sp. 51.

Dagobert Moericke, Die deutschen Tumultgesetze, 1910. In: Dt. Literatur-Ztg. 1911, Nr. 16, Sp. 1019,

Rudolf von Laun, Das Freie Ermessen und seine Grenzen, 1910. In: Verw. Arch., Bd. 20, 1912, S. 444 - 453.

Ottmar Bühler, Die Zuständigkeit der Zivilgerichte gegenüber der Verwaltung im württemb. Recht u. ihre Entwicklung seit Anfang des 19. Jahrhunderts, 1911. In: Verw. Arch. Bd. 20, 1912, S. 485/86.

Franz Rosin, Gesetz und Verordnung nach Badischem Staatsrecht, 1911. In: AöR 28 (1912), S. 573 - 576.

Paul Oertmann, Die staatsbürgerliche Freiheit und das Freie Ermessen der Behörden, 1912. In: Z. f. Politik, Bd. 6, 1913, S. 239/40.

E. von Nicolai, Der reichs- und landesrechtliche Kriegszustand unter bes. Berücksichtigung des badischen Rechts, 1913. In: Verw. Arch. Bd. 22, 1914, S. 280/81.

Gerhard Anschütz, Kommentar zur Preußischen Verfassung Bd. I, 1912. In: Z. f. Politik, Bd. 7, 1914, S. 280 - 286.

Georg Meyer, Lehrbuch des Deutschen Staatsrechts, 7. Aufl., bearb. von G. Anschütz, 1914 - 19. In: Dt. Literatur-Ztg. 1915, Sp. 946, und 1918, Sp. 477.

Barnett, The Operation of Initiative, Referendum and Recall in Oregon, New York 1915. In: ASWS 42 (1916/17), S. 1001 - 1003.

Heinrich Triepel, Die Zukunft des Völkerrechts, 1916. In: ASWS 42 (1916/17), S. 1004.

Eltzbacher, Totes und lebendes Völkerrecht. 1917. In: ASWS 42 (1916/17), S. 1004.

Zitelmann, Die Möglichkeit eines Weltrechts, 1916. In: ASWS 42 (1916/17), S. 1007.

H. Rehm, Das politische Wesen der deutschen Monarchie (Festgabe für Otto Mayer, Tübingen: Mohr, 1916, S. 61 - 90. In: ASWS 44 (1917/18), S. 306.

H. Triepel, Die Freiheit der Meere und der künftige Friedensschluß; W. van Calker, Das Problem der Meeresfreiheit und die deutsche Völkerrechtspolitik; Fr. Stier-Somlo, Die Freiheit der Meere und das Völkerrecht; Fr. v. Liszt, Vom Staatenverband zur Völkergemeinschaft, ein Beitrag zur Neuorientierung der Staatenpolitik und des Völkerrechts; H. Sinzheimer, Völkerrechtsgeist; W. Schücking, Der Weltfriedensbund und die Wiedergeburt des Völkerrechts. In: ASWS 44 (1918), S. 887 - 889.

Das Mehrheitsprinzip. (Zugl Besprechung eines Buches von Starosolskyi). In: Dt. Literatur-Ztg. 1910, S. 761 - 762.

K. Wolzendorff, Der Polizeigedanke des modernen Staats, 1918. In: Dt. Literatur-Ztg. 1920, S. 45/46 u. S. 74/75.

W. Hasbach, Die parlamentarische Kabinettsregierung, 1919. In: ASWS 40 (1921), S. 228 - 242.

Mendelssohn-Bartholdy, Der Volkswille, Grundzüge einer Verfassung, 1919. In: ASWS 47 (1920/21), S. 580.

Zitelmann, Die Unvollkommenheit des Völkerrechts, 1919. In: ASWS 47 (1920/21), S. 583.

E. Hubrich, Die Entwicklung der Gesetzespublikation in Preußen, 1918. In: Dt. Literatur-Ztg. 1921, Sp. 574 f.

Hans Nawiasky, Der Bundesstaat als Rechtsbegriff, 1920. In: ASWS 49 (1922), S. 549 - 550.

R. Grau, Die Diktaturgewalt des Reichspräsidenten u. der Landesregierung auf Grund des Art. 48 der Reichsverfassung, 1922. In: JW 1924, S. 1494/95.

D. Schindler, Die Bildung des Staatswillens in der Demokratie, 1921. In: ASWS 50 (1923), S. 512.

Otto Koellreutter, Das parlamentarische Regierungssystem in den deutschen Ländern, 1921. In: ASWS 50 (1923), S. 278.

W. Rauschenberger, Die staatsrechtliche Bedeutung von Staatsstreich und Revolution, 1922. In: ASWS 50 (1923), S. 281. Dazu Replik in: Bd. 51 (1924), S. 251.

L. Bendix, Das Streikrecht der Beamten, 1922. In: ASWS 51 (1924), S. 275.

Beling, Revolution und Recht, 1923. In: ASWS 52 (1924), S. 248.

Bonner Festgabe für Ernst Zitelmann, 1923; darin: G. Holstein, Die Theorie der Verordnung. In: ASWS 52 (1924), S. 842.

Ernst Feilchenfeld, Völkerrechtspolitik als Wissenschaft, 1922. In: ASWS 52 (1924), S. 839 - 842.

G. Zöphel, Die Verfassung des Deutschen Reichs, 2. Aufl. 1922. JW 1924, S. 1494/1495.

J. Hatschek, Deutsches und Preußisches Staatsrecht, 1922/23. In: AöR N.F. 7 (1924), S. 111 - 115.

A. Aulard, Politische Geschichte der französischen Revolution, 1924. In: AöR N.F. 9 (1925), S. 114 - 118.

Leonard Nelson, System der philosophischen Rechtslehre und Politik, 1924. In: Z. Staats-Wiss., Bd. 79, 1925, S. 550 - 556.

Fr. Schuster, Von der Verantwortung der Wissenschaft für das politische Schicksal Deutschlands, 1925. In: Z. Staats-Wiss., Bd. 80, 1926, S. 360.

Hugo Preuß, Staat, Recht und Freiheit, 1926. In: Schmollers Jahrb., Bd. 52, 1928, S. 943.

Adolf Arndt, Die Verfassung des Deutschen Reiches, 3. Aufl. 1927, in: JW 1929, S. 1114.

W. Apelt, Geschichte der Weimarer Verfassung, in: AöR 74 (1948), S. 106 - 115.

7. Sonstige Publikationen, insbesondere solche in Zeitungen

— Zur Kritik des Neckarkanalprojekts, Heidelberg: Weiß, 1925.

— Das Völkerrecht und der Handel der Neutralen, in: Heidelberger Tageblatt, 21. 1. 1915.

— Kann England uns verhungern? in: Mannheimer Generalanzeiger, 21. 1. 1915.

— Republik und Monarchie? in: Neue Badische Landeszeitung, Nr. 593 (1918).

— Jugend und Demokratie, in: Heidelberger Neueste Nachrichten, 19. 12. 1918.

— Landtag, Regierung und Volksgesetzgebung im badischen Freistaat (III), in: Badische Landeszeitung Nr. 98 (1919).

— Das Mehrheitsprinzip, in: Deutsche Literaturzeitung Nr. 40 (1919).

— Der Thronverzicht des Kaisers, in: Frankfurter Zeitung v. 21. 8. 1919 Nr. 615.

— Warum bekenne ich mich zur Demokratie? in: Heidelberger Tageblatt, Juni 1920.

— Die Rechte Deutschlands gegenüber dem Vertrag von Versailles, in: Generalanzeiger Bonn, Nr. 13462, 3. 7. 1920.

— Das Landeswahlrecht der an außerpreußischen Hochschulen Studierenden, in: Frankfurter Zeitung, 8. 2. 1921.

— Die Satzung des Völkerbundes, in: Literaturblatt zur Frankfurter Zeitung, 4. 8. 1922.

— Die Hebung des Reichsrates, in: Neue Badische Landeszeitung, 15. 3. 1924.

— Die städtische Etatverweigerung und ihre Folgen, in: Heidelberger Tageblatt, 21. 7. 1924.

— Zur Kritik des Neckarkanalprojekts, in: Heidelberger Tageblatt, 30. 12. 1924.

— Die Reform des Reichstags, in: „Germania“ 30. 4. und 1. 5. 1925 (auch als Sonderdruck).

— Beiträge zu der Kampfschrift „Ein Mißgriff der Reichskanalpolitik“, Mannheim, Benscheimer 1925.

— Die deutschen Hochschulen und der heutige Staat, in: Frankfurter Zeitung, 1. Morgenblatt 11. 7. 1926.

— Die Frage der Wirtschaftlichkeit der Neckar-Kanalisierung und die Umwälzungen in der Kohlen- und Energiewirtschaft, — Eine Denkschrift, Dezember 1926.

— Die „Verfassungsheiligung“ in Amerika und anderswo, in: Literaturblatt d. Frankfurter Zeitung v. 30. 1. 1927.

— Neue Argumente gegen den Neckarkanal, in: Rhein-Main. Volkszeitung, 23. 2. 1927.

— Zum Entwurf des Volksschulgesetzes, in: Kölnische Zeitung v. 10., 11. u. 12. 10. 1927.

— Das Landeskonkordat in juristischer Beleuchtung, in: Kölnische Zeitung, 13. 3. 1929.

— Bekenntnis zur Friedenspolitik. (Vortrag) abgedr. in: Deutsche Reichszeitung, 3. 7. 1929.

— Die Rechte Deutschlands gegenüber dem Vertrag von Versailles, in: Bonner Zeitung, 3. 7. 1929.

— Zehn Jahre nach Versailles! Der Weg des Friedens!, in: Vossische Zeitung Nr. 360, 2. 8. 1929.

— Die akademisch-politische Vereinigung, in: Monatliche Nachrichten der Bonner Juristen, 15. 5. 1929.

— Vortrag über „Minderheitsrecht“ (Besprechung), in: Deutsche Reichszeitung, 9. 2. 1933.

— Über die staatsrechtliche Gestaltung Deutschlands, in: FDP-Nachrichten, 2. Jg. Nr. 617 (März 1947).

— Zur Information der Wahlredner der FDP (März 1947), Maschinenschrift.

8. Herausgebertätigkeit

— Badische Gesetze des Verfassungsrechts und des allgemeinen Verwaltungsrechts (Textausgabe), Mannheim: Bensheimer 1921.

— Badische Gesetze staats- und verfassungsrechtlichen Inhalts, 2. Aufl., Mannheim: Bensheimer 1926.

— Gerhard Anschütz / — (Hrsg.): Handbuch des Deutschen Staatsrechts, Bd. I 1930, Bd. II 1932.

Schriften über Richard Thoma

Festschrift für Richard Thoma, Tübingen 1950.

III. Literatur

Adorno, Theodor W. u. a.: Der Positivismusstreit in der deutschen Soziologie, Neuwied, Berlin 1969.

Albertin, Lothar: Liberalismus und Demokratie am Anfang der Weimarer Republik. Eine vergleichende Analyse der Deutschen Demokratischen Partei und der Deutschen Volkspartei, Düsseldorf 1972.

Anschütz, Gerhard: Die Verfassung des Deutschen Reiches vom 11. August 1919, ein Kommentar für Wissenschaft und Praxis, 14. Aufl. 1933.

— Lebenserinnerungen, Teilabdruck unter dem Titel „Aus der juristischen Fakultät nach der Jahrhundertwende", in: Ruperto-Carola (Heidelberg) 22 (1957).

Apelt, Willibalt: Geschichte der Weimarer Verfassung, München 1946.

— Verfassung und richterliches Prüfungsrecht, in: JZ 1954, S. 401 - 405.

Arndt, Adolf: Das Bild des Richters, Karlsruhe 1956.

Bachof, Otto: Grundgesetz und Richtermacht, Tübingen 1959.

Bachrach, Peter: Die Theorie demokratischer Elitenherrschaft. Eine kritische Analyse (= Kritische Studien zur Politikwissenschaft), Frankfurt/M. 1970.

Badura, Peter: Die Methoden der neueren allgemeinen Staatslehre, Erlangen 1959.

Bauer, Wolfram: Wertrelativismus und Wertbestimmtheit im Kampf um die Weimarer Demokratie — Zur Politologie des Methodenstreits der Staatsrechtslehrer, Berlin 1968.

Beyme, Klaus von: Die parlamentarischen Regierungssysteme in Europa, München 1970.

Bleuel, Hans-Peter: Deutschlands Bekenner, Professoren zwischen Kaiserreich und Diktatur, Bern, München, Wien 1968.

Bloch, Ernst: Naturrecht und menschliche Würde, Frankfurt/M. 1961.

Böckenförde, Ernst-Wolfgang: Gesetz und gesetzgebende Gewalt — Von den Anfängen der deutschen Staatsrechtslehre bis zur Höhe des staatsrechtlichen Positivismus, Berlin 1958.
(zit. Gesetz)

— Die deutsche verfassungsgeschichtliche Forschung, Berlin 1961.

— Verfassungsprobleme und Verfassungsbewegung im 19. Jahrhundert, in: JuS 1971, S. 560 - 566.

— Die verfassungstheoretische Unterscheidung von Staat und Gesellschaft als Bedingung individueller Freiheit, Opladen 1973.

— (Hrsg.): Staat und Gesellschaft, Darmstadt 1976.

— Staat, Gesellschaft, Freiheit, Frankfurt/M. 1977.

Born, Erich: Geschichte der Wirtschaftswissenschaften an der Universität Tübingen, Tübingen 1967.

Bracher, Karl-Dietrich: Die Auflösung der Weimarer Republik, 3. Aufl., Villingen 1963.
(zit. Die Auflösung)

— Staatsbegriff und Demokratie in Deutschland, in: PVS 9 (1968), S. 2 - 20.

Brecht, Arnold: Politische Theorie, Tübingen 1961.

Dahrendorf, Ralf: Gesellschaft und Demokratie in Deutschland, München 1965.

Dessauer, Friedrich: Recht, Richtertum und Ministerialbürokratie — Ein Beitrag über den Einfluß der Machtverschiebungen auf die Gestaltung des Privatrechts, Mannheim, Berlin, Leipzig 1928.

Döring, Herbert: Der Weimarer Kreis — Studien zum politischen Bewußtsein verfassungstreuer Hochschullehrer in der Weimarer Republik, Meisenheim am Glan 1975.

Dolzer, Rudolf: Die staatstheoretische und staatsrechtliche Stellung des Bundesverfassungsgerichts, Berlin 1972.

Draht, Martin: Die Grenzen der Verfassungsgerichtsbarkeit, in: VVDStRL 9 (1952), S. 17 - 116.

— Zur Soziallehre und Rechtslehre vom Staat, ihren Gebieten und Methoden, in: Rechtsprobleme in Staat und Kirche, Festgabe für Rudolf Smend, Göttingen 1952, S. 41 - 58.

Ehmke, Horst: Grenzen der Verfassungsänderung, Berlin 1953.

— „Staat“ und „Gesellschaft“ als verfassungstheoretisches Problem, in: Staatsverfassung und Kirchenordnung, Festgabe für Rudolph Smend zum 80. Geb., hrsg. v. K. Hesse, S. Reiche, U. Scheuner, Tübingen 1962, S. 23 - 49.

— Prinzipien der Verfassungsinterpretation, in: VVDStRL (20) 1963, S. 53 bis 102.

Eisfeld, Rainer: Pluralismus zwischen Liberalismus und Sozialismus, Stuttgart 1972.

Ellwein, Thomas: Das Erbe der Monarchie in der deutschen Staatskrise — Zur Geschichte des Verfassungsstaates in Deutschland, München 1954.

Eschenburg, Theodor: Die improvisierte Demokratie, München 1962.

Fijalkowski, Jürgen: Die Wendung zum Führerstaat — Die ideologischen Komponenten in der politischen Philosophie Carl Schmitts, Köln/Opladen 1958.

Forsthoff, Ernst: Über Maßnahmegesetze, Gedächtnisschrift für Walter Jellinek, München 1955, 2. Aufl. 1962, S. 221 - 236; auch in: Rechtsstaat im Wandel, 2. Aufl. 1976, S. 105 - 121.

Fraenkel, Ernst: Deutschland und die westlichen Demokratien, Stuttgart 1964.

— Kollektive Demokratie, in: Th. Ramm (Hrsg.), Arbeitsrecht und Politik, Neuwied 1966, S. 79 - 95.

— Zur Soziologie der Klassenjustiz und Aufsätze zur Verfassungskrise 1931 - 32, Darmstadt 1968.

Fraenkel, Ernst / D. *Bracher* (Hrsg.): Staat und Politik, Frankfurt 1957.

Franssen, Eberhardt: Positivismus als juristische Strategie, in: JZ 1969, S. 766 - 775.

Friedrich, Manfred: Zwischen Positivismus und materialem Verfassungsdenken — Albert Hänel und seine Bedeutung für die deutsche Staatsrechtswissenschaft, Berlin 1971.

— Die Grundlagendiskussion in der Weimarer Staatsrechtslehre, in: PVS 13 (1972), S. 582 - 598, (zit. Die Grundlagendiskussion).

Friesenhahn, Ernst: Über Begriff und Arten der Rechtsprechung unter besonderer Berücksichtigung der Staatsgerichtsbarkeit nach dem Grundgesetz und den westdeutschen Landesverfassungen, in: Festschrift für Richard Thoma, Tübingen 1950, S. 21 - 69.

— Juristen an der Universität Bonn, in: Alma Mater 25/26, Bonn 1970, S. 21 - 48.

Gierke, Otto von: Labands Staatsrecht und die deutsche Rechtswissenschaft, in: Jahrbuch für Gesetzgebung, Verwaltung und Volkswirtschaft im Deutschen Reich, Bd. 7 (reprog. Nachdruck 1963).

— Das Wesen der menschlichen Verbände — Rektoratsrede v. 15. 10. 1902 an der Universität Berlin, Nachdruck Darmstadt 1954.

Giese, Friedrich: Richard Thoma, in JZ 1957, S. 589.

Görlitz, Axel: Verwaltungsgerichtsbarkeit in Deutschland, Neuwied / Berlin 1970.

— Politikwissenschaftliche Propädeutik, Hamburg 1972.

Grabitz, Eberhard: Freiheit und Verfassungsrecht — Kritische Untersuchung zur Dogmatik des Freiheitsprinzips, Tübingen 1973.

Grebing, Helga: Geschichte der politischen Parteien, Wiesbaden 1962.

Greifenhagen, Martin: Das Dilemma des Konservatismus in Deutschland, München 1971.

Grimm, Dieter (Hrsg.): Rechtswissenschaft und Nachbarwissenschaften Bd. 1, Frankfurt/M. 1973.

Häberle, Peter: Die Wesensgehaltgarantie des Art. 19 Abs. 2 Grundgesetz — Zugleich ein Beitrag zum institutionellen Verständnis der Grundrechte und zur Lehre vom Gesetzesvorbehalt, Karlsruhe 1962, 2. Aufl. 1972.

Häfelin, Ulrich: Die Rechtspersönlichkeit des Staates, 1. Teil: Dogmengeschichtliche Darstellung, Tübingen 1959.

Habermas Jürgen: Reflexionen über den Begriff der politischen Beteiligung, in: Student und Politik. Eine soziologische Untersuchung zum Bewußtsein von Frankfurter Studenten, hrsg. v. Jürgen Habermas, Ludwig von Friedeburg, Christoph Oehler, Friedrich Weltz, Neuwied 1961, S. 13 - 55.

— Zur Logik der Sozialwissenschaften, Tübingen 1967.

Hansen, Hans-Jürgen: Fachliche Weisung und materielles Gesetz, Hamburg 1971.

Heller, Hermann: Die Krisis der Staatslehre, in: ASWS 55 (1926) S. 289 - 316.

— Die politischen Ideenkreise der Gegenwart, Breslau 1926.

— Der Begriff des Gesetzes in der Reichsverfassung, in: VVDStRL 4 (1928) S. 98 - 135.

— Rechtsstaat oder Diktatur? Tübingen 1930.

— Staatslehre, 3. Aufl., Leiden 1963.

Henrich, Dieter: Die Einheit der Wissenschaftslehre Max Webers, Tübingen 1952.

Heß, Jürgen C.: Gab es eine Alternative? Zum Scheitern des Linksliberalismus in der Weimarer Republik, in: Historische Zeitschrift Bd. 223 (1975) S. 638 - 654.

Hesse, Konrad: Der Gleichheitssatz im Staatsrecht, in: AöR 77 (1951/52) S. 167 - 224.

— Grundzüge des Verfassungsrechts der Bundesrepublik Deutschland, 10. Aufl. 1977.

— Bemerkungen zur heutigen Problematik und Tragweite der Unterscheidung von Staat und Gesellschaft, in: DöV 1975, S. 437 - 443.

— Grenzen der Verfassungswandlung, in: Festschrift für Ulrich Scheuner zum 70. Geburtstag, Berlin 1975, S. 123 - 141.

Hennis, Wilhelm: Bemerkungen zur wissenschaftsgeschichtlichen Situation der politischen Wissenschaften, in: Gesellschaft — Staat — Erziehung, 1960, S. 203 - 211.

Hofmann, Hasso: Legitimität gegen Legitimität — Der Weg der politischen Philosophie Carl Schmitts, Neuwied / Berlin 1964.

Hollerbach, Alexander: Zu Leben und Werk Heinrich Triepels, in: AöR 91 (1966) S. 417 - 441.

Huber, Ernst-Rudolf: Deutsche Verfassungsgeschichte seit 1789, 4 Bde., Stuttgart, Berlin, Köln, Mainz 1969.

Hufnagel, Gerd: Kritik als Beruf, Frankfurt/M.—Berlin—Wien 1971.

Jahrreiss, Hermann: Demokratie. Selbstbewußtheit — Selbstgefährdnung — Selbstschutz, in: Festschrift für Richard Thoma, Tübingen 1950, S. 71 - 92.

Jellinek, Georg: Allgemeine Staatslehre, 7. Neudruck der 3. Aufl., Darmstadt 1960.

— System der subjektiven öffentlichen Rechte, Nachdruck der 2. Aufl., Darmstadt 1963. (zit. System)

Jellinek, Walter: Verfassung und Verwaltung des Reichs und der Länder (Staatskunde, 2. Bd., 2. Heft) 3. Abdruck Leipzig 1928.

Jesch, Dietrich: Gesetz und Verwaltung — Eine Problemstudie zum Wandel des Gesetzmäßigkeitsprinzips, Tübingen 1961.

Kaegi, Werner: Die Verfassung als rechtliche Grundordnung des Staates, Zürich 1945, Neudruck Darmstadt 1971.

Kehr, Eckart: Zur Genesis der preußischen Diktatur und des Rechtsstaates. Ein Beitrag zum Diktaturproblem, in: H. U. Wehler (Hrsg.): Moderne deutsche Sozialgeschichte, Köln / Berlin 1966, S. 37 - 54.

Kelsen, Hans: Rechtswissenschaft als Norm- oder Kulturwissenschaft, in: Schmollers Jahrbuch für Gesetzgebung, Verwaltung und Volkswirtschaft im Deutschen Reiche, 40. Jhg. (1916) S. 1181 - 1239.

— Allgemeine Staatslehre, Berlin 1925, (zit. Staatslehre).

— Naturrecht und positives Recht, in: Internationale Zeitschrift für Theorie des Rechts Bd. 2 (1927/28) S. 71 - 94.

— Die Idee des Naturrechts, in: Zeitschrift f. öffentl. Recht 7 (1928) S. 221 bis 250.

— Vom Wesen und Wert der Demokratie, 2. Aufl. 1929.

— Allgemeine Rechtslehre im Lichte materialistischer Geschichtsauffassung, in: ASWS 66 (1931) S. 449 - 521.

— Reine Rechtslehre, Leipzig / Berlin 1934.

— Der soziologische und juristische Staatsbegriff — Kritische Untersuchung des Verhältnisses von Staat und Recht, 2. Aufl. 1928, Neudruck Aalen 1962, (zit. Staatsbegriff).

— Aufsätze zur Ideologiekritik, hrsg. v. E. Topitsch, Neuwied / Berlin 1964.

— Was ist die reine Rechtslehre? in: Die Wiener rechtstheoretische Schule, Schriften von Hans Kelsen, Adolf Merkl, Alfred Verdross, hrsg. v. Hans Klecatsky, René Marcic, Herbert Schambeck, Wien 1968, S. 611 - 630.

— Willensbildung in der modernen Demokratie, in: K. Lenk / Fr. Naumann (Hrsg.), Theorie und Soziologie der politischen Parteien I, Neuausgabe Darmstadt / Neuwied 1974. Auszug aus H. Kelsen, Vom Wesen und Wert der Demokratie, 2. Aufl. 1929, S. 132 - 139.

Kimminich, Otto: Das Staatsoberhaupt in der parlamentarischen Demokratie, in: VVDStRL 25 (1967) S. 2 - 94.

Kirchheimer, Otto: Weimar und was dann? — Analyse einer Verfassung, in: Politik und Verfassung, Frankfurt/M. 1964, S. 9 - 56.

— Politische Justiz, Neuwied / Berlin 1965.

— Das Problem der Verfassung, in: Von der Weimarer Republik zum Faschismus, Frankfurt/M. 1976, S. 64 - 67.

Kocka, Hans-Jürgen: Karl Marx und Max Weber, in: Zeitschrift für die gesamten Staatswissenschaften 122, Köln 1966, S. 328 - 357.

Koselleck, Reinhardt: Staat und Gesellschaft in Preußen, 1815 - 1848, in: H.-U. Wehler Hrsg.: Moderne deutsche Sozialgeschichte, Köln / Berlin 1966, S. 55 - 84.

Krokow, Graf Christian von: Die Entscheidung, Stuttgart 1958.

— Staat, Gesellschaft, Freiheitswahrung, in: Beilage zur Wochenzeitung ‚Das Parlament' 7/1972.

Kriele, Martin: Theorie der Rechtsgewinnung, Berlin 1967.

— Rechtspositivismus und Naturrecht, — politisch beleuchtet, in: JuS 1969, S. 149 - 156.

Laband, Paul: Das Budgetrecht nach den Bestimmungen der Preuß. Verfassungsurkunde unter Berücksichtigung der Verfassung des Norddeutschen Bundes, Berlin 1871.

— Das Staatsrecht des Deutschen Reiches, 4 Bde., 5. Aufl., Tübingen 1911, (zit. Staatsrecht I bzw. II).

Langner, Albrecht: Der Gedanke des Naturrechts seit Weimar und in der Rechtsprechung des Bundesverfassungsgerichts, Bonn 1959.

Larenz, Karl: Methodenlehre der Rechtswissenschaft, Berlin—Göttingen—Heidelberg 1960.

Laufer, Heinz: Verfassungsgerichtsbarkeit und politischer Prozeß, Tübingen 1968.

Leibholz, Gerhard: Strukturprobleme der modernen Demokratie, Karlsruhe 1952.

— Die Gleichheit vor dem Gesetz und das Bonner Grundgesetz, in DVBl 1951, S. 193 - 200.

Lenk, Kurt: Politische Wissenschaft — Ein Grundriß, Stuttgart—Berlin—Köln—Mainz 1975.

Lenk, K. / S. Neumann (Hrsg.): Theorie und Soziologie der politischen Parteien, Neuwied 1968.

Lipphardt, Hans-Rudolf: Die Gleichheit der politischen Parteien vor der öffentlichen Gewalt, Berlin 1975.

Loewenstein, Karl: Verfassungslehre, Tübingen 1954.

Löwith, Karl: Max Weber und Karl Marx, in: Ders., Gesammelte Abhandlungen, Stuttgart 1960, S. 1 - 60.

Luhmann, Niklas: Legitimation durch Verfahren, Neuwied / Berlin 1969.

Maier, Hans: Politische Wissenschaft in Deutschland — Aufsätze zur Lebenstradition und Bildungspraxis, München 1968.

Maihofer, Werner (Hrsg.): Naturrecht oder Rechtspositivismus?, Darmstadt 1962.

Mangoldt, Hermann von: Das Bonner Grundgesetz, 1. Aufl., Berlin / Frankfurt/M. 1953.

Marcuse, Herbert: Vernunft und Revolution, Neuwied / Berlin, 3. Aufl. 1970.

Massing, Otwin: Recht als Korrelat der Macht? — Überlegungen zu Status und Funktion der Verfassungsgerichtsbarkeit, in: G. Schäfer / C. Nedelmann. Der CDU-Staat — Studien zur Verfassungswirklichkeit der Bundesrepublik, München 1967, S. 123 - 150.

Maunz, Theodor: Deutsches Staatsrecht, 5. Aufl. 1956.

Maurer, Hartmut: Das richterliche Prüfungsrecht zur Zeit der Weimarer Verfassung, in: DöV 1963, S. 683 - 688.

Maus, Ingeborg: Bürgerliche Rechtstheorie und Faschismus, München 1976.

Mayer, Hans: Karl Marx und das Elend des Geistes, Meisenheim am Glan 1947.

Meinecke, Friedrich: Politische Schriften und Reden, hrsg. u. eingel. v. Georg Kotowski, Darmstadt 2. Aufl. 1966.

Mommsen, Wolfgang: Max Weber und die deutsche Politik 1890 - 1932, Tübingen 1959.

— Max Weber, Gesellschaft, Politik und Geschichte, Frankfurt/M. 1974.

Morstein-Marx, Fritz: Variationen über die richterliche Zuständigkeit zur Prüfung der Rechtmäßigkeit des Gesetzes, 1927.

Mosler, Hermann: Richard Thoma zum Gedächtnis, in: DöV 10 (1957) S. 826 bis 828.

— Artikel Thoma, in: Staatslexikon 6. Aufl. Bd. 7 (1962) Sp. 972/973.

Müller, Friedrich: Juristische Methodik, Berlin 1971.

Narr, Wolf-Dieter / Frieder *Naschold:* Theorie der Demokratie. Einführung in die moderne politische Theorie III, Stuttgart 1971.

Nawiasky, Hans: Staatslehre, 1. Teil Grundlegung, Einsiedeln / Köln 1945.

Neumann, Franz: Die soziale Bedeutung der Grundrechte der Weimarer Verfassung, in: Die Arbeit 7 (1930) S. 569 - 582.

— Demokratischer und autoritärer Staat — Studien zur politischen Theorie, Frankfurt/M. 1967.
daraus: Der Funktionswandel des Gesetzes im Recht der bürgerlichen Gesellschaft.

Nolte, Ernst: Max Weber vor dem Faschismus, in: Der Staat 2 (1963) S. 1 - 24.

Oertzen, Peter von: Die soziale Funktion des staatsrechtlichen Positivismus — Eine wissenssoziologische Studie über die Entstehung des formalistischen Positivismus in der deutschen Staatsrechtswissenschaft, hrsg. v. Dieter Sterzel, Frankfurt/M. 1974.

Ossenbühl, Fritz: Verwaltungsvorschriften und Grundgesetz, Bad Homburg v. d. H., Berlin—Zürich 1968.

Parsons, Talcott: Wertgebundenheit und Objektivität in den Sozialwissenschaften, Referat auf dem 15. Soziologentag 1964, in: Max Weber und die Soziologie heute — veröffentlichte Verhandlung des 15. Deutschen Soziologentages 1964, S. 39 - 64.

Pestalozza, Christian Graf v.: Kritische Bemerkungen zu Methoden und Prinzipien der Grundrechtsauslegung in der BRD, in: Der Staat (2) 1963, S. 425 bis 449.

Preuß, Hugo: Zur Methode der juristischen Begriffsbildung, in: Schmollers Jahrbuch für Gesetzgebung, Verwaltung und Volkswirtschaft, 1900, S. 359 bis 372.

Preuß, Ulrich K.: Zum staatsrechtlichen Begriff des Öffentlichen, Stuttgart 1969.

Radbruch, Gustav: Die politischen Parteien — ein System des Deutschen Verfassungsrechts, in: HdbDStR I, S. 285 - 294.

Rausch, Heinz (Hrsg.): Zur Theorie und Geschichte der Repräsentation und der Repräsentationsverfassung, Darmstadt 1968.

Redslob, Robert: Parlamentarische Regierung in ihrer wahren und unechten Form, Berlin 1918.

Rinken, Alfred: Das Öffentliche als verfassungsrechtliches Problem, dargestellt am Rechtsstatus der Wohlfahrtsverbände, Berlin 1971.

Roellecke, Gerd: Der Begriff des positiven Gesetzes und das Grundgesetz, Mainz 1969.

Röhrich, Wilfried (Hrsg.): ‚Demokratische' Eliteherrschaft, Darmstadt 1975.

Rosenbaum, Wolf: Naturrecht und positives Recht, Darmstadt 1972.

Rosenberg, Arthur: Geschichte der Weimarer Republik, Frankfurt/M. 1961.
— Entstehung der Weimarer Republik, Frankfurt/M. 1961.

Rottleuthner, Hubert: Rechtswissenschaft als Sozialwissenschaft, Frankfurt/M. 1973.

Rüthers, Bernd: Die unbegrenzte Auslegung — Zum Wandel der Privatrechtsordnung im Nationalsozialismus, Tübingen 1968.

Rupp, Hans Heinrich: Grundfragen der heutigen Verwaltungsrechtslehre — Verwaltungsnorm und Verwaltungsrechtsverhältnis, Tübingen 1965.

Scheuner, Ulrich: Über die verschiedenen Gestaltungen des parlamentarischen Regierungssystems, in: AöR NF 13 (1927) S. 337 - 380.
— Der Bereich der Regierung, in: Rechtsprobleme in Staat u. Kirche, Festschrift für R. Smend, Göttingen 1952, S. 253 - 301.
— Probleme und Verantwortungen der Verfassungsgerichtsbarkeit in der Bundesrepublik, in: DVBl. 1952, S. 293 - 298.
— Zum Gedächtnis Richard Thomas (1874 - 1957), in: NJW 1957, S. 1309.
— Die Vereinigung der Deutschen Staatsrechtslehrer in der Zeit der Weimarer Republik, in: AöR 97 (1972) S. 349 - 417.
— Überlieferung der Deutschen Staatsgerichtsbarkeit im 19. und 20. Jahrhundert, in: Bundesverfassungsgericht und Grundgesetz — Festgabe aus Anlaß des 20jährigen Bestehens des Bundesverfassungsgerichts, Erster Band Verfassungsgerichtsbarkeit, Tübingen 1976, S. 1 - 62.

Schieder, Theodor: Die Krise des bürgerlichen Liberalismus, in: Staat und Gesellschaft im Wandel unserer Zeit, München 1958, S. 58 - 88.

Schluchter, Wolfgang: Entscheidung für den sozialen Rechtsstaat — Hermann Heller und die Staatstheoretische Diskussion in der Weimarer Republik, Köln / Berlin 1968.

Schmitt, Carl: Die geistesgeschichtliche Lage des heutigen Parlamentarismus, 2. Aufl., München / Leipzig 1926 (zit. Die geistesgeschichtliche Lage).
— Die Weiterentwicklung des totalen Staates in Deutschland (Januar 1933), in: Positionen und Begriffe im Kampf mit Weimar-Genf-Versailles, 1923 - 1939, Hamburg 1940.
— Verfassungsrechtliche Aufsätze aus den Jahren 1924 - 54 — Materialien zu einer Verfassungslehre, Berlin 1958.
— Der Begriff des Politischen (1927), Berlin 1963.
— Der Hüter der Verfassung (1931), 2. Aufl., Berlin 1969.
— Verfassungslehre (1928), 5. Auflage 1970.

Schüle, Adolf: Richard Thoma zum Gedächtnis, in: AöR 82 (1957) S. 153 - 156.

Schumpeter, Josef: Kapitalismus, Sozialismus und Demokratie, 2. Auflage Bern 1950.

Schustereit, Hartmut: Linksliberalismus und Sozialdemokratie in der Weimarer Republik, Düsseldorf 1975.

Sinzheimer, Hugo: Paul Laband, in: Jüdische Klassiker der deutschen Rechtswissenschaft, Amsterdam 1938, S. 181 - 200.

Smend, Rudolf: Verfassung und Verfassungsrecht, München 1928.
— Staatsrechtliche Abhandlungen, Berlin 1955.

— Die Vereinigung der Deutschen Staatsrechtslehrer und der Richtungsstreit, in: Festschrift für Ulrich Scheuner, Berlin 1973, S. 573 - 589.

Sontheimer, Kurt: Antidemokratisches Denken in der Weimarer Republik — Die politischen Ideen des deutschen Nationalismus zwischen 1918 und 1933, München 1962 (Studienausgabe 1968).

Tambert, Martina: Heinrich Rosin und die Anfänge des Sozialversicherungsrechts, Diss. iur. Freiburg 1977.

Tenbruck, F. H.: Die Genesis der Methodologie Max Webers, in: Kölner Zeitschrift für Soziologie und Sozialpsychologie 11 (1959) S. 573 - 630.

Topitsch, Ernst: Einleitung zu Hans Kelsen. Aufsätze zur Sozialkritik, Neuwied 1964.

Triepel, Heinrich: Die Staatsverfassung und die politischen Parteien, 2. Auflage 1930.

— Staatsrecht und Politik, Berlin 1927.

— Streitigkeiten zwischen Reich und Ländern, in: Festgabe der Berliner Jur. Fakultät für W. Kahl zum Doktorjubiläum am 19. 4. 1923, Tübingen 1923, auch selbständig ersch. 88 S.

Triepel, H. / H. *Kelsen:* Wesen und Entwicklung der Staatsgerichtsbarkeit, in: VVDStRL 5 1929, S. 2 - 29; 30 - 88.

Ule, Carl-Hermann: Normenkontrolle, Verfassungsbeschwerde und Verwaltungsgerichtsbarkeit, in: DVBl. 1953, S. 12 - 15.

Voegelin, Ernst: Die neue Wissenschaft der Politik, München 1959.

Vogel, Klaus: Gesetzgeber und Verwaltung, in: VVDStRL 24 (1966) S. 125 bis 182.

Weber, Alfred: Die Krise des modernen Staatsgedankens in Europa, Berlin / Leipzig 1925.

Weber, Marianne: Max Weber, Heidelberg 1950.

Weber, Max: Wirtschaft und Gesellschaft — Grundriß der verstehenden Soziologie, hrsg. v. J. Winkelmann, 2 Bde., Köln / Berlin 1962.

— Methodologische Schriften, Hrsg. v. J. Winkelmann, Frankfurt/M. 1968 (zit. MS).

— Gesammelte Aufsätze zur Wissenschaftslehre, 2. Auflage, Tübingen 1951 (zit. WL).

— Soziologie, Weltgeschichtliche Analysen, Politik, hrsg. v. J. Winkelmann, Stuttgart 1968 (zit. SW).

— Gesammelte politische Schriften, hrsg. v. J. Winkelmann, Tübingen 1971.

Wenig, Otto (Hrsg.): Verzeichnis der Professoren und Dozenten der Rhein. Friedrich-Wilhelms-Universität zu Bonn 1818 - 1968 Bonn 1968.

Wieacker, Franz: Privatrechtsgeschichte der Neuzeit, unter besonderer Berücksichtigung der deutschen Entwicklung, Göttingen 1952, 2. Aufl. 1967.

Wilhelm, Walter: Zur juristischen Methodenlehre im 19. Jahrhundert — Die Herkunft der Methode Paul Labands aus der Privatrechtswissenschaft, Frankfurt/M. 1958.

Winkelmann, Johannes: Legitimität und Legalität in Max Webers Herrschaftssoziologie, Tübingen 1952.

Wittmayer, Leo: Die Weimarer Reichsverfassung, Tübingen 1922.

Wolff, Hans J.: Organschaft und juristische Person — Bd. I: Juristische Person und Staatsperson; Bd. II: Theorie der Vertretung, Berlin 1939 (Neudruck Aalen 1968) (zit. Wolff I bzw. II).

Wolff, Hans J. / O. *Bachof:* Verwaltungsrecht I, 9. Auflage, München 1974.

FSC
www.fsc.org
MIX
Papier | Fördert gute Waldnutzung
FSC® C083411

Kolibri 360 GmbH
Ferdinand-Jühlke-Straße 7
99095 Erfurt, Deutschland
produktsicherheit@kolibri360.de

Druck:
CPI Druckdienstleistungen GmbH
im Auftrag der
Kolibri 360 GmbH
Ferdinand-Jühlke-Str. 7
99095 Erfurt